2nd edition

Korean Made Easy • Vocabulary

Korean Made Easy · Vocabulary   2nd edition

Author	Seung-eun Oh
Translator	Tyler Lau
Proofreader	Michael A. Putlack, Tyler Lau

First Published	December 2013
Second Edition	May, 2023
Second Printing	December, 2023
Publisher	Kyu-do Chung
Editor	Suk-hee Lee, Inkyung Park, Jihee Han
Design	Na-kyoung Kim, Ji-young Yoon, Eun-bi Park
Cover design	Na-kyoung Kim
Illustrator	Moon-su Kim, Woo-seok Song
Voice Actor	Hyeon-chul Choi, Jein Lee, So-yoon Shin, Rae-whan Kim

DARAKWON Published by Darakwon, Inc.

Darakwon Bldg., 211, Munbal-ro, Paju-si, Gyeonggi-do
Republic of Korea 10881
Tel : 02-736-2031
(Sales Dept. ext.: 250~252 Book Publishing Dept. ext.: 420~426)
Fax : 02-732-2037

ISBN : 978-89-277-3307-2 14710
       978-89-277-3272-3 (set)

http://www.darakwon.co.kr
http://koreanbooks.darakwon.co.kr

※ Visit the Darakwon homepage to learn about our other publications and to download the contents of the book in MP3 format.

Korean made easy Vocabulary

2nd edition

Seung-eun Oh

🗝 DARAKWON

Preface

〈Korean Made Easy〉 시리즈는 제2언어 혹은 외국어로서 한국어를 공부하는 학습자를 위해 집필되었다. 특히 이 책은 시간적·공간적 제약으로 인해 정규 한국어 교육을 받을 수 없었던 학습자를 위해 혼자서도 한국어를 공부할 수 있도록 기획되었다. 〈Korean Made Easy〉 시리즈는 초판 발행 이후 오랜 시간 독자의 사랑과 지지를 받으며 전 세계 다양한 언어로 번역되어 한국어 학습에 길잡이 역할을 했다고 생각한다. 이번에 최신 문화를 반영하여 예문을 깁고 연습 문제를 보완하여 개정판을 출관하게 되었으니 저자로서 크나큰 보람을 느낀다. 한국어를 공부하려는 모든 학습자가 〈Korean Made Easy〉를 통해 효과적으로 한국어를 공부하면서 즐길 수 있기를 바란다.

시리즈 중 〈Korean Made Easy – Vocabulary〉는 학습자가 맥락 안에서 의미 구조를 바탕으로 어휘의 의미와 쓰임을 익혀 갈 수 있도록 고안되었다. 이 책은 어휘 학습이 주제별로 나열된 어휘 목록을 암기하는 데에서 벗어나야 한다는 고민에서 시작되었다. 어휘의 의미를 어떻게 익히는 것이 효과적인지, 학습한 어휘를 담화 내에서 어떻게 사용해야 하는지, 비슷한 어휘들 간에 어떤 차이가 있는지, 이미 학습한 어휘가 다른 어휘로 어떻게 확장될 수 있는지 저자가 연구해 왔던 것을 이 책에 모두 담아내고자 하였다.

〈Korean Made Easy – Vocabulary〉는 초급에서 중급 초반에 이르는 약 2,500여 개의 방대한 어휘를 총 100개 과에서 다루고 있다. 어휘의 난이도에 따라 Part 1, Part 2, Part 3의 세 부분으로 구성 방식을 달리하여, 학습자가 맥락 안에서 어휘의 의미와 쓰임을 이해하면서 익힐 수 있도록 제시하였다. 또한 그림이나 사진, 듣기 자료, 어휘의 맥락을 보여 주는 대화 카드, 다양한 연습 문제를 통해 학습자가 어휘를 더 짜임새 있게 학습하고 자연스럽게 활용할 수 있도록 하였다. 이 책은 과가 진행되어 갈수록 어휘 수준이 높아지고 복잡해지며 세분화되지만, 각 과는 주제별로 독립적으로 구성되어 있기 때문에 학습자는 목차에서 제시한 순서와 상관 없이 원하는 주제를 선택하여 공부할 수 있다.

〈Korean Made Easy – Vocabulary〉는 자료 정리 및 책의 제작 과정에서 많은 이의 도움과 열정이 함께 했기에 빛을 볼 수 있었다. 먼저, 이 책의 번역과 교정을 담당해 주신 Tyler Lau 씨께 감사드린다. 그의 정확한 번역 덕분에 학습자가 자칫 오해하기 쉬운 어휘를 더 분명하게 설명할 수 있었다. 번역 원고를 꼼꼼하게 교정하여 책의 완성도를 높여 주신 Hana Sakuragi 씨께 감사드리고 싶다. 또한 오랜 원고 집필과 제작 과정을 기다려 주신 ㈜다락원의 정규도 사장님께, 그리고 각 과를 다양하게 변화를 주어 편집해 달라는 저자의 까다로운 요구를 책으로 멋지게 완성해 주신 한국어출판부 편집진께 진심으로 감사드린다. 마지막으로, 늘 곁에서 딸의 꿈이 실현되도록 응원해 주시는 어머니와, 하늘에서도 큰딸을 흐뭇하게 지켜 보실 아버지께 이 책을 바치고 싶다.

오승은

The *Korean Made Easy* series is designed for learners studying Korean as a second or foreign language, who may not have access to regular Korean language education due to time or space constraints. This book allows learners to study Korean on their own. Since its first edition, the *Korean Made Easy* series has received widespread support and admiration from readers and has been translated into many languages worldwide, providing a valuable guide for learning Korean. As the author, I take great pride in publishing this revised edition with corrected example sentences and supplementary exercises that reflect the latest cultural developments. My hope is that all learners who want to study Korean can effectively enjoy their learning journey through the *Korean Made Easy* series.

Korean Made Easy – Vocabulary aims to teach learners the meaning and usage of vocabulary based on the semantic structure in context. The book goes beyond the mere memorization of vocabulary lists by topic and emphasizes the importance of acquiring the ability to use vocabulary in conversation, distinguish between similar words, and expand one's vocabulary through learning new words. My intention was to incorporate all of my research findings into this book.

Korean Made Easy – Vocabulary consists of 100 lessons, covering approximately 2,500 vocabularies ranging from beginner to intermediate level. The book is divided into three parts – Part 1, Part 2, and Part 3 – based on the difficulty of the vocabulary to help learners understand the meaning and usage of vocabulary in context. Pictures, photos, audio, conversation cards, and various exercises are included to help learners structure their vocabulary learning and use it naturally. Each lesson is organized by topic, allowing learners to choose and study the desired topic in any order presented in the table of contents, even as the level of vocabulary increases and becomes more complex as the book progresses.

The creation of *Korean Made Easy – Vocabulary* was made possible through the help and dedication of many people involved in organizing materials and producing the book. I would like to express my gratitude to Tyler Lau for his translation and proofreading work on the book. Thanks to his accurate translation, the book provides clear explanations of vocabulary that learners might otherwise misunderstand. I would also like to thank Hana Sakuragi for meticulously proofreading the translation manuscript and improving the book's quality. I am also grateful to Kyu-do Chung, the president of Darakwon, for his patience in waiting for the book to be written and produced. Finally, I would like to thank the editing staff for their efforts in realizing my specific requests for each unit's diversity and formatting. I dedicate this book to my mother, who always supports her daughter's dreams, and my father, who watches over his eldest daughter from heaven with happiness.

Seung-eun Oh

How to Use This Book

Part ①

Part 1 of the book covers essential and fundamental vocabulary used in daily conversations, organized into ten themes and sixty units. The target vocabulary is consistently used throughout the audio and exercises, with their meanings and pronunciations elaborated on through example sentences and other exercises.

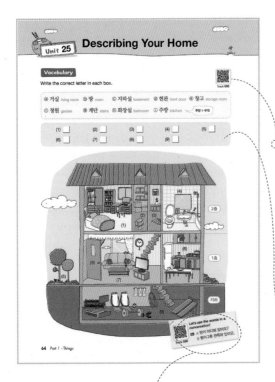

Vocabulary

▶ **Master the meaning and usage of target vocabulary words in context**

Each unit begins with an introduction to the target vocabulary, followed by a series of exercises that provide learners with a concrete understanding of how to use these words in context.

QR Codes

The book includes QR codes that contain recordings of the vocabulary and dialogue so that learners can quickly check the correct pronunciation and speed. Additionally, all MP3 files can be downloaded from Darakwon's website.

Answers

To check the accuracy of their answers, learners can refer to the translations or audio recordings provided in the book's appendix.

Conversation Card

The conversation card is a tool that helps learners practice vocabulary in context by listening to audio and repeating basic conversations with targeted vocabulary words replaced. This approach assists learners in comprehending how to use the words accurately in their proper context. The conversation listening scripts can be found in the book's appendix.

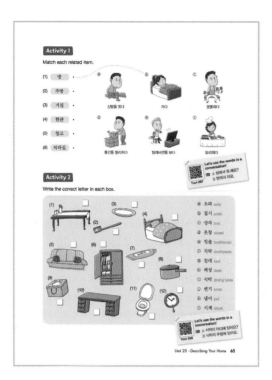

Activity

▶ **Expanding your vocabulary knowledge**

You can reinforce your understanding of the vocabulary words studied in the **Vocabulary** by practicing with the exercises provided in **Activity 1** and **Activity 2** . Similar to the **Vocabulary** , learners can verify correct answers in the appendix and through the accompanying audio material, while also practicing using the words with the conversation cards. This allows for a comprehensive approach to expanding and familiarizing oneself with the learned vocabulary.

Be careful!

This section provides tips to help learners improve their language skills by avoiding common usage or pronunciation mistakes. By identifying and addressing these errors, learners can become more confident in their ability to communicate effectively in Korean.

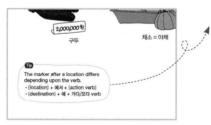

Tip

This section provides useful tips to help learners use vocabulary more effectively in context. By remembering these context hints, learners can better understand how to use words appropriately in different situations, leading to improved communication skills.

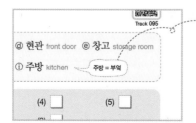

Word Balloon

This section introduces useful synonyms and antonyms that learners can incorporate into their vocabulary. By learning these words, learners can expand their understanding of the language and better express themselves in different contexts.

Part ❷

Part 2 of the book is divided into four themes and 20 units, and it is more advanced than Part 1. In this section, learners will encounter a greater number of phrases and expressions to help them communicate more effectively in a variety of situations. To aid in the memorization process, the vocabulary is organized by category.

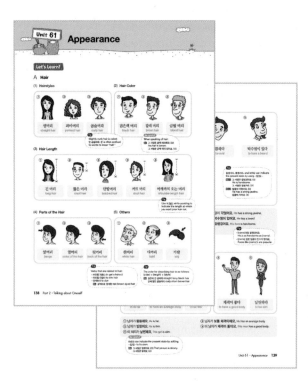

Let's Learn!

▶ **Understanding vocabulary usage in context in Part 2**

In Part 2 of the book, the target vocabulary is presented with short example sentences that demonstrate how the words can be used in context. This approach helps learners understand the meaning of the words more clearly and how they can be applied in various situations.

Quiz Yourself!

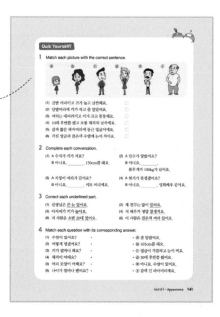

▶ **Confirm the usages of the vocabulary words through various exercises**

By completing the diverse exercises in Quiz Yourself!, learners can gain a deeper understanding of the meanings of vocabulary and practice using the words in sentences. The correct answers can be found in the book's appendix.

Part ③

In Part 3 of the book, learners are presented with the most challenging vocabulary, which includes a lot of abstract terms. The section is divided into three themes and 20 units, and learners will be taught vocabulary with multiple meanings, phrases, synonyms, and commonly confused words. Additionally, they will learn grammatical vocabulary and the parts of speech in Korean.

Let's Learn!

▶ **Distinguish subtle differences between similar vocabulary words**

The target vocabulary is divided into subcategories based on meaning, with each section containing explanations and example sentences. The nuances between similar words are also clarified, allowing for a more comprehensive understanding of the vocabulary.

Pop Quiz!

▶ **Confirm the meanings and usages of nuanced vocabulary**

In Part 3, due to the complexity of many vocabulary words and their multiple meanings, a Pop Quiz follows each vocabulary subcategory to allow learners to immediately confirm their understanding of the words' meanings and usage. The correct answers can be found in the book's appendix.

★ Listening Scripts

The scripts for all conversation cards and listening exercises from Part 1 that require answers are provided in this section, allowing learners to review the spoken material and check their comprehension.

★ Vocabulary Index

The vocabulary index lists all the vocabulary presented throughout the book in Korean alphabetical order and includes the page numbers where they can be found.

Contents

Part 3

Appendix

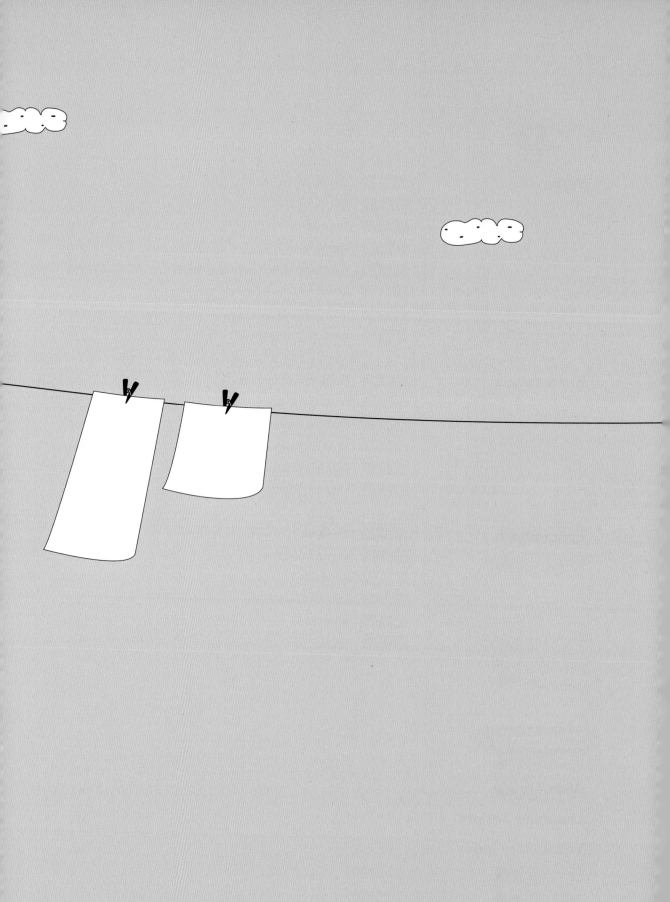

Part 1

Fun!

Reading Numbers 1

Vocabulary

1 Listen and repeat the audio.

Track 001

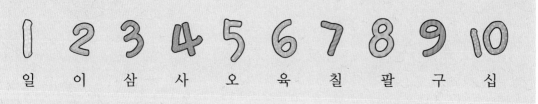

1	2	3	4	5	6	7	8	9	10
일	이	삼	사	오	육	칠	팔	구	십

2 Write the correct letter in each box.

Track 002

ⓐ 삼일오이 ⓑ 칠이공삼

ⓒ 공삼일삼구 ⓓ 사구오이삼공

ⓔ 삼삼칠일 이사이공 ⓕ 공일공 구오이삼 팔육일사

ⓖ 구사이팔 칠칠팔공 삼육삼일 이칠육팔

> When reading phone numbers, read each digit separately. For example, read the numbers 3771 as 삼삼칠일, not 삼십삼 칠십일.

> 0 is read as 공 in phone numbers.

(1) **3371-2420**

> A dash is read as [에].

전화번호 ☐

(2) **010-9523-8614**

핸드폰 번호 ☐

(3) **7203**

비밀번호 ☐

(4) **03139**

우편 번호 ☐

(5) **3152**

자동차 번호 ☐

(6) **495230**

외국인 등록 번호 ☐

(7) **9428 7780 3631 2768**

카드 번호 ☐

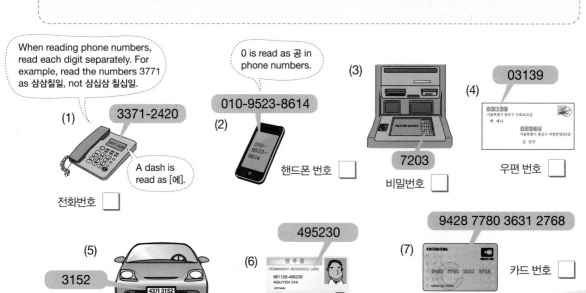

Let's use the words in a conversation!

Track 003

Ex. A 전화번호가 몇 번이에요?
B 3371-2420이에요.

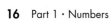

Activity 1

Listen and repeat the audio.

Track 004

(1)

네, 맞아요.

2645-7865

A 전화번호가 2645-7865 맞아요?

B 네, 맞아요.

A Is your phone number 2645-7865?

B Yes, that's right.

(2)

아니요, 틀려요.

010-4964-6547

휴대폰 = 핸드폰 mobile phone

A 핸드폰 번호가 010-4964-6547 맞아요?

B 아니요, 틀려요. 010-3964-6547이에요.

A Is your mobile phone number 010-4964-6547?

B No, it's 010-3964-6547.

Activity 2

Listen and write O for the correct number or X for the incorrect one.

Track 005

(1)

영화관

1544-1580

(2)

공항

1577-2600

(3)

교회

498-1287

(4)

리에

010-5690-0135

(5)

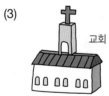

민호

010-3467-3230

(6)

제인

010-2624-3573

(7)

병원

507-7583

(8)

미용실

6334-1010

(9)

경찰서

2438-6970

Reading Numbers 2

Vocabulary

Be careful!
Note the pronunciation!
11 십일 [시빌]
16 십육 [심뉵]

Track 006

1 Listen and repeat the audio.

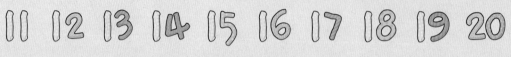

11	12	13	14	15	16	17	18	19	20
십일	십이	십삼	십사	십오	십육	십칠	십팔	십구	이십

10	20	30	40	50	60	70	80	90	100
십	이십	삼십	사십	오십	육십	칠십	팔십	구십	백

Tip
10 is read as 십,
not as 일십.

2 Write the correct letter in each box.

Track 007

(1) 27쪽 □

(2) 84쪽 □

(3) 15층 □

% is read as 퍼센트 or as 프로.

(4) 32층 □

(5) 41% □

(6) 29% □

ⓐ 십오
ⓑ 십육
ⓒ 삼십이
ⓓ 이십칠
ⓔ 사십일
ⓕ 이십구
ⓖ 팔십사
ⓗ 칠십사

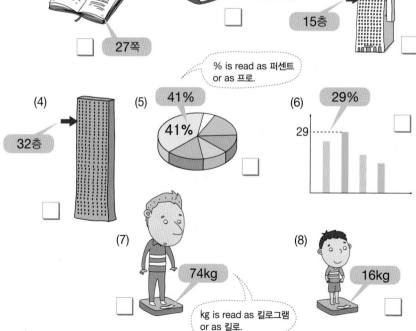

(7) 74kg □

kg is read as 킬로그램 or as 킬로.

(8) 16kg □

Let's use the words in a conversation!
Ex. A 몇 쪽이에요?
B 27쪽이에요.
Track 008

Activity 1

Track 009

Listen and repeat the audio.

(1)

110 백십
120 백이십

(2)

150 백오십
250 이백오십

(3)

1050 천오십
1500 천오백

(4)

1300 천삼백
2300 이천삼백

> **Tip**
> 100 is read as 백, not as 일백.
> 1000 is read as 천, not as 일천.

Activity 2

Track 010

Write the correct letter in each box.

(1) 604

(2) 2번

3. 밑줄 친 단어의 쓰임이 바르지
   ① 야외에서 날씨의 영향을 크게 받을
   ② 주차하다 가서 길 전혀 주었으
   ③ 실정에 가서 길 보내 주어요
   ④ 오늘 장갑이 꽉 자서 책을

(3) 501동

(4) 1207호

(5)
> km is read as 킬로미터 or as 킬로.

부산 399km
Busan
동대구 분기점 190.3km
E.Daegu Jct

(6) 183cm
> cm is read as 센티미터 or as 센티.

(7) 220v

(8) 452쪽

ⓐ A 몇 쪽이에요?
  B 사백오십이 쪽이에요.

ⓑ A 방이 몇 호예요?
  B 천이백칠 호예요.

ⓒ A 답이 몇 번이에요?
  B 이 번이에요.

ⓓ A 집이 몇 동이에요?
  B 오백일 동이에요.

ⓔ A 버스가 몇 번이에요?
  B 육백사 번이에요.

ⓕ A 전기가 몇 볼트예요?
  B 이백이십 볼트예요.

ⓖ A 부산까지 몇 킬로미터예요?
  B 삼백구십구 킬로미터예요.

ⓗ A 키가 몇 센티미터예요?
  B 백팔십삼 센티미터예요.

> **Tip**
> When asking for a number, use 몇 before the unit.
> **Ex** 몇 쪽(page), 몇 층(floor),
> 몇 호(room number), 몇 번(number)

Reading Prices

Vocabulary

Track 011

1 Listen and repeat the audio.

(1) 10원

십 원 (not 일십 원)

(2) 50원

오십 원

(3) 100원

백 원

(4) 500원

오백 원

(5) 1,000원

천 원 (not 일천 원)

(6) 5,000원

오천 원

(7) 10,000원

만 원 (not 일만 원)

(8) 50,000원

오만 원

만	천	백	십			
	1	, 0	0	0	원 →	천 원
	5	, 0	0	0	원 →	오천 원
1	0	, 0	0	0	원 →	만 원
5	0	, 0	0	0	원 →	오만 원
1 0	0	, 0	0	0	원 →	십만 원

Prices are read with Sino-Korean numbers. Although you can commonly place a comma after three digits, you should read numbers with the basic unit 만(10,000), the fourth digit.

Be careful!
- 10 (십) 원 [시 붠]
- 100 (백) 원 [배 권]
- 1,000 (천) 원 [처 눤]
- 10,000 (만) 원 [마 눤]

2 Write the correct letter in each box.

Track 012

ⓐ 팔천오백 원

ⓑ 삼천팔백 원

ⓒ 만 이천오백 원

ⓓ 이만 천칠백 원

ⓔ 천사백오십 원

ⓕ 칠만 육천이백 원

(1)

3,800원 ☐

(2)

1,450원 ☐

(3)

21,700원 ☐

(4)

8,500원 ☐

(5)

12,500원 ☐

(6)

76,200원 ☐

Activity 1

Listen and repeat the audio.

Track 013

억			만			
		1	0	0 , 0	0 0	원
		십만				
		1 ,	0 0	0 , 0	0 0	원
		백만				
		1	0 , 0	0 0 ,	0 0 0	원
		천만				
1		0	0 , 0	0 0 ,	0 0 0	원
일억						

(1) 347,600원   삼십사만 칠천육백 원

(2) 2,650,300원   이백육십오만 삼백 원

(3) 10,824,500원   천팔십이만 사천오백 원

(4) 157,030,000원   일억 오천칠백삼만 원

> 일 is not used with 만, 십만, 백만, 천만 such as 일만 원, 일십만 원, 일백만 원, and 일천만 원. 일 may only be used with 억 such as 일억.

Be careful!
Note the pronunciation!
- 십만 원 [심마 눤]
- 백만 원 [뱅마 눤]
- 일억 원 [이러 권]

Activity 2

Listen and write the correct letter in each box.

Track 014

(1)
노트북 ☐

(2)
그림 ☐

(3)
한복 ☐

(4)
코트 ☐

(5)
자동차 ☐

(6)
가방 ☐

(7)
비행기표 ☐

(8)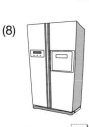
냉장고 ☐

ⓐ 380,000원   ⓑ 2,173,000원   ⓒ 47,400,000원   ⓓ 830,000원

ⓔ 610,000원   ⓕ 56,300,000원   ⓖ 2,837,000원   ⓗ 1,120,000원

Counting Items

Vocabulary

1 Listen and repeat the audio.

Track 015

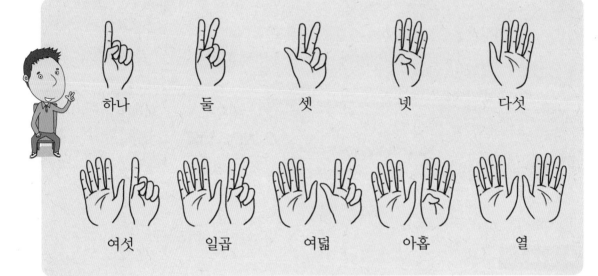

하나　　둘　　셋　　넷　　다섯

여섯　　일곱　　여덟　　아홉　　열

2 Write the correct letter in each box.

Track 016

ⓐ 사과 열 개

ⓑ 사과 한 개

ⓒ 사과 세 개

ⓓ 사과 두 개

ⓔ 사과 네 개

ⓕ 사과 일곱 개

Tip
개 is used to count objects.

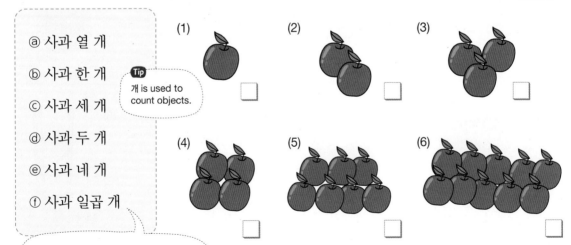

(1) ☐

(2) ☐

(3) ☐

(4) ☐

(5) ☐

(6) ☐

When counting, you can use read with native Korean numbers. Some of the native Korean numbers change form before a counter.
- 하나 → 한 개　　• 둘 → 두 개
- 셋 → 세 개　　　• 넷 → 네 개
- 스물 → 스무 개

Be careful!
Counting in Korean differs from English: object + native Korean number + counter
Ex. 사과 두 개 (O)　　두 개 사과 (X)

Activity 1

Select the one that does not match each counter.

(1) 마리
ⓐ 새
ⓑ 모기
ⓒ 꽃
ⓓ 개

(2) 명
ⓐ 아기
ⓑ 남자
ⓒ 아이
ⓓ 고양이

(3) 개
ⓐ 사과
ⓑ 사탕
ⓒ 치약
ⓓ 생선

(4) 장
ⓐ 책
ⓑ 사진
ⓒ 표
ⓓ 종이

(5) 잔
ⓐ 커피
ⓑ 생맥주
ⓒ 소주
ⓓ 녹차

(6) 대
ⓐ 세탁기
ⓑ 비행기
ⓒ 피아노
ⓓ 책상

(7) 그릇
ⓐ 만두
ⓑ 국
ⓒ 라면
ⓓ 밥

(8) 켤레
ⓐ 신발
ⓑ 바지
ⓒ 장갑
ⓓ 양말

Activity 2

Write the correct letter in each box.

Track 017

ⓐ 개　ⓑ 명　ⓒ 장　ⓓ 잔　ⓔ 권　ⓕ 대　ⓖ 병　ⓗ 분　ⓘ 마리　ⓙ 켤레

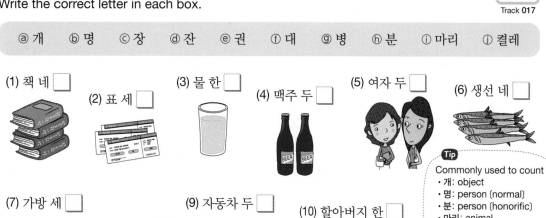

(1) 책 네 ▢

(2) 표 세 ▢

(3) 물 한 ▢

(4) 맥주 두 ▢

(5) 여자 두 ▢

(6) 생선 네 ▢

(7) 가방 세 ▢

(8) 양말 한 ▢

(9) 자동차 두 ▢

(10) 할아버지 한 ▢

97살

> **Tip**
> Commonly used to count
> ・개: object
> ・명: person (normal)
> ・분: person (honorific)
> ・마리: animal
> ・장: thin, flat object such as paper
> ・권: book
> ・잔: cup
> ・병: bottle
> ・대: vehicle or machine
> ・켤레: pairs (ex. of socks)

> **Tip**
> In Korean, different counters are used for different objects.

Months and Dates

Unit 05

Vocabulary

1 Listen and repeat the months after the audio.

Track 018

Be careful!

Note the pronunciation!
- 1월: 일 월 [이 뤌]
- 3월: 삼 월 [사 뭘]
- 7월: 칠 월 [치 뤌]
- 8월: 팔 월 [파 뤌]

Be careful!

June and October use different forms and pronunciations of 6(육) and 10(십).
- 6월: 유 월 [유 월]
- 10월: 시 월 [시 월]

Let's use the words in a conversation!

Ex. A 몇 월이에요?
B 1월이에요.

Track 019

2 Listen and choose the correct answer.

Track 020

(1) 시험을 (ⓐ 1월 / ⓑ 2월)에 봐요.

(2) 출장을 (ⓐ 4월 / ⓑ 10월)에 가요.

(3) 휴가를 (ⓐ 7월 / ⓑ 8월)에 가요.

(4) 축제를 (ⓐ 6월 / ⓑ 9월)에 해요.

The marker 에 is attached to nouns expressing time.

Track 021

Listen and repeat the dates after the audio.

Calendar

3월

Be careful!
Note the pronunciation!
• 1일: 일 일 [이 릴]
• 6일: 육 일 [유 길]
• 7일: 칠 일 [치 릴]
• 10일: 십 일 [시 빌]

일요일	월요일	화요일	수요일	목요일	금요일	토요일
				1	2	3
4	5	6	7	8	9	10
11	12	13	14	15	16	17
18	19	20	21	22	23	24
25	26	27	28	29	30	31

Track 022

Let's use the words in a conversation!
Ex. A 며칠이에요?
B 1일이에요.

Activity 2

Track 023

Listen and choose the correct answer.

(1) 오늘이 (ⓐ 13일 / ⓑ 14일)이에요.

(2) 졸업이 (ⓐ 17일 / ⓑ 27일)이에요.

(3) 발표가 (ⓐ 11일 / ⓑ 12일)이에요.

(4) 생일이 (ⓐ 30일 / ⓑ 31일)이에요.

Tip
Dates are written in month/day format.
Ex. 3월 31일 → 3/31

Unit 06 Holidays

Vocabulary

Listen and write the correct letter in each box.

ⓐ 5월 5일	ⓑ 10월 3일	ⓒ 음력 1월 1일
ⓓ 6월 6일	ⓔ 10월 9일	ⓕ 음력 4월 8일
ⓖ 8월 15일	ⓗ 12월 25일	ⓘ 음력 8월 15일

Be careful!
Note the pronunciation!
음력 [음녁]

(1)

Be careful!
Note the pronunciation!
ㄴ + ㄹ → ㄹ + ㄹ
• 설날 [설랄]
• 한글날 [한글랄]

설날 ☐
Lunar New Year

(2)

개천절 ☐
The National Founding Day
of Korea

(3)

어린이날 ☐
Children's Day

(4)

광복절 ☐
National Liberation Day

(5)

추석 ☐
Chuseok
(Korean Mid-Autumn Harvest Festival)

(6)

부처님 오신 날 ☐
Buddha's Birthday

(7)

성탄절 (= 크리스마스) ☐
Christmas Day

(8)

현충일 ☐
Memorial Day

(9)

한글날 ☐
Hangeul Day

Let's use the words in a
conversation!
Ex. A 설날이 며칠이에요?
B 음력 1월 1일이에요.

Track 025

Activity 1

Write the correct letter in each box.

@ 추석

ⓑ 돌

ⓒ 설날

ⓓ 어버이날

(1) ☐

세배하다

(2) ☐

잔치를 하다

Let's use the words in a conversation!

Ex. A 설날 때 뭐 해요?

B 세배해요.

Track 026

(3) ☐

부모님께 꽃을 드리다

(4) ☐

성묘 가다

드리다 is the honorific form of 주다. It is used to honor the receiver of the item or act.

Activity 2

Match each related item.

Track 027

(1)

생일

(2)

설날

(3)

동지

(4)

복날

ⓐ

떡국

ⓑ

팥죽

ⓒ

미역국

ⓓ

삼계탕

Days of the Week

Vocabulary

1 Write the correct letter in each box.

Track 028

@ 목   ⓑ 일   ⓒ 화   ⓓ 금   ⓔ 월   ⓕ 토   ⓖ 수

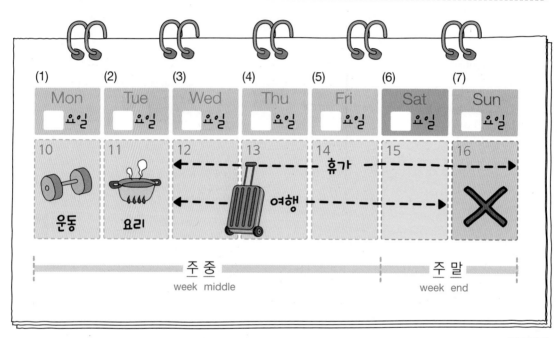

(1) Mon □요일
(2) Tue □요일
(3) Wed □요일
(4) Thu □요일
(5) Fri □요일
(6) Sat □요일
(7) Sun □요일

10 운동
11 요리
12 13 여행
휴가
15
16 ✕

주 중
week middle

주 말
week end

2 Choose the correct answer according to the calendar.

Track 029

(1) 11일이 (ⓐ 월요일 / ⓑ 화요일)이에요.

(2) 월요일에 (ⓐ 운동해요 / ⓑ 요리해요).

(3) 휴가가 (ⓐ 수요일 / ⓑ 목요일)에 시작해요.

(4) 휴가가 (ⓐ 토요일 / ⓑ 일요일)에 끝나요.

(5) 수요일(ⓐ 부터 / ⓑ 까지) 토요일(ⓒ 부터 / ⓓ 까지) 여행 가요.

(6) (ⓐ 월요일 / ⓑ 일요일)에 아무것도 안 해요.

> **Tip**
> To express duration:
> (starting time)부터
> (end time)까지

> **Tip**
> When using 아무것도 (nothing), another
> negation (such as 안) must follow.
> **Ex. 1** 아무것도 안 해요. I don't do anything.
> **Ex. 2** 아무것도 안 먹어요. I don't eat anything.
> **Ex. 3** 아무것도 안 읽어요. I don't read anything.

Activity 1

Listen and repeat the audio.

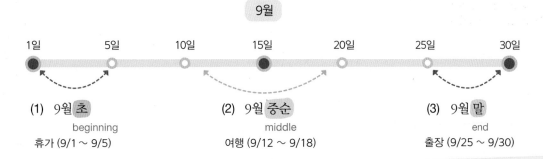

9월

| 1일 | 5일 | 10일 | 15일 | 20일 | 25일 | 30일 |

(1) 9월 초
beginning
휴가 (9/1 ~ 9/5)

(2) 9월 중순
middle
여행 (9/12 ~ 9/18)

(3) 9월 말
end
출장 (9/25 ~ 9/30)

> **Let's use the words in a conversation!**
> Ex. A 언제 휴가 가요?
> B 9월 초에 가요.
> Track 031

Activity 2

Track 032

Choose the correct answer according to the calendar.

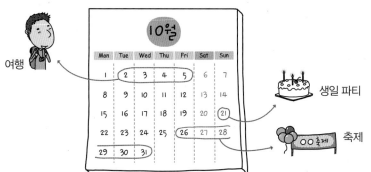

10월

Mon	Tue	Wed	Thu	Fri	Sat	Sun
1	2	3	4	5	6	7
8	9	10	11	12	13	14
15	16	17	18	19	20	21
22	23	24	25	26	27	28
29	30	31				

여행

생일 파티

축제

> **Tip**
> • 첫 번째 주 first week
> • 두 번째 주 second week
> • 세 번째 주 third week
> • 네 번째 주 fourth week
> • 다섯 번째 주 fifth week
> • 마지막 주 (the) last/final week

(1) 10월 (ⓐ 초 / ⓑ 말)에 중국에 친구하고 여행 가요.

　 10월 2일(ⓐ 부터 / ⓑ 까지) 5일(ⓐ 부터 / ⓑ 까지) 여행해요.

　 10월 5일에 (ⓐ 집을 떠나요 / ⓑ 집에 돌아와요).

(2) 원래 (ⓐ 십월 / ⓑ 시월) 십칠 일이 제 생일이에요.

　 그런데 (ⓐ 주중 / ⓑ 주말)에는 일해야 해서 시간이 없어요.

　 그래서 (ⓐ 세 번째 / ⓑ 네 번째) 주 일요일에 우리 집에서 생일 파티를 해요.

(3) 10월 (ⓐ 초 / ⓑ 말)에 축제가 있어요.

　 10월 (ⓐ 첫 번째 / ⓑ 마지막) 주 금요일에 축제가 시작해요.

　 10월 31일에 축제가 (ⓐ 시작해요 / ⓑ 끝나요).

Unit 08 **Years**

Vocabulary

1 Listen and repeat the years after the audio.

Track 033

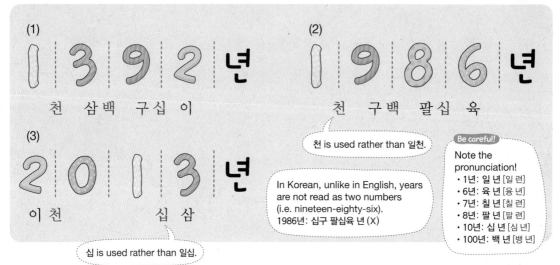

(1)
1 3 9 2 년
천 삼백 구십 이

(2)
1 9 8 6 년
천 구백 팔십 육

(3)
2 0 1 3 년
이 천 십 삼

십 is used rather than 일십.

천 is used rather than 일천.

In Korean, unlike in English, years are not read as two numbers (i.e. nineteen-eighty-six).
1986년: 십구 팔십육 년 (X)

Be careful!
Note the pronunciation!
• 1년: 일 년 [일 련]
• 6년: 육 년 [융 년]
• 7년: 칠 년 [칠 련]
• 8년: 팔 년 [팔 련]
• 10년: 십 년 [심 년]
• 100년: 백 년 [뱅 년]

2 Write the correct letter in each box.

Track 034

(1)

김연아 선수 figure skater
(1990~)

(2)

김대중 전 대통령 former president
(1924~2009)

(3)

박찬욱 감독 film director
(1963~)

(4)

배우 actor 이병헌
(1970~)

(5)

세종대왕 King Sejong
(1397~1450)

(6)

김수환 추기경 cardinal
(1922~2009)

ⓐ 천구백육십삼 년에 태어났어요.   ⓑ 천구백구십 년에 태어났어요.

ⓒ 천구백칠십 년에 태어났어요.   ⓓ 천사백오십 년에 돌아가셨어요.

ⓔ 천구백이십사 년에 태어나셨어요.   ⓕ 이천구 년에 돌아가셨어요.

Activity 1

Listen and repeat the audio.

Track 035

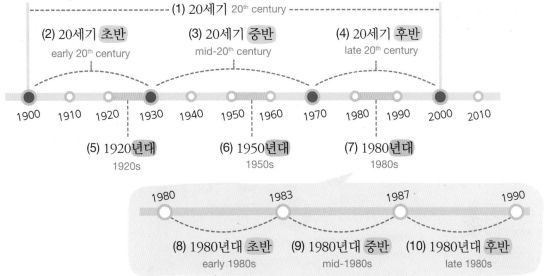

(1) 20세기 20th century

(2) 20세기 초반
early 20th century

(3) 20세기 중반
mid-20th century

(4) 20세기 후반
late 20th century

1900 1910 1920 1930 1940 1950 1960 1970 1980 1990 2000 2010

(5) 1920년대
1920s

(6) 1950년대
1950s

(7) 1980년대
1980s

1980 1983 1987 1990

(8) 1980년대 초반
early 1980s

(9) 1980년대 중반
mid-1980s

(10) 1980년대 후반
late 1980s

Activity 2

Track 036

1 Write the correct letter in each box.

(1)
한글 1443년 ☐

(2)
경복궁 1395년 ☐

ⓐ 8세기 중반에 만들어졌어요.
ⓑ 7세기 후반에 만들어졌어요.
ⓒ 14세기 후반에 만들어졌어요.
ⓓ 15세기 중반에 만들어졌어요.

(3)
석굴암 751년 ☐

(4)
부석사 676년 ☐

> **Tip**
> · 한글 Hangeul: the Korean alphabet
> · 경복궁 Gyeongbokgung Palace: a palace from the Joseon Dynasty
> · 석굴암 Seokguram Grotto: a Buddhist temple in a cave from the Silla Dynasty
> · 부석사 Buseoksa Temple: the oldest wooden building in Korea

Track 037

2 Match each related item.

(1)
1945년 해방
Liberation

(2)
1950 ~ 1953년 한국 전쟁
Korean War

(3)
1988년 서울 올림픽
Seoul Olympics

(4)
2002년 한일 월드컵
Korea-Japan World Cup

ⓐ 2000년대 초반

ⓑ 1950년대 초반

ⓒ 1940년대 중반

ⓓ 1980년대 후반

Weeks and Months

Unit 09

Vocabulary

1 Listen and repeat the audio.

Track 038

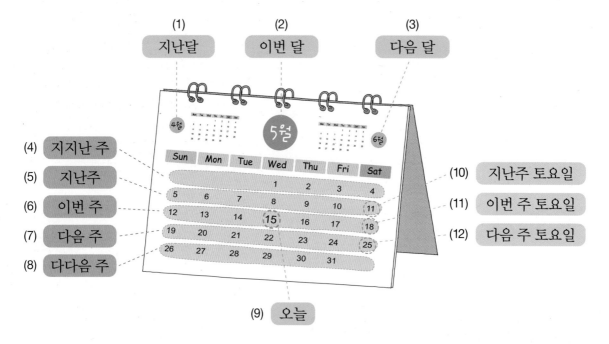

(1) 지난달 (2) 이번 달 (3) 다음 달

(4) 지지난 주
(5) 지난주
(6) 이번 주
(7) 다음 주
(8) 다다음 주

(10) 지난주 토요일
(11) 이번 주 토요일
(12) 다음 주 토요일

(9) 오늘

2 Choose the correct answer according to the calendar.

Track 039

(1) 이번 주 월요일이 (ⓐ 6일 / ⓑ 13일)이에요.

(2) 5월 9일이 (ⓐ 지난주 / ⓑ 이번 주) 목요일이에요.

(3) 4월은 (ⓐ 지난달 / ⓑ 이번 달)이에요.

(4) 다음 달은 (ⓐ 5월 / ⓑ 6월)이에요.

(5) 지지난 주 금요일은 (ⓐ 3일 / ⓑ 10일)이에요.

(6) 5월 29일은 (ⓐ 다음 주 / ⓑ 다다음 주) 수요일이에요.

(7) 지지난달은 (ⓐ 3월 / ⓑ 4월)이에요.

(8) 다음 주 화요일은 (ⓐ 21일 / ⓑ 28일)이에요.

Be careful!
• this week: 이 주 (X) → 이번 주 (O)
• this month: 이 달 (X) → 이번 달 (O)

Activity 1

Listen and repeat the audio.

Track 040

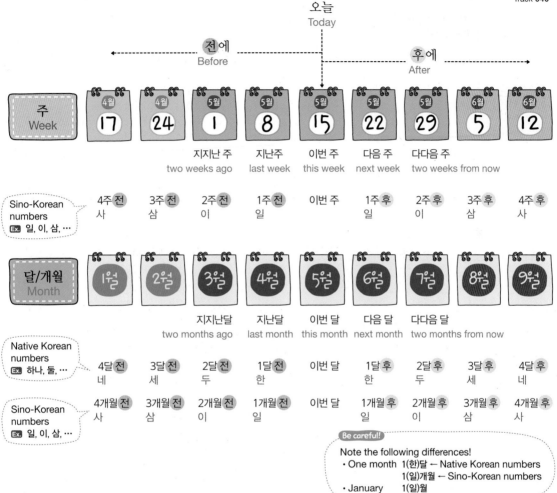

	오늘 Today	
전에 Before		후에 After

주 Week

4월 17	4월 24	5월 1	5월 8	5월 15	5월 22	5월 29	6월 5	6월 12
		지지난 주 two weeks ago	지난주 last week	이번 주 this week	다음 주 next week	다다음 주 two weeks from now		

Sino-Korean numbers Ex 일, 이, 삼, …

| 4주 전 사 | 3주 전 삼 | 2주 전 이 | 1주 전 일 | 이번 주 | 1주 후 일 | 2주 후 이 | 3주 후 삼 | 4주 후 사 |

달/개월 Month

1월	2월	3월	4월	5월	6월	7월	8월	9월
		지지난달 two months ago	지난달 last month	이번 달 this month	다음 달 next month	다다음 달 two months from now		

Native Korean numbers Ex 하나, 둘, …

| 4달 전 네 | 3달 전 세 | 2달 전 두 | 1달 전 한 | 이번 달 | 1달 후 한 | 2달 후 두 | 3달 후 세 | 4달 후 네 |

Sino-Korean numbers Ex 일, 이, 삼, …

| 4개월 전 사 | 3개월 전 삼 | 2개월 전 이 | 1개월 전 일 | 이번 달 | 1개월 후 일 | 2개월 후 이 | 3개월 후 삼 | 4개월 후 사 |

> **Be careful!**
> Note the following differences!
> • One month 1(한)달 ← Native Korean numbers
>   1(일)개월 ← Sino-Korean numbers
> • January 1(일)월

Activity 2

Choose the correct answer according to the calendar.

Track 041

(1) (ⓐ 두 달 / ⓑ 세 달) 전에 졸업식을 했어요. 졸업식은 2월 18일이었어요.

(2) (ⓐ 일 개월 / ⓑ 이 개월) 전에 생일 파티를 했어요. 제 생일은 4월 20일이에요.

(3) (ⓐ 한 달 / ⓑ 두 달) 후에 휴가가 시작해요. 7월 22일부터 휴가예요.

(4) (ⓐ 일 개월 / ⓑ 이 개월) 후에 고향에 돌아갈 거예요. 6월 15일에 출발해요.

(5) (ⓐ 이 주 / ⓑ 삼 주) 전에 옷을 샀어요. 그날이 5월 첫 번째 주 목요일이었어요.

(6) 다음 주에는 시간이 없어요. (ⓐ 일 주 / ⓑ 이 주) 후에 시간이 있어요.

> **Tip**
> 일주일 is often used with the same meaning as 일 주.

Days and Years

Vocabulary

Choose and write the correct answer from the following.

Track 042

내일 tomorrow   어제 yesterday   올해 this year

그제 the day before yesterday   작년 last year   후년 the year after next

모레 the day after tomorrow   내년 next year   재작년 the year before last

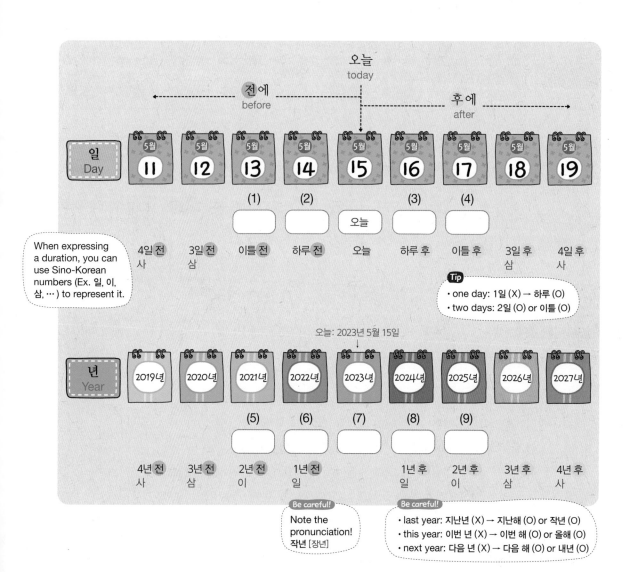

Activity 1

Write the correct answer in each blank according to the calendar.

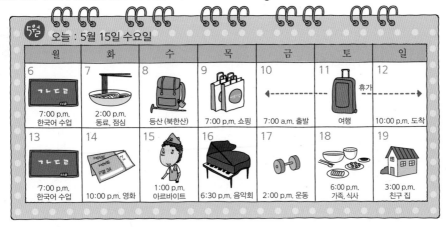

달
후
전
매주
오늘
내일
어제
모레
화요일
일주일

(1) 이번 _____ 은 5월이에요.

(2) 3일 _____ 에 여행에서 돌아왔어요.

(3) _____ 저녁에 영화 보러 갔어요.

(4) _____ 월요일 저녁 7시마다 한국어 수업이 있어요.

(5) _____ 오후에 운동할 거예요.

(6) _____ 저녁 6시 30분에 음악회에 가려고 해요.

(7) _____ 전에 친구하고 북한산에 등산 갔어요.

(8) 4일 _____ 에 친구 집에 놀러 갈 거예요.

(9) 지난주 _____ 오후 2시에 동료하고 점심을 먹었어요.

(10) _____ 오후 1시에 백화점에서 아르바이트해요.

> **Be careful!**
> last night: 지난밤 (X) → 어젯밤 (O)
> • this morning: 이 아침 (X) → 오늘 아침 (O)
> • this evening: 이 저녁 (X) → 오늘 저녁 (O)
> • tonight: 이 밤 (X) → 오늘 밤 (O)

> **Be careful!**
> The marker 에 is usually used with time expressions, but not with the following ones.
> • 오늘에 (X) → 오늘 (O)
> • 내일에 (X) → 내일 (O)
> • 어제에 (X) → 어제 (O)

> **Tip**
> In Korean, the present tense may be used with a near-future event.
> **Ex.** 내일 일해요. = 내일 일할 거예요.
> I am going to work tomorrow.

Activity 2

Complete each sentence with the appropriate markers.

> **Ex.** 작년 / 9월 / 친구 / 중국 / 여행 / 가다
> → **작년 9월에 친구하고 중국에 여행을 갔어요.**

(1) 오늘 / 오후 / 2시 / 30분 / 명동 / 약속 / 있다
→ _____.

(2) 지난주 / 금요일 / 밤 / 8시 / 동료 / 저녁 식사 / 하다
→ _____.

(3) 올해 / 12월 / 마지막 주 / 토요일 / 콘서트 / 보다 / 가다
→ _____.

(4) 다음 주 / 월요일 / 아침 / 9시 / 한국어 / 수업 / 시작하다
→ _____.

> **Tip**
> If there are multiple time expressions, the marker 에 is only used on the last one.
> **Ex.** 지난주 금요일 밤 8시에
> last Friday night at 8 o'clock

Reading the Time

Vocabulary

Track 045

1 Listen and repeat the time after the audio.

10시	10분
열 시	십 분

Native Korean numbers
Ex. 하나, 둘, …

Sino-Korean numbers
Ex. 일, 이, 삼, …

시				분	
1시	한 시	7시	일곱 시	5분	오 분
2시	두 시	8시	여덟 시	10분	십 분
3시	세 시	9시	아홉 시	20분	이십 분
4시	네 시	10시	열 시	30분	삼십 분
5시	다섯 시	11시	열한 시	40분	사십 분
6시	여섯 시	12시	열두 시	50분	오십 분

Track 046

2 Write the correct letter in each box.

ⓐ 여섯 시 이십 분

ⓑ 두 시 사십 분

ⓒ 일곱 시 십오 분

ⓓ 한 시 이십오 분

ⓔ 아홉 시 삼십 분

ⓕ 네 시 반

(1)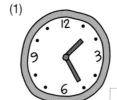

(2)

(3)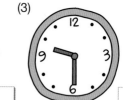

(4)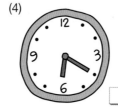

(5)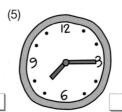

(6)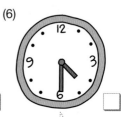

A half-hour is expressed as 반.
Ex. 한 시간 반, 한 시 반

3 Listen and repeat the audio.

Track 047

(1) 5시 10분 전이에요. It is 10 minutes before 5.
= 4시 50분이에요. It is 4:50.

(2) 6시 15분 전이에요. It is 15 minutes before 6.
= 5시 45분이에요. It is 5:45.

Activity 1

Listen and write the correct letter in each box.

Officially, when expressing time, 오전(a.m.) or 오후(p.m.) is commonly used instead of 아침(morning) or 저녁 (evening).

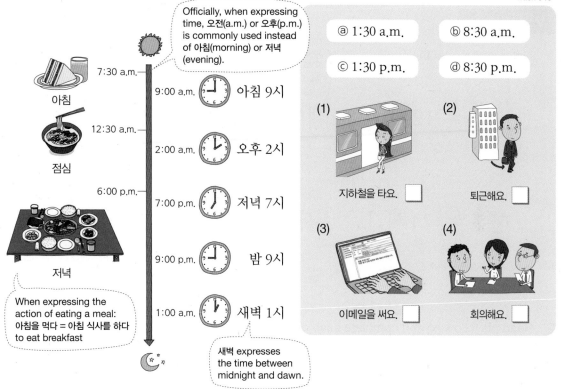

7:30 a.m.

아침

12:30 a.m.

점심

6:00 p.m.

저녁

When expressing the action of eating a meal: 아침을 먹다 = 아침 식사를 하다 to eat breakfast

9:00 a.m. 아침 9시

2:00 a.m. 오후 2시

7:00 p.m. 저녁 7시

9:00 p.m. 밤 9시

1:00 a.m. 새벽 1시

새벽 expresses the time between midnight and dawn.

ⓐ 1:30 a.m. ⓑ 8:30 a.m.

ⓒ 1:30 p.m. ⓓ 8:30 p.m.

(1) 지하철을 타요. ☐

(2) 퇴근해요. ☐

(3) 이메일을 써요. ☐

(4) 회의해요. ☐

Activity 2

Listen and repeat the audio.

(1)

시작

MOVIE

끝

3:30 p.m.   6:00 p.m.

(2)

Bakery

Open 7:00 a.m.
Close 11:00 p.m.

A 몇 시에 영화가 시작해요?

B 오후 3시 30분에 시작해요.

A 몇 시에 영화가 끝나요?

B 저녁 6시에 끝나요.

A 빵집이 몇 시에 문을 열어요?

B 매일 아침 7시에 문을 열어요.

A 빵집이 몇 시에 문을 닫아요?

B 매일 밤 11시에 문을 닫아요.

Unit 12

Expressing Duration

Vocabulary

1 Listen and repeat the audio.

Track 050

> When indicating a duration of one month, you can use either Sino-Korean numbers with 개월 (e.g. 십 이 개월) or native Korean numbers with 달 (e.g. 열두 달).

(1)

year	months	months	weeks	days
1년	12달	12개월	52주	365일
일	열두	십이	오십이	삼백육십오

(2)

one day		hours	(3)		hours		minutes	(4)		minutes		seconds

하루 = 24시간 (3) 1시간 = 60분 (4) 1분 = 60초
스물 네   한   육십   일   육십

> 하루 is used rather than 1일 to express "one day."

> 시 = o'clock
> 시간 = hour (as a duration of time)

2 Read the following and complete each conversation with the correct letter.

Track 051

ⓐ 며칠 동안   ⓑ 몇 년 동안   ⓒ 몇 개월 동안   ⓓ 몇 시간 동안

(1)
9시부터 11시까지 회의해요.

○━━━━━━○
9:00   11:00

A _____ 회의해요?
B 2시간 동안 회의해요.

(2)
월요일부터 금요일까지 수업해요.

○━━━━━━○
월요일   금요일

A _____ 수업해요?
B 5일 동안 수업해요.

(3)
6월부터 8월까지 휴가예요.

○━━━━━━○
6/1   8/31

A _____ 휴가예요?
B 3개월 동안 휴가예요.

(4)
2019년부터 2020년까지
한국어를 공부했어요.

○━━━━━━○
2019년 9월   2020년 9월

A _____ 한국어를 공부했어요?
B 1년 동안 한국어를 공부했어요.

> **Tip**
> Use 얼마 동안 to ask "how long…?" in terms of time.

Activity 1

Listen and write the correct letter in each box.

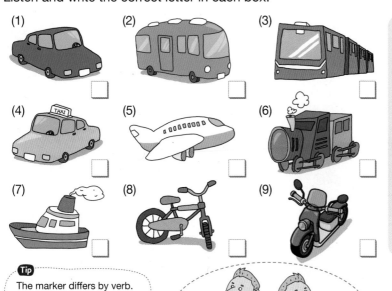

(1)　☐
(2)　☐
(3)　☐
(4)　☐
(5)　☐
(6)　☐
(7)　☐
(8)　☐
(9)　☐

ⓐ 배 ship/boat
ⓑ 택시 taxi
ⓒ 기차 train
ⓓ 버스 bus
ⓔ 자동차 automobile (car)
ⓕ 비행기 airplane
ⓖ 지하철 subway
ⓗ 자전거 bicycle
ⓘ 오토바이 motorcycle

Tip
The marker differs by verb.
버스로 가요. I go by bus.
= 버스를 타요. I take the bus.

(10) 걸어서　(11) 뛰어서

Let's use the words in a conversation!
Ex. A 어떻게 가요?
B 자동차로 가요.
Track 053

Activity 2

Write the correct letter in each box.

ⓐ 집에서 공항까지 택시로 40분 걸려요.
ⓑ 집에서 회사까지 지하철로 50분 걸려요.
ⓒ 집에서 지하철역까지 걸어서 10분 걸려요.
ⓓ 부산에서 오사카까지 배로 18시간 걸려요.
ⓔ 서울에서 뉴욕까지 비행기로 14시간 걸려요.
ⓕ 서울에서 부산까지 기차로 3시간 30분 걸려요.

Let's use the words in a conversation!
Ex. A 서울에서 뉴욕까지 어떻게 가요?
B 비행기로 가요.
A 시간이 얼마나 걸려요?
B 14시간 걸려요.
Track 055

~에서 ~까지: from (space start point) to (destination)
~부터 ~까지: from (start time) to (ending time)

(1) ☐

14시간
서울　뉴욕

(2) ☐
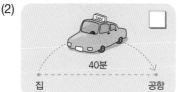
40분
집　공항

(3) ☐

3시간 30분
서울　부산

(4) ☐

18시간
부산　오사카

(5) ☐
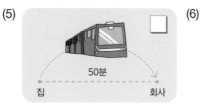
50분
집　회사

(6) ☐
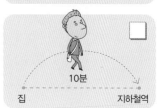
10분
집　지하철역

Countries

Vocabulary

Write the correct number in each box.

Track 056

(1)

[ ] 한국 Korea

[ ] 중국 China

[ ] 일본 Japan

[ ] 호주 Australia

[ ] 인도 India　　[ ] 베트남 Vietnam

[ ] 태국 Thailand　　[ ] 싱가포르 Singapore

[ ] 필리핀 Philippines

(2)

[ ] 미국 USA

[ ] 캐나다 Canada

[ ] 브라질 Brazil

[ ] 멕시코 Mexico

[ ] 아르헨티나 Argentina

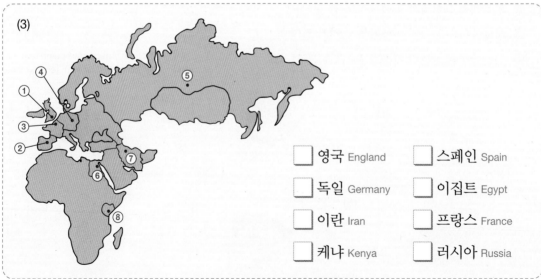

(3)

[ ] 영국 England　　[ ] 스페인 Spain

[ ] 독일 Germany　　[ ] 이집트 Egypt

[ ] 이란 Iran　　[ ] 프랑스 France

[ ] 케냐 Kenya　　[ ] 러시아 Russia

Activity 1

Write the correct letter in each box.

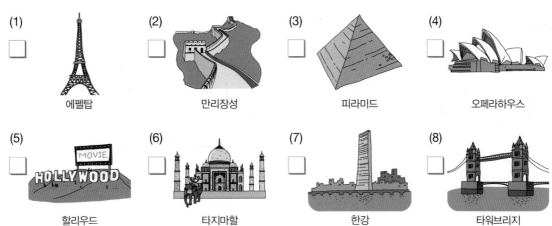

(1) ☐ 에펠탑

(2) ☐ 만리장성

(3) ☐ 피라미드

(4) ☐ 오페라하우스

(5) ☐ 할리우드

(6) ☐ 타지마할

(7) ☐ 한강

(8) ☐ 타워브리지

ⓐ 한국　　ⓑ 미국　　ⓒ 중국　　ⓓ 영국

ⓔ 인도　　ⓕ 호주　　ⓖ 이집트　　ⓗ 프랑스

Let's use the words in a conversation!

Ex. A 에펠탑이 어디에 있어요?
B 프랑스에 있어요.

Track 057

Activity 2

Write the correct letter in each box.

(1) 한국 ☐

(2) 일본 ☐

(3) 독일 ☐

(4) 미국 ☐

(5) 영국 ☐

(6) 호주 ☐

(7) 인도 ☐

(8) 스페인 ☐

ⓐ 맥주

ⓑ 캥거루

ⓒ 여왕

ⓓ 태권도

ⓔ 카우보이

ⓕ 투우

ⓖ 초밥

ⓗ 카레

Let's use the words in a conversation!

Ex. A 한국은 뭐가 유명해요?
B 태권도가 유명해요.

Track 058

Nationalities and Languages

Unit 14

Vocabulary

Fill in the table with the correct answers.

Country		Nationality (Country + 사람/인)	Language (Country + 말/어)
1 한국 Korea	Colloquial	한국 사람 Korean	한국말 Korean
	Formal	한국인 Korean	한국어 Korean
2 일본 Japan	Colloquial	일본 사람 Japanese	일본말 Japanese
	Formal	일본인 Japanese	(1)
3 중국 China	Colloquial	중국 사람 Chinese	중국말 Chinese
	Formal	(2)	중국어 Chinese
4 멕시코 Mexico	Colloquial	멕시코 사람 Mexican	스페인말 Spanish
	Formal	멕시코인 Mexican	스페인어 Spanish
5 (3)	Colloquial	프랑스 사람 French	프랑스말 French
	Formal	프랑스인 French	프랑스어 French
6 이집트 Egypt	Colloquial	이집트 사람 Egyptian	아랍말 Arabic
	Formal	이집트인 Egyptian	(4)
7 미국 USA	Colloquial	(5)	영어 English
	Formal	미국인 American	
8 영국 England	Colloquial	영국 사람 English	(6)
	Formal	영국인 English	
9 (7)	Colloquial	외국 사람 foreigner	외국말 foreign language
	Formal	외국인 foreigner	외국어 foreign language

> 영어 is an exception.
> 영어말 (X), 영국말 (X),
> 미국말 (X)

Choose the correct answer according to the pictures.

Track 060

(1) 이 (ⓐ 남자 / ⓑ 여자)는 마크예요. 미국 사람이에요. 뉴욕에서 왔어요.

(2) 이 (ⓐ 남자 / ⓑ 여자)는 유키예요. 일본 사람이에요. 오사카에서 왔어요.

(3) 이 사람은 제임스예요. (ⓐ 미국 / ⓑ 영국) 사람이에요. 런던에서 왔어요.

(4) 이분은 자크 씨예요. 프랑스 분이에요. (ⓐ 파리 / ⓑ 로마)에서 왔어요.

(5) 이 (ⓐ 사람 / ⓑ 사람들)은 링링하고 유웨이예요. 중국 사람들이에요. 상하이에서 왔어요.

(6) 이 (ⓐ 분 / ⓑ 분들)은 사라 씨하고 다니엘 씨예요. 호주 분들이에요. 시드니에서 왔어요.

> When referring to older or higher-status people, or to those with whom one has no acquaintance or has met only formally, use 분 instead of 사람.

> When expressing a plural, attach 들 after the noun.

Activity 2

Listen and write O if the speaker knows the following languages or X if the speaker does not.

Track 061

(1) **안녕하세요?**

한국어 ☐

(2) **こんにちは。**

일본어 ☐

(3) **Hello.**

영어 ☐

(4) **你好!**

중국어 ☐

(5) **¡Hola!**

스페인어 ☐

(6) **اَلسَّلَامُ عَلَيْكُمْ.**

아랍어 ☐

Occupations

Vocabulary

Listen and write the correct letter in each box.

Track 062

ⓐ 의사 doctor ⓑ 작가 author ⓒ 회사원 company employee

ⓓ 배우 actor ⓔ 교사 schoolteacher ⓕ 간호사 nurse

ⓖ 군인 soldier ⓗ 주부 housewife ⓘ 요리사 cook

ⓙ 가수 singer ⓚ 변호사 lawyer ⓛ 운동선수 athlete

(1)  ☐

(2)  ☐

(3)  ☐

(4)  ☐

(5)  ☐

(6)  ☐

(7)  ☐

(8)  ☐

(9)  ☐

(10)  ☐

(11)  ☐

(12)  ☐

There are two ways to ask about someone's job.
직업이 뭐예요? What's your job?
= 직업이 어떻게 되세요? What's your job? (honorific)
= 무슨 일(을) 해요? What do you do?

Let's use the words in a conversation!

Ex. A 직업이 뭐예요?
B 교사예요.

Track 063

Activity 1

Match each related item.

(1)	(2)	(3)	(4)	(5)
기자	미용사	경찰	수리 기사	영화감독

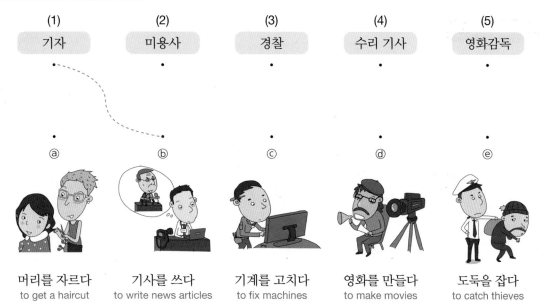

ⓐ 머리를 자르다
to get a haircut

ⓑ 기사를 쓰다
to write news articles

ⓒ 기계를 고치다
to fix machines

ⓓ 영화를 만들다
to make movies

ⓔ 도둑을 잡다
to catch thieves

(기계를) 고치다 = 수리하다

Let's use the words in a conversation!
Ex. A 기자가 무슨 일을 해요?
B 기자가 기사를 써요.

Track 064

Activity 2

Match each question with its corresponding answer.

Track 065

(1) 무슨 일을 해요? • • ⓐ 우체국에 다녀요.

(2) 월급이 얼마예요? • • ⓑ 3년 됐어요.

(3) 어디에 다녀요? • • ⓒ 변호사예요.

(4) 언제부터 일했어요? • • ⓓ 아침 9시에 출근해요.

(5) 몇 시에 출근해요? • • ⓔ 한 달에 500만 원이에요.

(6) 하루에 얼마 동안 일해요? • • ⓕ 8시간 동안 일해요.

Age

Vocabulary

Track 066

1 Write the correct letter in each box.

1살   5살   8살   22살   31살

(1) ☐   (2) ☐   (3) ☐   (4) ☐   (5) ☐

ⓐ 다섯 살

ⓑ 한 살

ⓒ 서른한 살

ⓓ 여덟 살

ⓔ 스물두 살

When indicating someone's age, use native Korean numbers (하나, 둘, 셋, …) with the counter word 살 (e.g. 한 살, 다섯 살).

Track 067

2 Write the correct letter in each box.

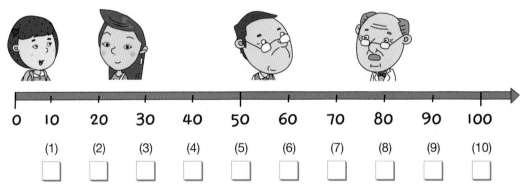

0   10   20   30   40   50   60   70   80   90   100

(1) ☐ (2) ☐ (3) ☐ (4) ☐ (5) ☐ (6) ☐ (7) ☐ (8) ☐ (9) ☐ (10) ☐

| ⓐ 열 | ⓑ 백 | ⓒ 쉰 | ⓓ 마흔 | ⓔ 아흔 |
| ⓕ 일흔 | ⓖ 서른 | ⓗ 여든 | ⓘ 예순 | ⓙ 스물 |

스물 is changed into 스무 in front of 살.
Ex. 20 (스물) → 20살 (스무 살)
21 (스물하나) → 21살 (스물한 살)

1 Listen and repeat the audio.

Track 068

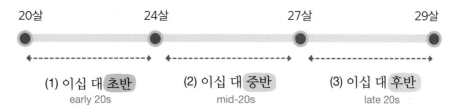

20살   24살   27살   29살

(1) 이십 대 초반
early 20s

(2) 이십 대 중반
mid-20s

(3) 이십 대 후반
late 20s

2 Write the correct letter in each box.

Track 069

(1) 51살 ☐   (2) 68살 ☐

(3) 29살 ☐   (4) 14살 ☐

(5) 45살 ☐   (6) 32살 ☐

ⓐ 십 대 중반   ⓑ 오십 대 초반

ⓒ 사십 대 중반   ⓓ 이십 대 후반

ⓔ 삼십 대 초반   ⓕ 육십 대 후반

Activity 2

Write the correct letter in each box.

Track 070

ⓐ 십 대 후반이에요.

ⓑ 이십 대 중반이에요.

ⓒ 사십 대 후반이에요.

ⓓ 오십 대 초반이에요.

ⓔ 육십 대 중반이에요.

ⓕ 칠십 대 초반이에요.

할아버지   아줌마   남학생   아저씨   할머니   여자
(72세)   (51세)   (18세)   (49세)   (66세)   (24세)

(1) ☐   (2) ☐   (3) ☐   (4) ☐   (5) ☐   (6) ☐

Be careful!

나이가 많다 to be old, elderly
↔ 젊다 to be young
↔ 어리다 to be young (used with kids
in their early teens and younger)

할아버지 and 할머니 are used
to refer to older people even
if they are not related to you.

Tip

Other ways to express age:
• 29: 거의 서른이 다 됐어요. I am almost 30.
• 29-31: 서른쯤 됐어요. I am around 30 years old.
• 33: 서른이 넘었어요. I am older than 30.

Unit 17 Family

Vocabulary

Write the correct letter in each box.

Track 071

ⓐ 큰딸 eldest daughter   ⓑ 누나 older sister (for a male)   ⓒ 할머니 grandmother

ⓓ 작은딸 younger daughter   ⓔ 남동생 younger brother   ⓕ 어머니 mother

ⓖ 형 older brother (for a male)   ⓗ 여동생 younger sister   ⓘ 할아버지 grandfather

ⓙ 아들 son   ⓚ 아버지 father   ⓛ 아내 wife

· Use 아내 to refer to one's own wife.
· Use 부인 to refer to someone else's wife.
· Use 남편 to refer to one's own husband.
· Use 부군 to refer to someone else's husband.

(1) 92살   (2) 87살

(3) 64살   (4) 62살

나(me)

(5) 41살   (6) 40살   39살   (7) 37살   (8) 32살   (9) 29살

'큰(big)' + 딸(daughter) = 큰딸 eldest daughter
'작은(small)' + 딸(daughter) = 작은딸 younger daught

(10) 13살   (11) 9살   (12) 6살

	older brother	older sister	younger brother	younger sister
male speaker	형	누나	남동생	여동생
female speaker	오빠	언니	남동생	여동생

Activity 1

Choose the correct answer according to each picture.

아버지   어머니   큰딸   아들   작은딸

(1) 큰딸이 (ⓐ 아버지 / ⓑ 어머니)하고 똑같이 생겼어요.

(2) 아들이 아버지의 (ⓐ 귀 / ⓑ 코)를 닮았어요.

(3) 작은딸이 아버지하고 눈이 (ⓐ 비슷해요 / ⓑ 달라요).

(4) 큰딸이 아버지를 하나도 (ⓐ 닮았어요 / ⓑ 안 닮았어요).

> **Tip**
> • 두 사람이 똑같이 생겼어요. They look the same.
> • 두 사람이 닮았어요. They look alike.
> ↔ 두 사람이 안 닮았어요. They don't look alike.
> • 두 사람이 비슷해요. They are similar.
> ↔ 두 사람이 달라요. They are different.

Activity 2

Choose the correct answer according to each picture.

큰딸 (13살)   아들 (9살)   작은딸 (6살)

큰딸하고 아들이 4살 차이가 나요. My eldest daughter and son are four years apart.

큰딸이 아들보다 4살 많아요. My eldest daughter is four years older than my son.

아들이 큰딸보다 4살 어려요. My son is four years younger than my eldest daughter.

(1) 아들하고 작은딸하고 (ⓐ 삼 년 / ⓑ 세 살) 차이가 나요.

(2) 아들이 큰딸보다 네 살 (ⓐ 많아요 / ⓑ 적어요).

(3) 큰딸하고 작은딸이 (ⓐ 일곱 살 / ⓑ 여덟 살) 차이가 나요.

(4) 작은딸이 아들보다 (ⓐ 세 살 / ⓑ 네 살) 어려요.

> **Tip**
> When referring to three or more children in order of age:
> • 첫째 eldest
> • 둘째 second
> • 셋째 third
> • 막내 youngest

> **Be careful!**
> Use 살 to talk about someone's age.
> Use 년 to talk about an object's age.
> **Ex.** 아이가 4살이에요. The child is four years old.
> 자동차가 4년 됐어요. The car is four years old.

Unit 18 Places 1

Vocabulary

Match each item with its related location in the box.

> **Be careful!**
> Note the pronunciation!
> 백화점 [배콰점]
> 편의점 [펴니점]

(1)

책

(2)

약

- ⓐ 백화점 department store

- ⓑ 여행사 travel agency

- ⓒ 서점 bookstore

(3)

빵

(4)
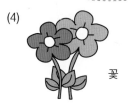
꽃

- ⓓ 꽃집 flower shop

- ⓔ 약국 pharmacy

(5)

옷

(6)

우유

- ⓕ 편의점 convenience store

- ⓖ 빵집 bakery

(7)

커피

(8)

표

- ⓗ 카페 café

- ⓘ 옷 가게 clothing store

(9)

2,000,000원
구두

(10)
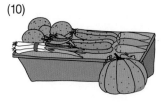
채소 = 야채

- ⓙ 시장 market

> 물건(object) + 가게(store)
> **Ex.** 옷 가게 clothing store
> 가방 가게 bag store
> 생선 가게 fish market
> 과일 가게 fruit market

> **Tip**
> The marker after a location differs depending upon the verb.
> • (location) + 에서 + (action verb)
> • (destination) + 에 + 가다/오다 verb

Let's use the words in a conversation!
Ex. A 어디에서 책을 사요?
B 서점에서 책을 사요.

Track 074

Activity 1

Write the correct letter in each box.

(1)

돈을 찾다 to withdraw money

(2)

산책하다 to take a walk

(3)

일하다 to work

(4)

기도하다 to pray

(5)

머리를 자르다 to get a haircut

(6)

소포를 보내다 to send a package

ⓐ 회사 company   ⓑ 은행 bank   ⓒ 우체국 post office

ⓓ 공원 park   ⓔ 성당 Catholic church   ⓕ 미용실 beauty salon

Let's use the words in a conversation!

Ex. A 어디에 가요?
B 돈을 찾으러 은행에 가요.

Track 075

Activity 2

Write the correct letter in each box.

(1)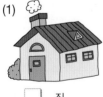

집

(2)

공항

(3)

식당

(4)

학원

(5)

영화관

(6)

PC방

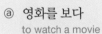

PC방 [피시방]

ⓐ 영화를 보다
to watch a movie

ⓑ 밥을 먹다
to eat

ⓒ 비행기를 타다
to take a plane

ⓓ 요리를 배우다
to learn to cook

ⓔ 인터넷 하다
to use the Internet

ⓕ 쉬다
to rest, relax

Let's use the words in a conversation!

Ex. A 집에서 뭐 해요?
B 집에서 쉬어요.

Track 076

Be careful!
Note the pronunciation!
학원 [하권]

Unit 19 · Places 2

Vocabulary

Write the correct letter in each box.

> **Be careful!**
> Note the pronunciation!
> 박물관 [방물관]

ⓐ 교회 church   ⓑ 박물관 museum   ⓒ 주차장 parking lot

ⓓ 술집 bar   ⓔ 대사관 embassy   ⓕ 노래방 karaoke room

ⓖ 대학교 college   ⓗ 도서관 library   ⓘ 경찰서 police station

ⓙ 헬스장 gym   ⓚ 사진관 photo studio   ⓛ 지하철역 subway station

(1)  □

(2)  □

(3) 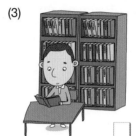 □

(4) 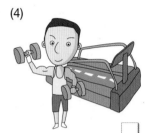 □

(5)  □

(6)  □

(7)  □

(8)  □

(9)  □

(10)  □

(11)  □

(12)  □

Let's use the words in a conversation!

Ex. A 여기가 어디예요?
     B 노래방이에요.

Track 077

Activity 1

Match each related item.

(1) 경찰
(2) 신부
(3) 요리사
(4) 교수
(5) 의사
(6) 소방관

ⓐ 식당
restaurant

ⓑ 성당
Catholic church

ⓒ 병원
hospital

ⓓ 소방서
fire station

ⓔ 대학교
college

ⓕ 경찰서
police station

Track 078

Let's use the words in a conversation!
Ex. A 경찰이 어디에 있어요?
B 경찰이 경찰서에 있어요.

Activity 2

Match each situation with its related location.

Track 079

(1)
옷이 더러워요.

(2)
교통사고가 났어요.

(3)
살을 빼고 싶어요.

(4)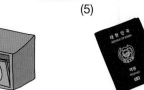
스피커가 고장 났어요.

(5)
여권을 잃어버렸어요.

(6)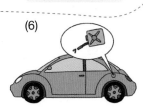
기름이 떨어졌어요.

ⓐ 대사관
embassy

ⓑ 세탁소
laundromat

ⓒ 병원
hospital

ⓓ 서비스 센터
repair shop

ⓔ 주유소
gas station

ⓕ 헬스장
gym

On the Street

Vocabulary

Write the correct letter in each box.

Track 080

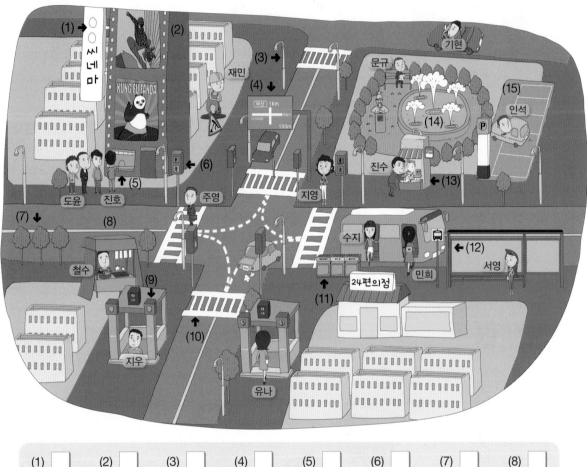

(1)		(2)		(3)		(4)		(5)		(6)		(7)		(8)	

(9)		(10)		(11)		(12)		(13)		(14)		(15)	

ⓐ 건물 building   ⓑ 신호등 traffice light   ⓒ 포장마차 food cart

ⓓ 간판 sign   ⓔ 표지판 road sign   ⓕ 횡단보도 crosswalk

ⓖ 분수 fountain   ⓗ 주차장 parking lot   ⓘ 지하철역 subway station

ⓙ 매점 corner store (in an establishment, such as a cafeteria)   ⓚ 매표소 ticket booth   ⓛ 쓰레기통 trash can

ⓜ 가로등 streetlight   ⓝ 가로수 street trees   ⓞ 버스 정류장 bus stop

쓰레기통 = 휴지통

Track 081

Choose the correct answer according to the picture.

(1) (ⓐ 수지 / ⓑ 민희)가 버스를 타고 있어요.

(2) (ⓐ 문규 / ⓑ 진호)가 벤치에 앉아 있어요.

(3) (ⓐ 기현 / ⓑ 재민)이 자동차를 운전하고 있어요.

(4) (ⓐ 도윤 / ⓑ 인석)이 표를 사려고 줄을 서 있어요.

(5) (ⓐ 지우 / ⓑ 유나)가 지하철역의 계단을 내려가고 있어요.

(6) (ⓐ 주영 / ⓑ 서영)이 횡단보도를 건너고 있어요.

Activity 2

Track 082

Choose the correct answer according to the picture.

(1) 지영이 ⓐ ☐ 신호등 앞에서 신호를 기다리고 있어요.

ⓑ ☐ 신호등 옆에서 신호를 기다리고 있어요.

(2) 가로수가 ⓐ ☐ 인도 위에 있어요.

인도 = 보도 sidewalk   ⓑ ☐ 인도 뒤에 있어요.

(3) 철수가 ⓐ ☐ 포장마차 밖에서 음식을 팔고 있어요.

ⓑ ☐ 포장마차 안에서 음식을 팔고 있어요.

(4) 동상이 ⓐ ☐ 분수 근처에 있어요.

ⓑ ☐ 분수에서 멀리 있어요.

(5) ⓐ ☐ 지하철역 건너편에 공원이 있어요.

ⓑ ☐ 지하철역 바로 앞에 공원이 있어요.

Location and Direction

Vocabulary

Write the correct letter in each box.

Track 083

(1)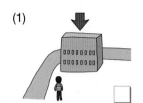

(2)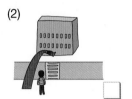

(3)

(4)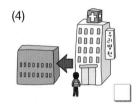

(5)

(6)

(7)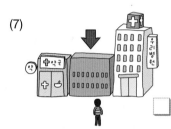

(8)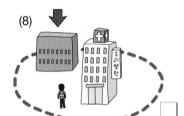

(9)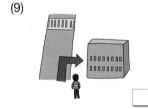

(10)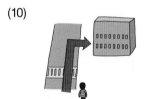

Let's use the words in a conversation!

Ex. A 은행이 어디에 있어요?
B 모퉁이에 있어요.

Track 084

ⓐ 병원 오른쪽에 있어요.
It is to the right of the hospital.

ⓑ 길 건너편에 있어요.
It is across the street.

ⓒ 병원 왼쪽에 있어요.
It is to the left of the hospital.

ⓓ 병원 바로 뒤에 있어요.
It is just behind the hospital.

ⓔ 병원 근처에 있어요.
It is to the side of the hospital.

ⓕ 약국하고 병원 사이에 있어요.
It is between the pharmacy and the hospital.

ⓖ 모퉁이에 있어요.
It is on the corner.

ⓗ 횡단보도 지나서 오른쪽에 있어요.
It is past the crosswalk to the right.

ⓘ 병원 앞에 있어요.
It is in front of the hospital.

ⓙ 횡단보도 지나기 전에 오른쪽에 있어요.
It is to the right before the crosswalk.

바로(right, just) is used before the location.
Ex. 바로 앞에 right in front
바로 뒤에 right behind
바로 옆에 right next to

Tip
If the question and answer have the same subject, omitting the subject in the answer sounds more natural.
Ex. A 은행이 어디에 있어요?
B (은행이) 모퉁이에 있어요.

Match each place with its location according to the picture.

(1) 남산 •

(2) 북한산 •

(3) 김포공항 •

(4) 롯데월드 •

(5) 한국민속촌 •

• ⓐ 동쪽에 있어요.

• ⓑ 서쪽에 있어요.

• ⓒ 남쪽에 있어요.

• ⓓ 북쪽에 있어요.

• ⓔ 중앙에 있어요.

쪽 is used to indicate direction.
Ex 이쪽 this way   저쪽 that way

Activity 2

Write the correct letter in each box.

(1) ☐

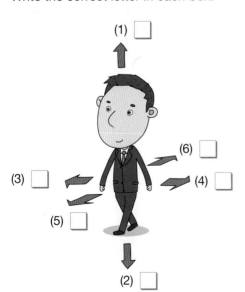

(3) ☐

(6) ☐

(4) ☐

(5) ☐

(2) ☐

ⓐ 왼쪽으로 가요. Go to the left.

ⓑ 위쪽으로 가요. Go up.

ⓒ 뒤쪽으로 가요. Go backward.

ⓓ 앞쪽으로 가요. Go forward.

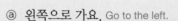

ⓔ 아래쪽으로 가요. Go down.

ⓕ 오른쪽으로 가요. Go to the right.

Be careful!

The marker differs depending upon the verb.
(location) 오른쪽에 있어요. It is on the right.
(direction) 오른쪽으로 가요. Go right.

Unit 22 Asking Directions

Vocabulary

Write the correct letter in each box.

Track 087

ⓐ 쭉 가세요.
Go straight.

ⓑ 길 끝에서 왼쪽으로 가세요.
Turn left at the end of the street.

ⓒ 다리를 건너세요.
Cross the bridge.

ⓓ 약국을 끼고 왼쪽으로 도세요.
Turn left at the pharmacy.

ⓔ 길을 따라가세요.
Follow the road.

ⓕ 사거리에서 오른쪽으로 가세요.
Turn right at the four-way intersection.

ⓖ 골목으로 들어가세요.
Enter the alleyway.

ⓗ 횡단보도를 지나서 오른쪽으로 도세요.
Turn right after the crosswalk.

ⓘ 지하도로 내려가세요.
Go into the underpass.

ⓙ 횡단보도를 지나기 전에 오른쪽으로 도세요.
Turn right before the crosswalk.

ⓚ 다리 밑을 지나가세요.
Pass under the bridge.

밑 and 아래 are synonyms.

Tip
- When giving a destination to a taxi driver:
  (destination)에 가 주세요. Please take me to (destination).
- When telling a taxi driver where to stop:
  (place)에서 세워 주세요. Please stop at (place).

(1)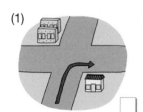

(2)

(3)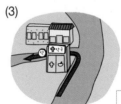

(4)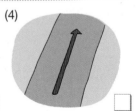

(5)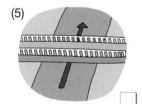

(6)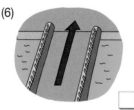

(7)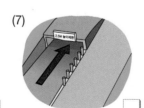

(8)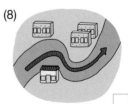

(9)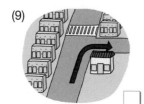

(10)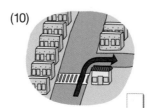

(11)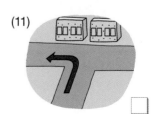

Read each sentence and find the corresponding location on the map.

Track 088

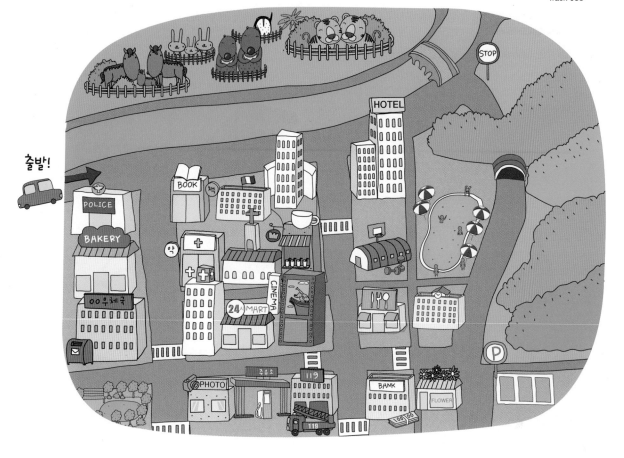

여기가 어디예요?

(1) 쭉 가면 오른쪽에 호텔이 있어요. 호텔을 끼고 오른쪽으로 돌면 왼쪽에 있어요.
체육관 건너편에 있어요. _____

(2) 경찰서에서 오른쪽으로 가면 사거리가 나와요. 사거리에서 왼쪽으로 돌아서 조금만 가면 횡단보도가
나와요. 그 횡단보도 앞 왼쪽에 있는 건물이에요. 편의점 다음 건물이에요. _____

(3) 다리가 보일 때까지 직진하세요.
왼쪽에 다리가 나오면 다리를 건너세요. 다리를 건너자마자 바로 있어요. _____

(4) 서점 앞에서 오른쪽으로 가면 횡단보도를 지나기 전에 왼쪽에 약국이 보여요.
약국을 끼고 왼쪽으로 돌면 왼쪽에 있어요. 약국하고 카페 사이에 있어요. _____

(5) 호텔을 지나서 다리가 나올 때까지 쭉 가세요. 다리 반대쪽으로 가면 터널이 있어요.
터널을 나와서 길을 따라가면 오른쪽에 수영장을 지나서 학교가 나와요.
학교를 끼고 오른쪽으로 돌면 횡단보도가 나오는데 바로 왼쪽에 있어요.
식당 맞은편에 있어요. _____

Possessions

Vocabulary

Write the correct letter in each box.

Track 089

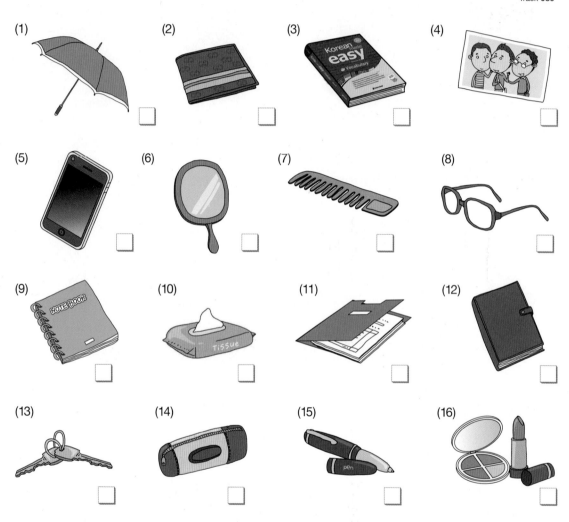

(1) □

(2) □

(3) □

(4) □

(5) □

(6) □

(7) □

(8) □

(9) □

(10) □

(11) □

(12) □

(13) □

(14) □

(15) □

(16) □

ⓐ 책 book　　　ⓑ 우산 umbrella　　　ⓒ 거울 mirror　　　ⓓ 빗 comb

ⓔ 열쇠 key　　　ⓕ 공책 notebook　　　ⓖ 펜 pen　　　ⓗ 수첩 daily planner

ⓘ 휴지 tissue　　　ⓙ 안경 glasses　　　ⓚ 화장품 makeup　　　ⓛ 필통 pencil case

ⓜ 사진 photograph　　　ⓝ 핸드폰 mobile phone　　　ⓞ 서류 document　　　ⓟ 지갑 wallet

Activity 1

Track 090

Listen and write down what each person has.

(1) 아빠

(2) 엄마

(3) 아이

Activity 2

Track 091

Choose the correct answer according to each picture.

(1) 엄마 가방에 우산이 (ⓐ 들어 있어요 / ⓑ 들어 있지 않아요).

(2) 아이 가방에 열쇠가 (ⓐ 들어 있어요 / ⓑ 들어 있지 않아요).

(3) 아빠 가방에 서류가 (ⓐ 들어 있어요 / ⓑ 들어 있지 않아요).

(4) 아이 가방에 휴지가 (ⓐ 들어 있어요 / ⓑ 들어 있지 않아요).

(5) 아빠 가방에 지갑이 (ⓐ 들어 있어요 / ⓑ 들어 있지 않아요).

(6) 엄마 가방에 안경이 (ⓐ 들어 있어요 / ⓑ 들어 있지 않아요).

> To negate 들어 있다, use 들어 있지 않다 in a sentence showing an object's absence.
> Ex 가방에 핸드폰이 들어 없어요. (X)
> → 들어 있지 않아요. (O)
> There is no mobile phone in the bag.

Tip
아빠 daddy = 아버지 father
엄마 mommy = 어머니 mother

Unit 24 · Describing Your Room

Vocabulary

Write the correct letter in each box.

Track 092

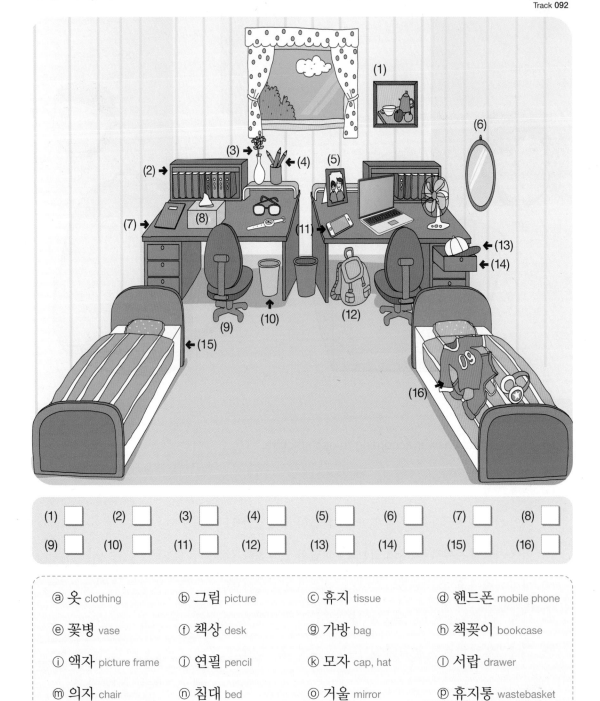

(1) ☐ (2) ☐ (3) ☐ (4) ☐ (5) ☐ (6) ☐ (7) ☐ (8) ☐

(9) ☐ (10) ☐ (11) ☐ (12) ☐ (13) ☐ (14) ☐ (15) ☐ (16) ☐

ⓐ 옷 clothing   ⓑ 그림 picture   ⓒ 휴지 tissue   ⓓ 핸드폰 mobile phone

ⓔ 꽃병 vase   ⓕ 책상 desk   ⓖ 가방 bag   ⓗ 책꽂이 bookcase

ⓘ 액자 picture frame   ⓙ 연필 pencil   ⓚ 모자 cap, hat   ⓛ 서랍 drawer

ⓜ 의자 chair   ⓝ 침대 bed   ⓞ 거울 mirror   ⓟ 휴지통 wastebasket

Activity 1

Choose the correct answer according to the picture.

(1) 공책이 휴지 (ⓐ 앞 / ⓑ 옆)에 있어요.

(2) 나무가 창문 (ⓐ 안 / ⓑ 밖)에 있어요.

(3) 핸드폰이 액자 (ⓐ 앞 / ⓑ 뒤)에 있어요.

(4) 가방이 책상 (ⓐ 위 / ⓑ 아래)에 있어요.

(5) 책꽂이가 휴지 (ⓐ 위 / ⓑ 뒤)에 있어요.

(6) 옷이 침대 (ⓐ 위 / ⓑ 아래)에 있어요.

(7) 시계가 안경 (ⓐ 앞 / ⓑ 뒤)에 있어요.

(8) 모자가 책상 서랍 (ⓐ 안 / ⓑ 밖)에 있어요.

(9) 그림이 창문 (ⓐ 왼쪽 / ⓑ 오른쪽)에 있어요.

(10) 노트북이 핸드폰과 선풍기 (ⓐ 앞 / ⓑ 사이)에 있어요.

Let's use the words in a conversation!
Ex. A 공책이 어디에 있어요?
B 공책이 휴지 옆에 있어요.

Track 093

Activity 2

Choose the correct answer according to each picture.

지수

	ⓐ 지수	ⓑ 승민
(1) 안경	☐	☐
(2) 치마	☐	☐
(3) 노트북	☐	☐
(4) 시계	☐	☐
(5) 핸드폰	☐	☐
(6) 모자	☐	☐
(7) 공책	☐	☐
(8) 가방	☐	☐
(9) 연필	☐	☐
(10) 바지	☐	☐

승민

Tip
거 is used to indicate "thing."
Ex. A 이게 누구 거예요?
Whose thing is this?
= 이게 누구 시계예요?
Whose watch is this?
B 이게 보라 거예요.
This is Bora's thing.
= 이게 보라 시계예요.
This is Bora's watch.

Let's use the words in a conversation!
Ex. A 안경이 누구 거예요?
B 안경이 지수 거예요.

Track 094

Describing Your Home

Vocabulary

Write the correct letter in each box.

Track 095

ⓐ 거실 living room　ⓑ 방 room　ⓒ 지하실 basement　ⓓ 현관 front door　ⓔ 창고 storage room

ⓕ 정원 garden　ⓖ 계단 stairs　ⓗ 화장실 bathroom　ⓘ 주방 kitchen　〔주방 = 부엌〕

(1) ☐　(2) ☐　(3) ☐　(4) ☐　(5) ☐

(6) ☐　(7) ☐　(8) ☐　(9) ☐

2층

1층

지하

Let's use the words in a conversation!

Ex. A 방이 어디에 있어요?
　　B 방이 2층 왼쪽에 있어요.

Track 096

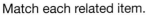

Activity 1

Match each related item.

(1) 방 •

(2) 주방 •

(3) 거실 •

(4) 현관 •

(5) 창고 •

(6) 지하실 •

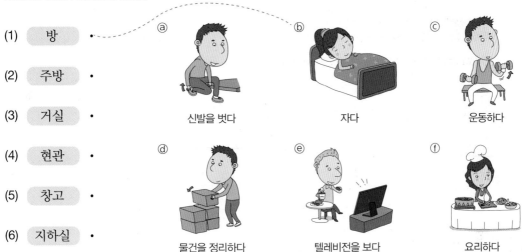

ⓐ 신발을 벗다

ⓑ 자다

ⓒ 운동하다

ⓓ 물건을 정리하다

ⓔ 텔레비전을 보다

ⓕ 요리하다

Let's use the words in a conversation!

Ex. A 방에서 뭐 해요?
B 방에서 자요.

Track 097

Activity 2

Write the correct letter in each box.

(1) (2) (3) (4) (5) (6) (7) (8) (9) (10) (11) (12)

ⓐ 소파 sofa

ⓑ 접시 plate

ⓒ 상자 box

ⓓ 옷장 closet

ⓔ 칫솔 toothbrush

ⓕ 치약 toothpaste

ⓖ 침대 bed

ⓗ 책상 desk

ⓘ 식탁 dining table

ⓙ 변기 toilet

ⓚ 냄비 pot

ⓛ 시계 clock

Let's use the words in a conversation!

Ex. A 식탁이 어디에 있어요?
B 식탁이 주방에 있어요.

Track 098

Unit 26 Furniture and Household Items

Vocabulary

Write the correct letter in each box.

Track 099

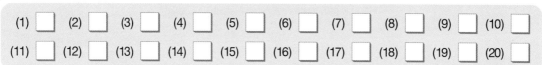

- ⓐ 책장 bookshelf
- ⓑ 베개 pillow
- ⓒ 옷걸이 (clothes) hanger
- ⓓ 서랍장 dresser
- ⓔ 옷장 closet
- ⓕ 욕조 bathtub
- ⓖ 청소기 vacuum cleaner
- ⓗ 냉장고 refrigerator
- ⓘ 침대 bed
- ⓙ 이불 comforter
- ⓚ 샤워기 shower
- ⓛ 에어컨 air conditioner
- ⓜ 탁자 table
- ⓝ 변기 toilet
- ⓞ 세면대 (bathroom) sink
- ⓟ 가스레인지 gas range
- ⓠ 의자 chair
- ⓡ 선풍기 fan
- ⓢ 신발장 shoe rack
- ⓣ 전자레인지 microwave

(1) ☐　(2) ☐　(3) ☐　(4) ☐　(5) ☐　(6) ☐　(7) ☐　(8) ☐　(9) ☐　(10) ☐

(11) ☐　(12) ☐　(13) ☐　(14) ☐　(15) ☐　(16) ☐　(17) ☐　(18) ☐　(19) ☐　(20) ☐

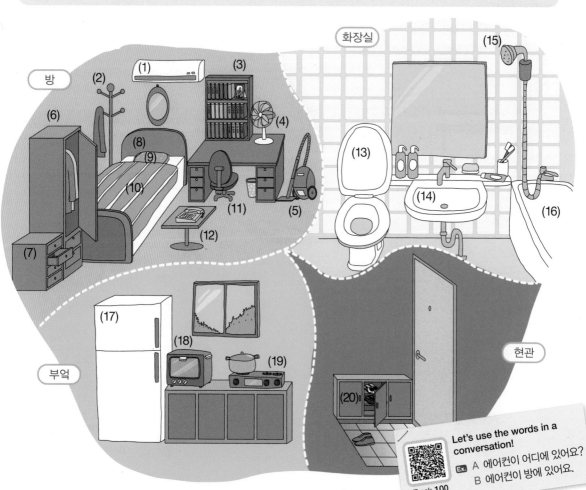

Let's use the words in a conversation!

Ex. A 에어컨이 어디에 있어요?
B 에어컨이 방에 있어요.

Track 100

Choose the correct answer according to the picture.

(1) 이 집에 냉장고가 (ⓐ 있어요 / ⓑ 없어요).

(2) 이 집에 청소기가 (ⓐ 있어요 / ⓑ 없어요).

(3) 이 집에 의자가 (ⓐ 있어요 / ⓑ 없어요).

(4) 이 집에 옷장이 (ⓐ 있어요 / ⓑ 없어요).

(5) 이 집에 신발장이 (ⓐ 있어요 / ⓑ 없어요).

(6) 이 집에 선풍기가 (ⓐ 있어요 / ⓑ 없어요).

(7) 이 집에 침대가 (ⓐ 있어요 / ⓑ 없어요).

(8) 이 집에 세탁기가 (ⓐ 있어요 / ⓑ 없어요).

> 있다 and 없다 are used with the subject marker 이/가.

Let's use the words in a conversation!

Ex. A 이 집에 냉장고가 있어요?
　　B 네, 있어요.

Track 101

Activity 2

Choose the correct answer according to the picture.

(1) 거울이 ⓐ 벽에 있어요.
　　ⓑ 바닥에 있어요.

(2) 냄비가 ⓐ 가스레인지 바로 뒤에 있어요.
　　ⓑ 가스레인지 바로 위에 있어요.

(3) 그림이 ⓐ 창문 옆에 있어요.
　　ⓑ 창문 앞에 있어요.

(4) 청소기가 ⓐ 옷장 옆에 있어요.
　　ⓑ 옷장 안에 있어요.

(5) 신발이 ⓐ 신발장 안에 있어요.
　　ⓑ 신발장 밖에 있어요.

(6) 방석이 ⓐ 탁자 사이에 있어요.
　　ⓑ 탁자 양쪽에 있어요.

Let's use the words in a conversation!

Ex. A 거울이 어디에 있어요?
　　B 거울이 벽에 있어요.

Track 102

Daily Routine

Vocabulary

Write the correct letter in each box.

ⓐ 자다 to sleep   ⓑ 옷을 입다 to wear clothing

ⓒ 일어나다 to get up   ⓓ 이를 닦다 to brush one's teeth

ⓔ 세수하다 to wash one's face   ⓕ 집에 돌아오다 to return home

ⓖ 목욕하다 to take a bath   ⓗ 집에서 나가다 to leave the home

ⓘ 밥을 먹다 to eat

Tip

아침 morning	오후 afternoon
저녁 evening	밤 night

(1) 6:55 a.m.

(2) 7:00 a.m.

(3) 7:10 a.m.

(4) 7:20 a.m.

(5) 7:30 a.m.

(6) 7:30 p.m.

(7) 8:00 p.m.

(8) 9:30 p.m.

(9) 11:00 p.m.

Let's use the words in a conversation!

Ex A 몇 시에 일어나요?
   B 6시 55분에 일어나요.

Track 103

Activity 1

Write the correct letter in each box.

(1) ☐
(2) ☐
(3) ☐
(4) ☐
(5) ☐
(6) ☐

ⓐ 보통 아침에 신문을 안 읽어요.

ⓑ 보통 아침에 커피를 마셔요.

ⓒ 보통 저녁에 음식을 만들어요.

ⓓ 보통 주말에 편지를 안 써요.

ⓔ 보통 저녁에 텔레비전을 안 봐요.

ⓕ 보통 밤에 친구한테 전화 안 해요.

- To negate a sentence, attach 안 in front of the verb.
  Ex. 안 봐요. I don't see (it).
- 안 is put between the noun and 하다 in a (noun)하다 verb.
  Ex. 전화 안 해요. I don't call (someone).

Activity 2

Listen and choose the correct answer.

(1) 뭐 마셔요?

ⓐ 커피를 마셔요. ☐

ⓑ 녹차를 마셔요. ☐

ⓒ 우유를 마셔요. ☐

ⓓ 아무것도 안 마셔요. ☐

(2) 뭐 읽어요?

ⓐ 신문을 읽어요. ☐

ⓑ 책을 읽어요. ☐

ⓒ 잡지를 읽어요. ☐

ⓓ 아무것도 안 읽어요. ☐

(3) 뭐 봐요?

ⓐ 텔레비전을 봐요. ☐

ⓑ 영화를 봐요. ☐

ⓒ 공연을 봐요. ☐

ⓓ 아무것도 안 봐요. ☐

(4) 뭐 해요?

ⓐ 편지를 써요. ☐

ⓑ 전화를 해요. ☐

ⓒ 이메일을 보내요. ☐

ⓓ 아무것도 안 해요. ☐

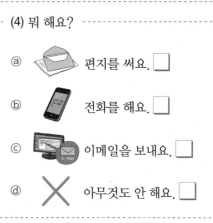

Household Activities

Vocabulary

Write the correct letter in each box.

Let's use the words in a conversation!
Track 106
Ex. A 아빠가 뭐 해요?
B 자동차를 닦아요.

(1)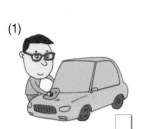

(2)

(3)

(4)

(5)

(6)

(7)

(8)

(9)

(10)

(11)

(12)

ⓐ 면도하다 to shave

ⓑ 편지를 쓰다 to write a letter

ⓒ 화장하다 to put on makeup

ⓓ 단어를 찾다 to find a vocabulary word

ⓔ 자동차를 닦다 to polish a car

ⓕ 머리를 빗다 to comb one's hair

ⓖ 손을 씻다 to wash one's hands

ⓗ 집을 수리하다 to repair one's home

ⓘ 이를 닦다 to brush one's teeth

ⓙ 음식을 만들다 to make food

ⓚ 라면을 먹다 to eat ramyeon

ⓛ 화분에 물을 주다 to water a plant in a pot

Activity 1

Choose the correct answer according to each picture.

Action	ⓐ 아빠	ⓑ 엄마	ⓒ 아이	Action	ⓐ 아빠	ⓑ 엄마	ⓒ 아이
(1) 손을 씻어요.	☐	☐	☐	(2) 면도해요.	☐	☐	☐
(3) 이를 닦아요.	☐	☐	☐	(4) 화장해요.	☐	☐	☐
(5) 라면을 먹어요.	☐	☐	☐	(6) 편지를 써요.	☐	☐	☐
(7) 자동차를 닦아요.	☐	☐	☐	(8) 단어를 찾아요.	☐	☐	☐
(9) 머리를 빗어요.	☐	☐	☐	(10) 화분에 물을 줘요.	☐	☐	☐
(11) 집을 수리해요.	☐	☐	☐	(12) 음식을 만들어요.	☐	☐	☐

Let's use the words in a conversation!

Ex. A 누가 손을 씻어요?
B 엄마가 손을 씻어요.

Track 107

Activity 2

Match each related item.

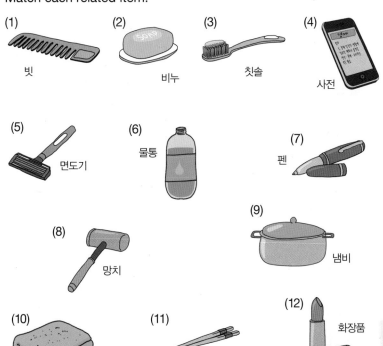

(1) 빗

(2) 비누

(3) 칫솔

(4) 사전

(5) 면도기

(6) 물통

(7) 펜

(8) 망치

(9) 냄비

(10) 수건

(11) 젓가락

(12) 화장품

- ⓐ 면도하다
- ⓑ 화장하다
- ⓒ 손을 씻다
- ⓓ 이를 닦다
- ⓔ 라면을 먹다
- ⓕ 편지를 쓰다
- ⓖ 단어를 찾다
- ⓗ 머리를 빗다
- ⓘ 자동차를 닦다
- ⓙ 음식을 만들다
- ⓚ 집을 수리하다
- ⓛ 화분에 물을 주다

Let's use the words in a conversation!

Ex. A 뭘로 머리를 빗어요?
B 빗으로 머리를 빗어요.

Track 108

Unit 29 · Daily Activities

Vocabulary

Listen and write the frequency of the action as a number.

Track 109

> **Tip**
> Use native Korean numbers to express frequency.
> • 하루에 1(한)번 once a day
> • 일주일에 2(두)번 twice a week
> • 한 달에 3(세)번 three times a month
> • 일 년에 4(네)번 four times a year

하루에 몇 번……?

(1)

커피를 마시다 ☐
to drink coffee

(2)

이를 닦다 ☐
to brush one's teeth

(3)

손을 씻다 ☐
to wash one's hands

(4)

밥을 먹다 ☐
to eat

> **Tip**
> 1-2(한두) 번 1-2 times
> 2-3(두세) 번 2-3 times
> 3-4(서너) 번 3-4 times
> 여러 번 many times

일주일에 몇 번……?

(5)

운동하다 ☐
to exercise

(6)
요리하다 ☐
to cook

(7)
택시를 타다 ☐
to take a taxi

(8)
신용 카드를 사용하다 ☐
to use a credit card

한 달에 몇 번……?

(9)

친구를 만나다 ☐
to meet a friend

(10)

빨래하다 ☐
to do laundry

(11)

가족한테 전화하다 ☐
to call one's family

(12)

장을 보다 ☐
to go shopping

일 년에 몇 번……?

(13)

선물을 사다 ☐
to buy a gift

(14)

여행하다 ☐
to travel

(15)

영화를 보다 ☐
to watch a movie

(16)

미용실에 가다 ☐
to go to a beauty salon

> **Tip**
> 매일 every day   매주 every week
> 매달 every month   매년 every year

> **Tip**
> To express "never," use 전혀 안.
> **Ex.** 영화를 전혀 안 봐요.
> I never watch movies.

Activity 1

Match each question with its corresponding answer.

(1) 하루에 얼마나 많이 걸어요?

(2) 하루에 얼마나 많이 이메일을 받아요?

(3) 하루에 얼마나 많이 돈을 써요?

(4) 하루에 얼마나 많이 사람을 만나요?

(5) 하루에 얼마나 많이 물을 마셔요?

ⓐ 1리터쯤 마셔요.

ⓑ 30분쯤 걸어요.

ⓒ 10통쯤 받아요.

ⓓ 3만 원쯤 써요.

ⓔ 15명쯤 만나요.

> 쯤 means "approximately," but in Korean, 쯤 is placed after the given number.

Activity 2

> 항상 = 언제나 = 늘 always

100%

항상: **항상** 채소를 먹어요. I always eat vegetables.

보통: **보통** 아침에 채소를 먹어요. I usually eat vegetables in the morning.

자주: 채소를 **자주** 먹어요. I often eat vegetables.

가끔: 채소를 **가끔** 먹어요. I sometimes eat vegetables.

별로 안: 채소를 **별로 안** 먹어요. I rarely eat vegetables.

거의 안: 채소를 **거의 안** 먹어요. I almost never eat vegetables.

전혀 안: 채소를 **전혀 안** 먹어요. I never eat vegetables.

0%

> When using the adverbs 별로, 거의, 전혀, the negation 안 must be used with them.
> **Ex** 운전을 전혀 해요. (X)
> 운전을 전혀 안 해요. (O)
> I never drive.

Track 111

Listen and write the correct letter in each box.

| ⓐ 보통 | ⓑ 거의 | ⓒ 자주 | ⓓ 항상 | ⓔ 전혀 | ⓕ 가끔 |

(1)

외식하다
to eat out

(2)

담배를 피우다
to smoke

(3)

거짓말하다
to lie

(4)

늦잠을 자다
to sleep late

(5)

감기에 걸리다
to catch a cold

(6)

정장을 입다
to wear a suit

(7)

술을 마시다
to drink alcohol

(8)

운동하다
to exercise

Housework

Unit 30

Vocabulary

Write the correct letter in each box.

ⓐ 청소하다 to clean

ⓑ 상을 차리다 to set the table

ⓒ 빨래하다 to do laundry

ⓓ 상을 치우다 to clear the table

ⓔ 요리하다 to cook

ⓕ 다리미질하다 to iron

ⓖ 장을 보다 to go shopping

ⓗ 옷을 정리하다 to arrange one's clothes

ⓘ 설거지하다 to wash the dishes

ⓙ 음식을 데우다 to heat up one's food

ⓚ 바닥을 닦다 to clean the floor

ⓛ 쓰레기를 버리다 to take out the trash

(1)

(2)

(3)

(4)

(5)

(6)

(7)

(8)

(9)

(10)

(11)

(12)

Let's use the words in a conversation!

Ex. A 지금 뭐 해요?
   B 장을 봐요.

Track 112

Activity 1

Match each related item.

(1)

걸레
rag, mop

(2)
청소기
vacuum cleaner

(3)
세탁기
laundry machine

(4)

다리미
iron

- ⓐ 요리하다
- ⓑ 빨래하다
- ⓒ 상을 치우다
- ⓓ 바닥을 닦다
- ⓔ 청소하다
- ⓕ 다리미질하다
- ⓖ 음식을 데우다
- ⓗ 쓰레기를 버리다

(5)
쓰레기봉투
trash bag

(6)

도마   칼
cutting board   knife

(7)

전자레인지
microwave

(8)

행주
dishcloth

Let's use the words in a conversation!
Ex. A 걸레로 뭐 해요?
B 바닥을 닦아요.
Track 113

Activity 2

Match each item with its location in which it belongs.

(1)   (2)

(3)   (4)

(5)   (6)

(7)   (8)

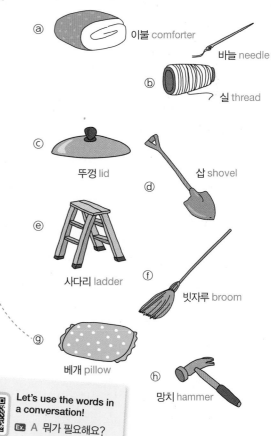

ⓐ 이불 comforter

바늘 needle

ⓑ 실 thread

ⓒ 뚜껑 lid

ⓓ 삽 shovel

ⓔ 사다리 ladder

ⓕ 빗자루 broom

ⓖ 베개 pillow

ⓗ 망치 hammer

Tip
필요하다 means "to be needed." It's an adjective using the marker 이/가 with the needed object.

Let's use the words in a conversation!
Ex. A 뭐가 필요해요?
B 베개가 필요해요.
Track 114

Weekend Activities

Vocabulary

Write the correct letter in each box.

(1)  ☐

(2)  ☐

(3)  ☐

(4) 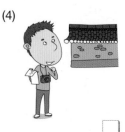 ☐

(5)  ☐

(6)  ☐

(7)  ☐

(8) 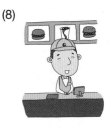 ☐

(9)  ☐

(10)  ☐

(11) 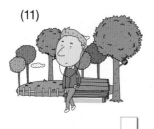 ☐

(12)  ☐

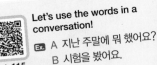

Let's use the words in a conversation!

Ex. A 지난 주말에 뭐 했어요?
B 시험을 봤어요.

Track 115

ⓐ 쉬다 to rest, relax

ⓑ 데이트하다 to go on a date

ⓒ 구경하다 to sightsee

ⓓ 시험을 보다 to take a test

ⓔ 이사하다 to move (to a different home)

ⓕ 친구를 만나다 to meet a friend

ⓖ 산책하다 to take a walk

ⓗ 아르바이트하다 to do part-time work

ⓘ 책을 읽다 to read a book

ⓙ 피아노를 배우다 to learn the piano

ⓚ 동영상을 보다 to watch a video

ⓛ 친구 집에 놀러 가다 to go to a friend's house (to play)

Activity 1

Listen and choose the correct answer.

Track 116

When using nouns such as 여행(travel), 구경 (sightseeing), 산책(stroll), and 유학(study abroad) with a location, you can use the following expressions in Korean:
- (place name) + object marker 을/를 + 하다
- (place name) + location marker 에서 + 하다

(1)

(ⓐ 절 / ⓑ 궁)을 구경했어요.

(2)

(ⓐ 공원 / ⓑ 길)을 산책했어요.

(3)

(ⓐ 영화관 / ⓑ 재래시장)에서 데이트했어요.

(4)

(ⓐ 동물원 / ⓑ 놀이공원)에 놀러 갔어요.

(5)

(ⓐ 카페 / ⓑ 술집)에서 친구를 만났어요.

(6)

(ⓐ 편의점 / ⓑ 세탁소)에서 아르바이트했어요.

Activity 2

재미있다 to be fun, interesting
신나다 to be excited
좋다 to be good

그저 그렇다
to be so-so, okay

재미없다 to be boring, uninteresting
심심하다 to be bored
별로이다 to not be very good

Listen and match each item with its corresponding feeling.

Track 117

(1)	(2)	(3)	(4)	(5)	(6)

데이트　　생일 파티　　여행　　수업　　영화　　공연

•　　•　　•　　•　　•　　•

•　　•　　•　　•　　•　　•

ⓐ　　ⓑ　　ⓒ　　ⓓ　　ⓔ　　ⓕ

신났어요　별로였어요　심심했어요　재미있었어요　재미없었어요　그저 그랬어요

Unit 32 Common Verbs

Vocabulary

Write the correct letter in each box.

(1) 정우 (2) 동현 (3) 지연 나리 (4) 진규 유나 (5) 준기 (6) 민수 (7) 윤호 (8) 동욱 (9) 소은 (10) 정희 (11) 영식 (12) 현철 진석 (13) 혜인 (14) 성하

(1) ☐	(2) ☐	(3) ☐	(4) ☐	(5) ☐	(6) ☐	(7) ☐
(8) ☐	(9) ☐	(10) ☐	(11) ☐	(12) ☐	(13) ☐	(14) ☐

ⓐ 울다 to cry　　ⓑ 숨다 to hide (oneself)　　ⓒ 얘기하다 to talk, chat

ⓓ 웃다 to laugh　　ⓔ 찾다 to look for　　ⓕ 춤을 추다 to dance

ⓖ 사다 to buy　　ⓗ 앉다 to sit　　ⓘ 사진을 찍다 to take a picture

ⓙ 팔다 to sell　　ⓚ 싸우다 to fight　　ⓛ 음악을 듣다 to listen to music

ⓜ 놀다 to play　　ⓝ 기다리다 to wait

Let's use the words in a conversation!

Ex A 정우가 뭐 하고 있어요?
　　B 정우가 웃고 있어요.

Track 118

Activity 1

Choose the correct answer according to the picture.

Track 119

(1) 정우는 (ⓐ 웃고 있어요 / ⓑ 웃고 있지 않아요).

(2) 현철은 (ⓐ 울고 있어요 / ⓑ 울고 있지 않아요).

(3) 정희는 (ⓐ 앉아 있어요 / ⓑ 서 있어요).

(4) 민수는 소은을 (ⓐ 찾고 있어요 / ⓑ 사진 찍고 있어요).

(5) 진규는 유나하고 (ⓐ 놀고 있어요 / ⓑ 만나고 있어요).

(6) 윤호는 친구를 (ⓐ 기다리고 있어요 / ⓑ 기다리고 있지 않아요).

(7) 지연은 동욱하고 (ⓐ 얘기하고 있어요 / ⓑ 얘기하고 있지 않아요).

(8) 혜인은 진석하고 (ⓐ 싸우고 있어요 / ⓑ 싸우고 있지 않아요).

> To negate –고 있다:
> Ex 웃고 있지 않아요. (O) I am not laughing.
> 웃고 없어요. (X)

> –고 있다 is for action verbs, and –아/어 있다 is for stative verbs to describe actions or states.
> Ex.1 싸우고 있어요. He is fighting.
> Ex.2 앉아 있어요. She is sitting.

Activity 2

Match each item according to the picture.

(1) 진석

①  목도리

ⓐ 입고 있어요.

(2) 동현

②  치마

ⓑ 차고 있어요.

(3) 소은

③  운동화

ⓒ 쓰고 있어요.

(4) 성하

④  모자

ⓓ 하고 있어요.

(5) 동욱

⑤  시계

ⓔ 신고 있어요.

(6) 윤호

⑥  부채

ⓕ 들고 있어요.

> Let's use the words in a conversation!
> Ex A 누가 운동화를 신고 있어요?
> B 진석이 운동화를 신고 있어요.

Track 120

Common Adjectives

Unit 33

Vocabulary

Write the correct letter in each speech bubble.

Track 121

ⓐ 이상하다 to be strange　ⓑ 필요하다 to be needed　ⓒ 힘들다 to be tough　ⓓ 어렵다 to be difficult

ⓔ 재미있다 to be fun　ⓕ 위험하다 to be dangerous　ⓖ 중요하다 to be important

ⓗ 맛있다 to be tasty　ⓘ 바쁘다 to be busy　ⓙ 인기가 많다 to be popular

(1) 불고기가 _____!

(2) 수영복이 _____!

(3) _____!

(4) 너무 _____!

(5) 건강이 더 _____!

(6) 너무 _____!

(7) 컴퓨터 게임이 _____!

(8) 한자가 너무 _____!

(9) _____!

(10) 저 사람이 _____!

Tip

Korean adjectives are essentially descriptive verbs. They function like the English predicate construction "to be (adjective)." Thus, 예요 is not attached to adjectives. The marker 이/가 is required after the subject of the adjective.
Ex. 한국어 공부가 재미있어요. (O) Studying Korean is fun.
한국어 공부가 재미있는이에요. (X)

Activity 1

Write the antonym of each following word.

(1) 필요하다 ↔

(2) 어렵다 ↔

(3) 위험하다 ↔

(4) 재미있다 ↔

(5) 맛있다 ↔

(6) 바쁘다 ↔

(7) 중요하다 ↔

(8) 인기가 많다 ↔

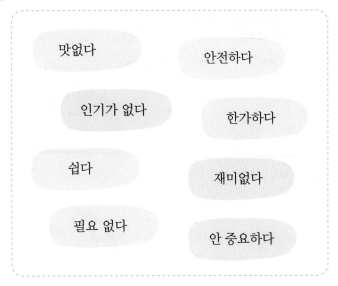

맛없다

안전하다

인기가 없다

한가하다

쉽다

재미없다

필요 없다

안 중요하다

Be careful!

To negate 하다 adjectives, place 안 before the whole adjective.
- (adjective) 안 중요해요. It is not important.
- (verb) 운동 안 해요. I do not exercise.

Activity 2

Match each sentence to form a logical sequence.

Track 122

(1) 혼자 이사하는 것은 힘들어요. •

(2) 봄에 눈이 와요. •

(3) 비싼 음식이 정말 맛없었어요. •

(4) 이곳은 안전해요. •

(5) 이번 시험이 정말 중요해요. •

(6) 너무 바빠서 쉴 수 없어요. •

(7) 얼음이 필요해요. •

(8) 이 음식은 정말 맛있어요. •

• ⓐ 돈이 아까워요.

• ⓑ 친구가 도와주면 좋겠어요.

• ⓒ 냉장고에서 꺼내도 돼요?

• ⓓ 요즘 날씨가 정말 이상해요.

• ⓔ 그러니까 너무 걱정하지 마세요.

• ⓕ 그러니까 열심히 준비해야 해요.

• ⓖ 혼자 10개라도 먹을 수 있어요.

• ⓗ 그래서 스트레스를 많이 받아요.

Common Expressions 1

Vocabulary

Write the correct letter in each speech bubble.

 Track 123

(1) ⓓ 안녕하세요?

(2) 안녕히 가세요.

(3) 네.

(4) 괜찮아요.

(5)

(6) ???

(7) 여보세요.

(8) 맛있게 드세요.

(9)

(10) 한국 사람 이세요? Asia

(11) 같이 영화 봐요. CINEMA

(12) 감사합니다.

In Korea, it's common to greet someone with 안녕하세요 in any situation, regardless of the time of day or occasion.

Good morning!
Good afternoon!
Good evening! ▶ 안녕하세요?

ⓐ 맞아요. That's right./Correct.

ⓑ 실례합니다. Excuse me.

ⓒ 좋아요. Okay./That sounds good.

ⓓ 안녕하세요? Hello.

ⓔ 여보세요. Hello? (on the phone)

ⓕ 도와주세요. Could you help me?

ⓖ 미안합니다. I'm sorry.

ⓗ 안녕히 계세요. Goodbye.

ⓘ 축하합니다. Congratulations!

ⓙ 잘 먹었습니다. Thank you. (after eating food)

ⓚ 감사합니다. Thank you.

ⓛ 잘 먹겠습니다. Bon appétit!

Activity 1

Match each related expression to complete each conversation.

(1) 맛있게 드세요.

(2) 안녕하세요?

(3) 우리 같이 식사해요.

(4) 김수지 씨죠?

(5) 안녕히 계세요.

(6) 시험에 합격했어요.

ⓐ 좋아요.

ⓑ 축하합니다.

ⓒ 안녕하세요?

ⓓ 잘 먹겠습니다.

ⓔ 안녕히 가세요.

ⓕ 맞아요.

Tip
• 안녕히 계세요: used when the other person is staying.
• 안녕히 가세요: used when the other person is leaving.

Activity 2

Complete the sentence by matching the correct verb based on the conversation.

(1) 유나는 약속 시간을 잘 몰라서 진수한테 _____.
유나: 3시 맞아요?
진수: 네, 맞아요.

ⓐ 약속해요

(2) 유나는 약속 시간에 늦게 와서 진수에게 _____.
유나: 약속에 늦어서 정말 미안해요.
진수: 괜찮아요.

ⓑ 인사해요

(3) 진수는 유나하고 저녁을 먹기로 _____.
진수: 오늘 같이 저녁 먹을까요?
유나: 좋아요. 7시에 만나요.

ⓒ 확인해요

(4) 진수와 유나는 길에서 만나서 _____.
유나: 안녕하세요? 잘 지내죠?
진수: 네, 잘 지내요.

ⓓ 사과해요

Common Expressions 2

Vocabulary

Write the correct letter in each speech bubble.

Track 125

Tip

알겠어요 can be used to indicate understanding in informal situations, while 알겠습니다 is more appropriate for formal settings, especially when speaking to a customer or superior.

ⓐ 건배! Cheers!

ⓒ 괜찮아요. It's okay.

ⓔ 잠깐만요. One moment.

ⓖ 잘 지내요. I'm doing well.

ⓘ 알겠습니다. I understand./Yes, sir.

ⓚ 오랜만이에요. Long time no see!

ⓑ 잘 모르겠어요. I don't know.

ⓓ 수고하셨습니다. Good job.
Thank you. (to the person who assists you)

ⓕ 처음 뵙겠습니다. Nice to meet you.

ⓗ 주말 잘 보내세요. Have a good weekend.

ⓙ 아니에요, 괜찮아요. No, thank you.

ⓛ 다시 한번 말해 주세요. Could you say that one more time?

Write the correct letter in each box.

(1) 이분은 제임스 씨예요.

(2) 이걸로 할게요.

(3) 생일이 며칠이에요?

(4) 9월 24일 이에요.

(5) 같이 점심 먹어요.

(6) 미안해요.

(7) 사진 좀 찍어 주세요.

(8) 한국말 정말 잘하네요.

(9) 오늘 집들이에 오세요. / 네, 알겠어요.

(10) 맛있어요? / 한번 드셔 보세요.

ⓐ 부탁하다 to request
ⓑ 대답하다 to answer
ⓒ 소개하다 to introduce
ⓓ 칭찬하다 to compliment
ⓔ 선택하다 to choose
ⓕ 추천하다 to recommend
ⓖ 거절하다 to refuse, reject
ⓗ 초대하다 to invite
ⓘ 질문하다 to ask
ⓙ 제안하다 to suggest

Activity 2

Match each expression with its appropriate context where it can be used.

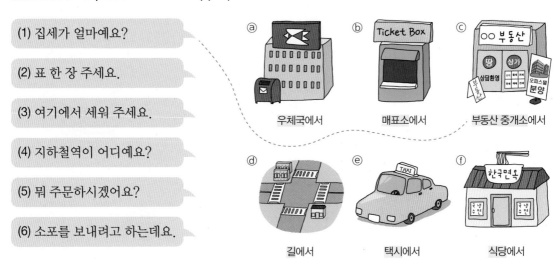

(1) 집세가 얼마예요?

(2) 표 한 장 주세요.

(3) 여기에서 세워 주세요.

(4) 지하철역이 어디예요?

(5) 뭐 주문하시겠어요?

(6) 소포를 보내려고 하는데요.

ⓐ 우체국에서
ⓑ Ticket Box 매표소에서
ⓒ ○○ 부동산 부동산 중개소에서
ⓓ 길에서
ⓔ TAXI 택시에서
ⓕ 식당에서

Vocabulary

Write the correct letter in each box.

Track 126

ⓐ 배 pear   ⓑ 사과 apple   ⓒ 키위 kiwi

ⓓ 감 persimmon   ⓔ 포도 grape   ⓕ 레몬 lemon

ⓖ 귤 tangerine   ⓗ 수박 watermelon   ⓘ 바나나 banana

ⓙ 딸기 strawberry   ⓚ 참외 Asian melon   ⓛ 복숭아 peach

(1) □

(2) □

(3)  □

(4) □

(5)  □

(6) □

(7) □

(8) □

(9) □

(10) □

(11) □

(12)  □

Let's use the words in a conversation!

Ex. A 뭐 드릴까요?
B 사과 주세요.

Track 127

Activity 1

Listen and repeat the audio.

Track 128

(1) 싱싱하다 to be fresh

A 사과가 어때요? How is the apple?
B 싱싱해요. It's fresh.

(2) 안 싱싱하다 to not be fresh

A 사과가 어때요? How is the apple?
B 안 싱싱해요. It's not fresh.

(3) 썩다 to be rotten

A 사과가 어때요? How is the apple?
B 썩었어요. It's rotten.

 5월

 10월

(4) 덜 익다 to be unripe

A 사과가 어때요? How is the apple?
B 덜 익었어요. It's unripe.

(5) 잘 익다 to be ripe

A 사과가 어때요? How is the apple?
B 잘 익었어요. It's ripe.

Activity 2

Listen and match each item with its description and price.

Track 129

(1)

· · ① 사과 한 상자 · · ⓐ 1,500원이에요.

(2)

· · ② 사과 한 봉지 · · ⓑ 10,000원이에요.

(3)

· · ③ 사과 한 바구니 · · ⓒ 6,000원이에요.

(4)

· · ④ 사과 한 개 · · ⓓ 25,000원이에요.

Vegetables

Vocabulary

Write the correct letter in each box.

Track 130

(1) 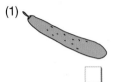 ☐

(2) ☐

(3) 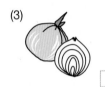 ☐

(4)  ☐

(5) 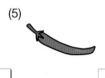 ☐

(6) 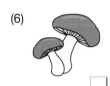 ☐

(7)  ☐

(8) 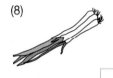 ☐

(9)  ☐

(10) 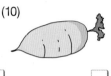 ☐

ⓐ 파 scallion   ⓑ 마늘 garlic   ⓒ 호박 pumpkin

ⓓ 콩 bean   ⓔ 당근 carrot   ⓕ 양파 onion

ⓖ 무 daikon radish   ⓗ 고추 chili pepper

ⓘ 오이 cucumber   ⓙ 버섯 mushroom

(11) ☐

(12) 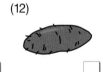 ☐

(13)  ☐

(14)  ☐

(15) ☐

(16) 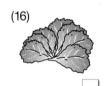 ☐

(17) ☐

(18)  ☐

(19)  ☐

(20) ☐

ⓚ 가지 eggplant   ⓛ 토마토 tomato   ⓜ 고구마 sweet potato

ⓝ 배추 bokchoy (Chinese cabbage)   ⓞ 콩나물 bean sprout   ⓟ 시금치 spinach

ⓠ 상추 lettuce   ⓡ 양배추 cabbage

ⓢ 감자 potato   ⓣ 옥수수 corn

1 Listen and repeat the audio.

Track 131

(1) 오이하고 당근 둘 다 좋아해요.
I like (both) cucumbers and carrots.

(2) 당근만 좋아해요.
I only like carrots.

(3) 오이만 좋아해요.
I only like cucumber.

(4) 오이하고 당근 둘 다 안 좋아해요.
I like neither cucumbers nor carrots.

• 다: all
• 둘 다: both
• 둘 다 안: neither

2 Listen and write O if the speaker likes the vegetable or X if the speaker does not.

Track 132

(1)

(2)

(3)

(4)

Write O for the correct sentence or X for the incorrect one based on the colors on the right.

(1) 고추가 흰색이에요.

(2) 오이가 녹색이에요.

(3) 가지가 흰색이에요.

(4) 당근이 파란색이에요.

(5) 양파가 검은색이에요.

(6) 마늘이 빨간색이에요.

(7) 옥수수가 노란색이에요.

(8) 토마토가 검은색이에요.

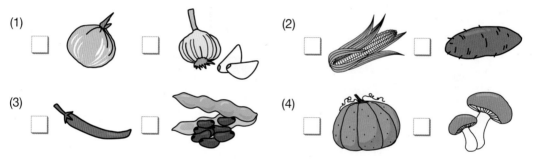

빨간색   검은색
파란색   흰색
노란색   회색
녹색   보라색
갈색   주황색

• 흰색 = 하얀색 white
• 녹색 = 초록색 green
• 검은색 = 까만색 black

Meat and Seafood

Vocabulary

1 Listen and repeat the audio.

Track 133

(1)

소 cow   소고기 beef

(2)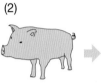

돼지 pig   돼지고기 pork

(3)

닭 chicken   닭고기 chicken

2 Write the correct letter in each box.

Track 134

(1) 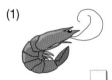 ☐

(2) ☐

(3)  ☐

(4)  ☐

(5) ☐

(6)  ☐

(7)  ☐

(8)  ☐

(9)  ☐

(10) ☐

(11)  ☐

(12) ☐

(13) ☐

(14) ☐

(15) ☐

(16) ☐

해물 seafood	ⓐ 문어 octopus	ⓑ 홍합 mussel	ⓒ 미역 seaweed
ⓓ 굴 oyster	ⓔ 낙지 small octopus	ⓕ 새우 shrimp	ⓖ 오징어 squid
ⓗ 게 crab	ⓘ 조개 clam	ⓙ 가재 crayfish	

생선 fish	ⓚ 장어 eel	ⓛ 참치 tuna	ⓜ 고등어 mackerel
ⓝ 연어 salmon	ⓞ 갈치 hairtail, cutlassfish	ⓟ 멸치 anchovy	

Be careful!

· 물고기: refers aquatic animals that typically live in water.
· 생선: refers to fish that are intended for consumption as food.

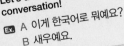

Let's use the words in a conversation!

Ex. A 이게 한국어로 뭐예요?
B 새우예요.

Track 135

Listen and repeat the audio.

Track **136**

(1) 신선하다 to be fresh

A 고기가 어때요? How is the meat?
B 신선해요. It's fresh.

(2) 신선하지 않다 to not be fresh

A 고기가 어때요? How is the meat?
B 신선하지 않아요. It's not fresh.

(3) 상하다 to be rotten

A 고기가 어때요? How is the meat?
B 상했어요. It's rotten.

(4) 신선하다 to be fresh

A 생선이 어때요? How is the fish?
B 신선해요. It's fresh.

(5) 신선하지 않다 to not be fresh

A 생선이 어때요? How is the fish?
B 신선하지 않아요. It's not fresh.

(6) 상하다 to be rotten

A 생선이 어때요? How is the fish?
B 상했어요. It's rotten.

Activity 2

Listen and complete the chart.

Track **137**

		ⓐ	ⓑ	ⓒ	ⓓ	ⓔ
(1) 소고기 	남자	항상 ☐	자주 ☐	가끔 ☐	거의 ☐	전혀 ☐
	여자	항상 ☐	자주 ☐	가끔 ☐	거의 ☐	전혀 ☐
(2) 돼지고기	남자	항상 ☐	자주 ☐	가끔 ☐	거의 ☐	전혀 ☐
	여자	항상 ☐	자주 ☐	가끔 ☐	거의 ☐	전혀 ☐
(3) 닭고기	남자	항상 ☐	자주 ☐	가끔 ☐	거의 ☐	전혀 ☐
	여자	항상 ☐	자주 ☐	가끔 ☐	거의 ☐	전혀 ☐
(4) 새우	남자	항상 ☐	자주 ☐	가끔 ☐	거의 ☐	전혀 ☐
	여자	항상 ☐	자주 ☐	가끔 ☐	거의 ☐	전혀 ☐
(5) 조개	남자	항상 ☐	자주 ☐	가끔 ☐	거의 ☐	전혀 ☐
	여자	항상 ☐	자주 ☐	가끔 ☐	거의 ☐	전혀 ☐
(6) 장어	남자	항상 ☐	자주 ☐	가끔 ☐	거의 ☐	전혀 ☐
	여자	항상 ☐	자주 ☐	가끔 ☐	거의 ☐	전혀 ☐

Unit 39 · Common Foods and Ingredients

Vocabulary

1 Match each related item.

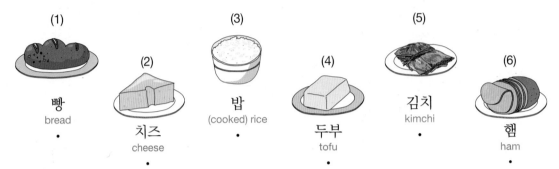

(1) 빵
bread

(2) 치즈
cheese

(3) 밥
(cooked) rice

(4) 두부
tofu

(5) 김치
kimchi

(6) 햄
ham

ⓐ 쌀
rice (uncooked)

ⓑ 콩
bean

ⓒ 밀가루
flour

ⓓ 우유
milk

ⓔ 배추
bokchoy
(Chinese cabbage)

ⓕ 돼지고기
pork

2 Listen and choose the correct answer.

Track 138

(1) 빵은 (ⓐ 쌀 / ⓑ 밀가루)로 만들어요.

(2) 치즈는 (ⓐ 콩 / ⓑ 우유)(으)로 만들어요.

(3) 밥은 (ⓐ 쌀 / ⓑ 밀가루)로 만들어요.

(4) 두부는 (ⓐ 콩 / ⓑ 우유)(으)로 만들어요.

(5) 김치는 (ⓐ 배추 / ⓑ 돼지고기)로 만들어요.

(6) 햄은 (ⓐ 배추 / ⓑ 돼지고기)로 만들어요.

Tip
Use the marker (으)로 to express what something is made out of.
However, use 로 after nouns ending in ㄹ.
Ex 쌀로 만들었어요. It was made with rice.

Match each related item.

(1)

고추 chili pepper •

• ⓐ 짜다 to be salty

> **Tip**
> 싱겁다: to be bland

(2)

바닷물 salt water •

> **Be careful!**
> Note the pronunciation!
> 바닷물 [바단물]

• ⓑ 쓰다 to be bitter

(3)

초콜릿 chocolate •

• ⓒ 시다 to be sour

(4)

레몬 lemon •

• ⓓ 맵다 to be spicy

(5)

치킨 fried chicken •

• ⓔ 달다 to be sweet

(6)

인삼 ginseng •

• ⓕ 느끼하다 to be greasy

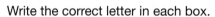

Write the correct letter in each box.

(1)  짜요. ☐

(2) 달아요. ☐

(3) 시어요. ☐

(4) 달아요. ☐

(5)  매워요. ☐

(6) ☐

(7) ☐

(8) ☐

(9) ☐

(10) ☐

양념 seasoning, condiment	ⓐ 식초 vinegar	ⓑ 된장 (soy)bean paste
ⓒ 꿀 honey	ⓓ 기름 oil	ⓔ 고추장 chili paste
ⓕ 소금 salt	ⓖ 설탕 sugar	ⓗ 고춧가루 chili powder
ⓘ 후추 pepper	ⓙ 간장 soy sauce	

Unit 40 Beverages

Vocabulary

Write the correct letter in each box.

Track 141

음료수 beverages

ⓐ 우유 milk

ⓑ 주스 juice

ⓒ 녹차 green tea

ⓓ 콜라 Coke

ⓔ 홍차 black tea

ⓕ 커피 coffee

ⓖ 생수 mineral water

ⓗ 사이다 Sprite

(1)

(2)

(3)

(4)

(5)

(6)

(7)

(8)

(9)

(10)

술 alcohol

ⓘ 와인 wine

ⓙ 맥주 beer

ⓚ 소주 soju (Korean liquor)

ⓛ 생맥주 draft beer

ⓜ 막걸리 makgeoli
  (unrefined rice wine)

(11)

(12)

(13)

Let's use the words in a conversation!

Ex. A 뭐 드릴까요?
B 커피 주세요.

Track 142

94 Part 1 · Food and Drink

Activity 1

Listen and repeat the audio.

Track 143

차다 (= 차갑다)	시원하다	미지근하다	따뜻하다	뜨겁다
to be cold	to be refreshing/cool	to be lukewarm	to be warm	to be hot
(1)	(2)	(3)	(4)	(5)

(1) 물이 차요.
= 물이 차가워요.

(2) 물이 시원해요.

(3) 물이 미지근해요.

(4) 물이 따뜻해요.

(5) 물이 뜨거워요.

Be careful!
- To express the temperature of something you touch: 차갑다 cold, 뜨겁다 hot
- To express the temperature of the air: 춥다 cold, 덥다 hot

Activity 2

Write the correct letter in each box.

Track 144

(1)

(2)

(3)

(4)

(5)

(6)

ⓐ 커피가 연해요.
The coffee is weak.

ⓑ 커피가 진해요.
The coffee is strong.

ⓒ 술이 독해요.
The alcohol is strong.

ⓓ 술이 순해요.
The alcohol is light.

ⓔ 주스가 사과 맛이 나요.
This juice has an apple taste.

ⓕ 주스가 딸기 향이 나요.
This juice has a strawberry smell.

Be careful!
- Use 진하다 to express a high concentration.
  Ex. 진한 커피 strong coffee (↔ 연한 커피 weak coffee)
- Use 독하다 to express a strong taste or smell.
  Ex. 독한 술 strong liquor (↔ 순한 술 mild liquor)

Unit 41   Snacks and Desserts

Vocabulary

1 Write the correct letter in each box.

ⓐ 떡 rice cake　　ⓑ 사탕 candy　　ⓒ 케이크 cake

ⓓ 과자 cookie, chips　　ⓔ 호두 walnut　　ⓕ 아이스크림 ice cream

ⓖ 땅콩 peanut　　ⓗ 초콜릿 chocolate

(1) ☐

(2) ☐

(3) ☐

(4) ☐

(5) ☐

(6) ☐

(7) ☐

(8) ☐

2 Listen and repeat the audio.

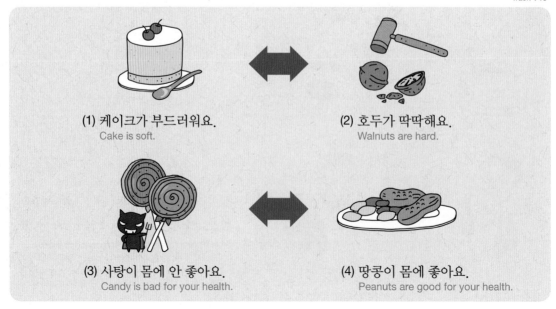

(1) 케이크가 부드러워요.
Cake is soft.

(2) 호두가 딱딱해요.
Walnuts are hard.

(3) 사탕이 몸에 안 좋아요.
Candy is bad for your health.

(4) 땅콩이 몸에 좋아요.
Peanuts are good for your health.

Activity 1

Write the correct letter in each box.

(1)  □

(2)  □

(3)  □

(4)  □

(5)  □

(6)  □

(7)  □

(8)  □

ⓐ 커피 한 **잔**　　ⓑ 생수 두 **통**　　ⓒ 땅콩 한 **접시**　　ⓓ 케이크 한 **조각**

ⓔ 맥주 네 **병**　　ⓕ 과자 한 **봉지**　　ⓖ 생맥주 세 **잔**　　ⓗ 초콜릿 한 **상자**

- 통 is used to count something in plastic bottles or wood containers.
- 병 is used to count liquids or powder in glass bottles.

Activity 2

Match the items ordered together according to the audio.

(1) 　　•

　　•　ⓐ

(2) 　　•

　　•　ⓑ

(3) 　　•

　　•　ⓒ

> **Tip**
> The marker 하고 is attached only after nouns to indicate "and."

(4) 　　•

　　•　ⓓ

The Dining Table

Vocabulary

1 Write the correct letter in each box.

Track 149

수저: 숟가락 + 젓가락
a spoon and chopsticks

(1) ☐	(2) ☐	(3) ☐	(4) ☐	(5) ☐
(6) ☐	(7) ☐	(8) ☐	(9) ☐	

ⓐ 밥 (cooked) rice   ⓑ 김 (dried) laver   ⓒ 반찬 side dish   ⓓ 국 soup   ⓔ 김치 kimchi

ⓕ 숟가락 spoon   ⓖ 물 water   ⓗ 찌개 a type of Korean casserole or stew   ⓘ 젓가락 chopsticks

2 Write the correct letter in each box.

Track 150

Let's use the words in a conversation!
Ex 개인 접시 좀 갖다주세요.

(1) 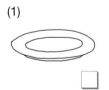 ☐

(2) ☐

(3) ☐

(4) ☐

(5) ☐

(6)  ☐

ⓐ 국자 ladle

ⓑ 냅킨 napkin

ⓒ 물티슈 sanitary hand wipe

ⓓ 계산서 bill, check

ⓔ 영수증 receipt

ⓕ 개인 접시 plate (for one person)

Activity 1

Listen and write O if the vegetable is used in the recipe or X if it is not.

(1)　☐　(2)　☐

(3)　☐　(4)　☐

(5)　☐　(6)　☐

(7)　☐　(8)　☐

(9)　☐　(10)　☐

Let's use the words in a conversation!
Ex. A 찌개에 오이가 들어가요?
B 아니요, 안 들어가요.

Track 152

Activity 2

Track 153

Choose the correct answer according to the picture.

(1) 저는 단 음식을 좋아해요. (ⓐ 설탕 / ⓑ 소금)을 넣어 주세요.

(2) 고기를 정말 좋아해요. 고기를 (ⓐ 빼 / ⓑ 넣어) 주세요.

(3) 저는 매운 음식을 못 먹어요. (ⓐ 된장 / ⓑ 고추장)을 빼 주세요.

(4) 계란을 정말 (ⓐ 좋아해요 / ⓑ 싫어해요). 계란을 하나 더 주세요.

(5) 마늘을 먹으면 배가 아파요. 마늘을 (ⓐ 빼 / ⓑ 넣어) 주세요.

(6) 저는 버섯 알레르기가 (ⓐ 있어요 / ⓑ 없어요). 버섯을 빼 주세요.

• (noun)을/를 넣어 주세요
  Please add _____.
• (noun)을/를 빼 주세요.
  Please remove _____.

Be careful!
Note the order!
하나 더 주세요. (O)
Please give me one more.
더 하나 주세요. (X)

Unit 43 Meals

Vocabulary

Write the correct letter in each box.

Track 154

> ⓐ 양식 Western food ⓑ 중식 Chinese food ⓒ 일식 Japanese food
>
> ⓓ 한식 Korean food ⓔ 분식 flour-based food ⓕ 패스트푸드 fast food

(1)

비빔밥 불고기

삼계탕

(2)

초밥 돈가스

우동

(3)

짜장면 짬뽕

만두

(4)

스파게티 스테이크

피자

(5)

라면 떡볶이

김밥

(6)

햄버거 감자튀김

핫도그

Activity 1

Write the correct letter in each box.

(1) ☐ (2) ☐ (3) ☐

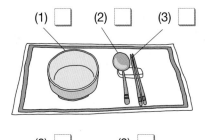

(4) ☐ (5) ☐ (6) ☐

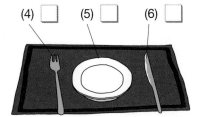

(8) ☐ (9) ☐

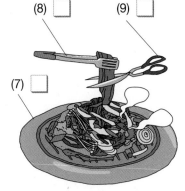

(7) ☐

(11) ☐

(10) ☐ (12) ☐

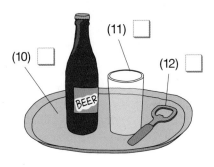

ⓐ 칼 knife

ⓑ 컵 cup

ⓒ 집게 tongs

ⓓ 접시 plate

ⓔ 그릇 bowl

ⓕ 가위 scissors

ⓖ 쟁반 tray

ⓗ 포크 fork

ⓘ 불판 grill

ⓙ 병따개 bottle opener

ⓚ 젓가락 chopsticks

ⓛ 숟가락 spoon

Activity 2

Write the correct letter in each box.

(1)   ☐

(2) 여기 앉으세요.  ☐

(3) 이거 매워요?  ☐

(4) 이거 먹을 거야.  ☐

(5) 비빔밥 주세요. ☐

(6) ☐

(7) 물 좀 주세요. ☐

(8) 10,000원 입니다.  ☐

ⓐ 손님이 의자에 앉아요.

ⓑ 손님이 음식값을 계산해요.

ⓒ 손님이 음식을 정해요.

ⓓ 종업원이 음식을 갖다줘요.

ⓔ 손님이 음식을 시켜요.

ⓕ 손님이 종업원에게 물을 부탁해요.

ⓖ 손님이 식당에 들어가요.

ⓗ 손님이 종업원에게 음식에 대해 물어봐요.

Tip
시키다 = 주문하다
to order

Unit 44   Cooking Methods

Vocabulary

Tip
- 양념: seasoning, spice
- 거품: bubble, foam
- 국물: broth

1   Listen and repeat the audio.

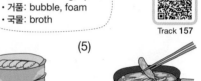

(1)

고기를 굽다
to roast meat

(2)

찌개를 끓이다
to boil a stew

(3)

채소를 볶다
to stir-fry vegetables

(4)

만두를 찌다
to stream dumplings

(5)

새우를 튀기다
to fry shrimp

2   Choose the correct answer for each of the following pictures.

Track 158

(1)
ⓐ 자르다 to cut
ⓑ 썰다 to slice, chop

(2)
ⓐ 넣다 to insert, add into
ⓑ 빼다 to remove

(3)
ⓐ 부치다 to fry
ⓑ (생선) 굽다 to grill (fish)

(4)
ⓐ 뿌리다 to spray, sprinkle
ⓑ 바르다 to apply (to a surface), baste

(5)
ⓐ 섞다 to mix
ⓑ 젓다 to stir

(6)
ⓐ 삶다 to boil (noodles)
ⓑ 데치다 to blanch (vegetables)

Select the item in cooking method that differs from the others.

(1) ⓐ 국 ☐
   ⓑ 탕 ☐
   ⓒ 찌개 ☐
   ⓓ 김치 ☐

(2) ⓐ 갈비 ☐
   ⓑ 불고기 ☐
   ⓒ 비빔밥 ☐
   ⓓ 삼겹살 ☐

(3) ⓐ 간장 ☐
   ⓑ 된장 ☐
   ⓒ 김장 ☐
   ⓓ 고추장 ☐

(4) ⓐ 김밥 ☐
   ⓑ 만두 ☐
   ⓒ 갈비찜 ☐
   ⓓ 아귀찜 ☐

(5) ⓐ 빵 ☐
   ⓑ 과자 ☐
   ⓒ 떡볶이 ☐
   ⓓ 케이크 ☐

(6) ⓐ 라면 ☐
   ⓑ 국수 ☐
   ⓒ 튀김 ☐
   ⓓ 냉면 ☐

Activity 2

Listen and write the letters in the appropriate order.

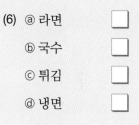

Track 159

ⓐ
채소를 밥 위에 놓아요.

ⓑ
맛있게 먹어요.

ⓒ
채소를 씻어요.

ⓓ
고추장을 넣어요.

ⓔ
채소를 썰어요.

ⓕ
잘 비벼요.

Be careful!
Note the subtle difference in pronunciation between 놓아요 (put on) and 넣어요(put in).

☐ → ☐ → ☐ → ☐ → ☐ → ☐

Hobbies

Vocabulary

Write the correct letter in each box.

Let's use the words in a conversation!
Ex. A 시간이 있을 때 뭐 해요?
B 여행해요.
Track 160

ⓐ 운동하다 to exercise

ⓑ 책을 읽다 to read a book

ⓒ 여행하다 to travel

ⓓ 사진을 찍다 to take a picture

ⓔ 요리하다 to cook

ⓕ 영화를 보다 to watch a movie

ⓖ 수리하다 to repair, fix

ⓗ 음악을 듣다 to listen to music

ⓘ 등산하다 to hike

ⓙ 그림을 그리다 to draw a picture

ⓚ 낚시하다 to fish

ⓛ 테니스를 치다 to play tennis

ⓜ 쇼핑하다 to shop

ⓝ 악기를 연주하다 to play an instrument

ⓞ 게임하다 to play games

ⓟ 개하고 놀다 to play with a dog

Be careful!

The word used for "play" differs by context in Korean.
(music) (악기를) 연주하다
　　　to play (an instrument)
(sports) (테니스를) 치다
　　　to play (a sport)
(games) (게임을) 하다
　　　to play (a game)
(with an animal) (개하고) 놀다
　　　to play (with a dog)

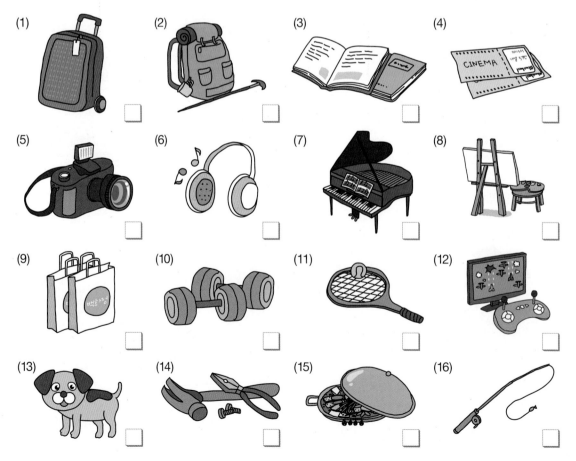

(1)

(2)

(3)

(4)

(5)

(6)

(7)

(8)

(9)

(10)

(11)

(12)

(13)

(14)

(15)

(16)

Activity 1

Listen and repeat the audio.

Tip

Avoid using 싫어해요 in polite conversations as it is too strong. Instead, use 별로 안 좋아해요 or 별로예요.

Track 161

• Preference Level

100%

정말 좋아해요. I really like it.

좋아해요. I like it.

그저 그래요. It's so-so.

별로 안 좋아해요. I don't really like it.

정말 싫어해요. I really hate it.

0%

Be careful!

사랑하다(to love) is used to express a strong emotion of passionately liking a person or greatly valuing and cherishing something. Therefore, it is better to use 정말 좋아하다 instead of 사랑하다 when talking about feelings towards objects or hobbies.

• Expressing One's Interests

저는 한국 영화에 관심이 있어요. [objects]
I am interested in Korean movies.

친구는 저 여자에게 관심이 있어요. [person/animal]
My friend is interested in that girl.

The marker varies depending on whether the object is a thing or a person/animal. For things, 에 is used, while for people or animals, 에게/한테 is used.

(1)

A 여행 좋아해요?
Do you like traveling?
B 네, 정말 좋아해요.
Yes, I really like it.

A 영화 좋아해요?
Do you like movies?
B 네, 좋아해요.
Yes, I like them.

(2)

(3)

A 그림 좋아해요?
Do you like art?
B 그저 그래요.
It's so-so.

A 쇼핑 좋아해요?
Do you like shopping?
B 아니요, 별로 안 좋아해요.
No, I don't really like it.

(4)

(5)

A 등산 좋아해요?
Do you like hiking?
B 아니요, 정말 싫어해요.
No, I really hate it.

Activity 2

Listen and write O if the speaker likes the activity or X if the speaker does not.

Track 162

(1)
음악 / 가수

(2)
사진 / 사진작가

(3)
요리 / 음식

(4)
운동 / 운동선수

(5)
영화 / 영화감독 / 배우

(6)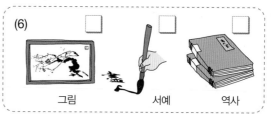
그림 / 서예 / 역사

Sports

Vocabulary

Track 163

Write the correct letter in each box.

치다 Use 치다 with sports in which you must hit a ball.

(1)  ☐

(2)  ☐

(3) ☐

(4)  ☐

타다 Use 타다 for sports in which you are "on" an object.

(5)  ☐

(6)  ☐

(7) ☐

하다 Use 하다 for other sports

(8) ☐

(9)  ☐

(10)  ☐

(11) ☐

(12) ☐

(13)  ☐

(14) ☐

(15)  ☐

ⓐ 야구 baseball

ⓑ 스키 skiing

ⓒ 검도 Japanese fencing

ⓓ 축구 soccer/football (not American)

ⓔ 골프 golf

ⓕ 태권도 Taekwondo

ⓖ 탁구 ping-pong

ⓗ 수영 swimming

ⓘ 자전거 bicycle

ⓙ 농구 basketball

ⓚ 볼링 bowling

ⓛ 테니스 tennis

ⓜ 배구 volleyball

ⓝ 요가 yoga

ⓞ 스케이트 skating

Activity 1

Listen and repeat the audio.

Track 164

(1)

수영을 잘해요.
I swim well.

(2)

수영을 조금 해요.
I swim a little.

(3)

수영을 잘 못해요.
I don't swim well.

(4)

수영을 전혀 못해요.
I can't swim (at all).

> **Be careful!**
> The marker 을/를 is used with 잘하다 or 못하다.
> **Ex** 노래가 못해요. (X) → 노래를 잘해요. (O)
> I am good at singing.
> 수영이 못해요. (X) → 수영을 못해요.(O)
> I am not good at swimming.

> **Tip**
> Because modesty is an important value in Korean culture, even if one is good at something, it is more common to reply with 잘 못해요.

Activity 2

Listen and write O if the speaker does the action well, Δ if the speaker does not do it well, or X if the speaker cannot do it.

Track 165

(1)

수리 ☐

(2)

요리 ☐

(3)

춤 ☐

(4)

노래 ☐

(5)

기타 ☐

(6)

운전 ☐

(7)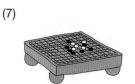

바둑 ☐

(8)

외국어 ☐

(9)

피아노 ☐

(10)

컴퓨터 ☐

(11)

농담 ☐

(12)

한자 ☐

Unit 47 · Travel 1

Vocabulary

Write the correct letter in each box.

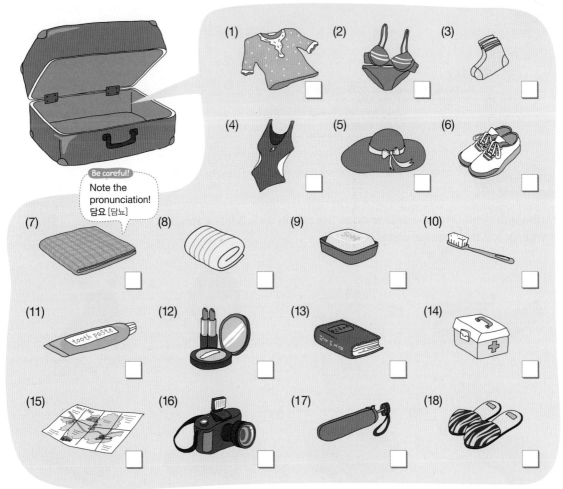

Be careful!
Note the pronunciation!
담요 [담뇨]

(1) □
(2) □
(3) □
(4) □
(5) □
(6) □
(7) □
(8) □
(9) □
(10) □
(11) □
(12) □
(13) □
(14) □
(15) □
(16) □
(17) □
(18) □

ⓐ 옷 clothing   ⓑ 비누 soap   ⓒ 양말 socks   ⓓ 카메라 camera

ⓔ 책 book   ⓕ 속옷 underwear   ⓖ 우산 umbrella   ⓗ 화장품 cosmetics

ⓘ 약 medicine   ⓙ 담요 blanket   ⓚ 지도 map   ⓛ 슬리퍼 slippers

ⓜ 치약 toothpaste   ⓝ 수건 towel   ⓞ 수영복 swimsuit   ⓟ 모자 hat

ⓠ 칫솔 toothbrush   ⓡ 운동화 sneakers

Let's use the words in a conversation!
Ex. A 옷을 가져가요?
B 네, 가져가요.
Track 167

Activity 1

Let's use the words in a conversation!
Ex. A 어디로 놀러 갔어요?
B 산으로 놀러 갔어요.
Track 168

Match each related item.

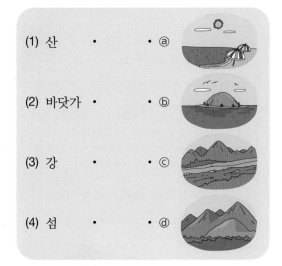

(1) 산 ・ ・ⓐ

(2) 바닷가 ・ ・ⓑ

(3) 강 ・ ・ⓒ

(4) 섬 ・ ・ⓓ

(5) 궁 ・ ・ⓔ

(6) 동물원 ・ ・ⓕ

(7) 관광지 ・ ・ⓖ

(8) 놀이공원 ・ ・ⓗ

Activity 2

Track 169

1 Listen and repeat the audio.

(1)

가요.

Be careful!
Note the marker!
혼자하고 (X)
혼자 (O)

Be careful!
Note the pronunciation!
동료 [동뇨]

Tip
혼자서 = 혼자 alone
· 둘이서 in a group of two
· 셋이서 in a group of three
· 여럿이서 in a large group

혼자 alone

(2)
가족 family

(3)
친구 friend

(4)
동료 colleague

(5)
이웃 neighbor

(6)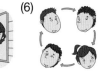
아는 사람 acquaintance

하고 가요.

2 Listen and complete the chart.

Track 170

	ⓐ 가족	ⓑ 친구	ⓒ 동료	ⓓ 이웃	ⓔ 아는 사람	ⓕ 혼자
(1) 산	☐	☐	☐	☐	☐	☐
(2) 강	☐	☐	☐	☐	☐	☐
(3) 바다	☐	☐	☐	☐	☐	☐
(4) 관광지	☐	☐	☐	☐	☐	☐
(5) 동물원	☐	☐	☐	☐	☐	☐
(6) 놀이공원	☐	☐	☐	☐	☐	☐

Travel 2

Vocabulary

Write the correct letter in each box.

Track 171

ⓐ 탑 tower　　ⓑ 한옥 traditional Korean house　　ⓒ 폭포 waterfalls

ⓓ 절 temple　　ⓔ 단풍 autumn leaves　　ⓕ 매표소 ticket booth

ⓖ 일몰 sunset　　ⓗ 축제 festival　　ⓘ 안내소 information booth/desk

ⓙ 일출 sunrise　　ⓚ 동굴 cave　　ⓛ 기념품 가게 souvenir store

(1)

(2)

(3)

(4)

(5)

(6)

(7)

(8)

(9)

(10)

(11)

(12)

Activity 1

Write the correct letter in each box.

(1) 경치가 좋아요.
The scenery is nice.
☐ ↔ (2) 경치가 안 좋아요.
The scenery isn't nice.
☐

(3) 음식이 입에 맞아요.
I like (a certain) food.
☐ ↔ (4) 음식이 입에 안 맞아요.
I dislike (a certain) food.
☐

(5) 물가가 싸요.
The prices are cheap.
☐ ↔ (6) 물가가 비싸요.
The prices are expensive.
☐

(7) 말이 잘 통해요.
Our communication is good.
☐ ↔ (8) 말이 잘 안 통해요.
Our communication is poor.
☐

(9) 사람들이 친절해요.
(The) people are kind.
☐ ↔ (10) 사람들이 불친절해요.
(The) people are unkind.
☐

Activity 2

Match each question with its corresponding answer.

Track 172

(1) 어디로 여행 가요? •

(2) 얼마 동안 여행해요? •

(3) 누구하고 여행 가요? •

(4) 여행지에 어떻게 가요? •

(5) 어디에서 묵어요? •

(6) 언제 호텔을 예약했어요? •

(7) 여행이 어땠어요? •

(8) 하루에 돈이 얼마나 들어요? •

• ⓐ 가족하고 여행 가요.

• ⓑ 호텔에서 묵어요.

• ⓒ 15만 원쯤 들어요.

• ⓓ 산으로 여행 가요.

• ⓔ 2박 3일 여행해요.

• ⓕ 기차로 가요.

• ⓖ 여행 떠나기 일주일 전에 했어요.

• ⓗ 힘들었지만 재미있었어요.

> **Tip**
> • 2(이)박 3(삼)일
>   two nights, three days
> • 당일 여행 day trip

Communication

Vocabulary

Track 173

1 Write the correct letter in each box.

ⓐ 소포 package   ⓑ 팩스 fax machine   ⓒ 편지 letter

ⓓ 메모 note, memo   ⓔ 문자 메시지 text message   ⓕ 엽서 postcard

ⓖ 핸드폰 mobile phone   ⓗ 음성 메시지 voicemail   ⓘ 전화 telephone

ⓙ 이메일 email   핸드폰 = 휴대폰

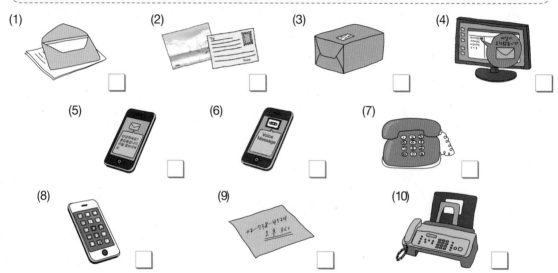

(1) ☐   (2) ☐   (3) ☐   (4) ☐

(5) ☐   (6) ☐   (7) ☐

(8) ☐   (9) ☐   (10) ☐

Track 174

2 Write the correct letter to complete each conversation.

(1) A 여보세요. _____
    B 지금 안 계신데요.

(2) B 실례지만 누구세요?
    A _____

(3) A _____
    B 잠깐만요. 말씀하세요.

(4) A _____
    B 안녕히 계세요.

ⓐ 안녕히 계세요.   ⓑ 저는 '박유나'라고 합니다.

ⓒ 메시지 좀 전해 주세요.   ⓓ 김진수 씨 계세요?

Activity 1

Write the correct letter in each box.

(1)

(2) 여보세요.

(3)

(4)

ⓐ 통화하다
  to converse by telephone

ⓑ 전화를 받다
  to receive a call

ⓒ 전화를 끊다
  to hang up (the phone)

ⓓ 전화를 걸다
  to make a phone call

Tip

To express phone problems:
· 전화가 안 돼요. The phone is not working.
· 수신이 안 돼요. There is no reception.
· 통화 중이에요. The phone is busy.
· 전원이 꺼져 있어요. The power is off.

Activity 2

Write the correct letter in each box.

(1)

ⓐ 편지를 주다 to give a letter

ⓑ 편지를 받다 to receive a letter

(2)

ⓐ 소포를 보내다 to send a package

ⓑ 소포를 받다 to receive a package

(3)

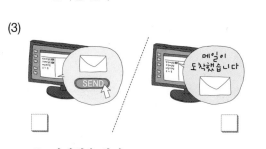

ⓐ 이메일을 받다 to receive an email

ⓑ 이메일을 보내다 to send an email

Tip

The following expression may be shortened:
문자 메시지를 보내다 → 문자를 보내다 to send a text message

(4)

ⓐ 메모를 받다 to receive a note

ⓑ 메모를 전하다 to deliver a note

ⓒ 메모를 남기다 to leave a note

Purchasing Goods

Vocabulary

Track 175

Write the correct letter in each speech bubble.

(1) 80,000원 이에요.

(2) 50,000원 이에요.

(3) 어제 가방을 하나 샀어요.

(4) 이건 40,000원 이에요.

(5) 비빔밥 주세요.

(6) 안 맵게 해 주세요.

(7) 토스트는 5,000원, 파이는 4,000원, 케이크는 4,500원 이에요.

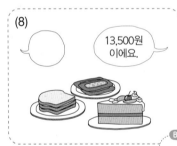

(8) 13,500원 이에요.

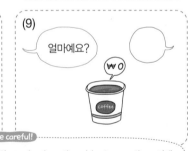

(9) 얼마예요?

> **Be careful!**
> 이건 emphasizes the object more than 이게 by introducing it as a topic. It is similar to stressing a word in English to emphasize it.

ⓐ 각각 얼마예요? How much are they each?

ⓑ 전부 얼마예요? How much is it all together?

ⓒ 저게 얼마예요? How much is that?

ⓓ 뭘 드릴까요? What would you like?

ⓔ 그게 얼마예요? How much is that?

ⓕ 어떻게 드릴까요? How would you like it?

ⓖ 이게 얼마예요? How much is this?

ⓗ 이게 무료예요. This is free.

ⓘ 이건 얼마예요? How much is this?

> **Tip**
> • 이게 / 그게 / 저게 = 이것이 / 그것이 / 저것이:
> The contraction 이게 is used more than 이것이 in speech.
> • 이건 / 그건 / 저건 = 이것은 / 그것은 / 저것은:
> When asking to compare multiple items, the marker 은/는 is often attached.

> **Tip**
> • 무료: free (costs nothing)
> **Ex** 한국 식당에서 김치는 무료예요.
> Kimchi is free at Korean restaurants.
> • 공짜: free (obtained without effort or money)
> **Ex** 오늘 길에서 책을 공짜로 받았어요.
> I received a free book on the street today.

Activity 1

Match each question with its corresponding answer.

(1) 뭐 찾으세요?   •

(2) 사이즈가 어떠세요?   •

(3) 옷이 어떠세요?   •

(4) 더 큰 건 없어요?   •

(5) 입어 봐도 돼요?   •

(6) 무슨 색으로 보여 드릴까요? •

• ⓐ 저한테 좀 작아요.

• ⓑ 바지 좀 보여 주세요.

• ⓒ 흰색으로 보여 주세요.

• ⓓ 그럼요, 탈의실에서 입어 보세요.

• ⓔ 지금은 이 사이즈밖에 없어요.

• ⓕ 디자인은 마음에 드는데 좀 비싸요.

Be careful!
좀 has two meanings:
1. a little: 좀 작아요. It's a little small.
2. please: 바지 좀 보여 주세요. Please show me pants.

Activity 2

Read the following and complete the chart with the correct number for each fruit.

	사과 (for each)	배 (for each)	딸기 (for basket)
(1) 사과 4,000원어치하고 딸기 5,000원어치 주세요.	3	0	1
(2) 딸기 10,000원어치하고 사과 20,000원어치 주세요.			
(3) 배 10,000원어치하고 사과 4,000원어치 주세요.			
(4) 사과 8,000원어치하고 배 5,000원어치 주세요.			
(5) 딸기 20,000원어치하고 사과 8,000원어치 주세요.			
(6) 사과 12,000원어치하고 배 10,000원어치 주세요.			

4,000원

5,000원

5,000원

Tip
• 어치: used to describe the value for a certain amount of items.
• 짜리: used to express the value for an individual item.
Ex. 만 원짜리 책을 오만 원어치 샀어요.
I bought 50,000 won worth of books, each costing 10,000 won.

If two pears cost 5,000 won, then asking for 배 10,000원어치 주세요(Please give me 10,000 won worth of pears.) is equivalent to ordering four pears.

Unit 51

Physical States and Sensations

Vocabulary

Write the correct letter in each box.

(1)

(2)

(3)

(4)

(5)

(6)

(7)

(8)

(9)

ⓐ 춥다 to be cold
ⓑ 졸리다 to be sleepy
ⓒ 피곤하다 to be tired

ⓓ 덥다 to be hot
ⓔ 목마르다 to be thirsty (lit. for the throat to be dry)
ⓕ 배부르다 to be full

ⓖ 아프다 to hurt
ⓗ 긴장되다 to be nervous
ⓘ 배고프다 to be hungry

Tip
- 긴장되다: expresses one's own feelings of nervousness.
  Ex. 지금 너무 긴장돼요. I'm very nervous right now.
- 긴장하다: expresses the objective state of being nervous.
  Ex. 시험 볼 때 너무 긴장하지 마세요. Don't be too nervous when taking your test.

 Let's use the words in a conversation!
Ex. A 지금 어때요?
B 아파요.

Track 177

Track 178

Match each situation with its corresponding feeling.

(1) 여름에 에어컨이 고장 났어요. •   • ⓐ 아파요.

(2) 너무 많이 먹었어요. •   • ⓑ 긴장돼요.

(3) 5분 후에 시험을 봐요. •   • ⓒ 배불러요.

(4) 감기에 걸렸어요. •   • ⓓ 더워요.

(5) 요즘 일이 너무 많아요. •   • ⓔ 배고파요.

(6) 아무것도 못 먹었어요. •   • ⓕ 피곤해요.

Activity 2

Track 179

Match each related item.

(1)   (2)   (3)   (4)   (5)

•   •   •   •   •

•   •   •   •   •

ⓐ   ⓑ   ⓒ   ⓓ   ⓔ

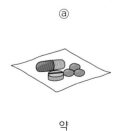    

약   담요   물   빵   부채

Unit 52   Emotions

Vocabulary

Write the correct letter in each box.

ⓐ 기쁘다 to be happy

ⓑ 심심하다 to be bored

ⓒ 슬프다 to be sad

ⓓ 실망하다 to be disappointed

ⓔ 무섭다 to be scary/scared

ⓕ 창피하다 to be embarrassed

ⓖ 외롭다 to be lonely

ⓗ 화가 나다 to be angry

ⓘ 놀라다 to be startled/surprised

ⓙ 기분이 좋다 to be in a good mood

ⓚ 걱정되다 to be worried

ⓛ 기분이 나쁘다 to be in a bad mood

> **Be careful!**
>
> To indicate the present state, the following verbs are conjugated by adding –았/었– to their stems.
>
> • 놀라다: to be surprised/startled
>   **Ex.** 알람 소리에 깜짝 놀랐어요. I was startled by the sound of the alarm.
> • 화가 나다: to be angry
>   **Ex.** 사장님이 지금 화가 났어요. The boss is angry right now.
> • 실망하다: to be disappointed
>   **Ex.** 시험에 떨어져서 실망했어요. I'm disappointed because I failed the test.

(1)

(2)

(3)

(4)

(5)

(6)

(7)

(8)

(9)

(10)

(11)

(12)

> **Be careful!**
>
> 기분 is only used with 좋다 and 나쁘다 to express emotions.
> **Ex.** 기분이 무서웠어요. (X)

Let's use the words in a conversation!
Ex. A 기분이 어때요?
　　　B 기분이 좋아요.

Track 180

Activity 1

Choose the correct answer to complete each sentence.

(1) 내일 시험이 있는데 공부를 많이 못 해서　ⓐ 외로워요.
　　　　　　　　　　　　　　　　　ⓑ 걱정돼요.

(2) 열심히 공부해서 좋은 성적을 받았을 때　ⓐ 기뻤어요.
　　　　　　　　　　　　　　　　　ⓑ 슬펐어요.

(3) 오늘도 친구가 약속에 늦게 와서　ⓐ 무서웠어요.
　　　　　　　　　　　　　　　ⓑ 화가 났어요.

(4) 같은 일을 매일 반복하고 새로운 일이 없으면　ⓐ 놀라요.
　　　　　　　　　　　　　　　　　　ⓑ 심심해요.

(5) 제가 실수로 한국어를 잘못 말했을 때 사람들이 웃어서　ⓐ 창피했어요.
　　　　　　　　　　　　　　　　　　　　　　ⓑ 기분이 좋았어요.

Activity 2

Match each emotion with its corresponding situation.

(1)	(2)	(3)	(4)	(5)	(6)
무서워요.	슬퍼요.	심심해요.	화가 났어요.	기뻐요.	창피해요.

ⓐ　　　　ⓑ　　　　ⓒ　　　　ⓓ　　　　ⓔ　　　　ⓕ

눈물이 나요.　　웃어요.　　몸이 떨려요.　　얼굴이 빨개졌어요.　　소리를 질러요.　　하품이 나요.

Describing People

Vocabulary

Write the correct letter in each box.

Track 183

ⓐ

ⓑ

(1) 머리가 길어요. He/She has long hair. ☐

(2) 머리가 짧아요. He/She has short hair. ☐

ⓐ 48kg

ⓑ 100kg

(3) 뚱뚱해요. He/She is fat. ☐

(4) 말랐어요. He/She is thin. ☐

ⓐ

ⓑ

(5) 멋있어요. He/She is well-dressed. ☐

(6) 촌스러워요. He/She is tacky. ☐

ⓐ

ⓑ

(7) 약해요. He/She is weak. ☐

(8) 힘이 세요. He/She is strong. ☐

ⓐ

ⓑ

(9) 돈이 없어요. He/She has no money. ☐

(10) 돈이 많아요. He/She is rich. ☐

ⓐ

ⓑ

(11) 키가 커요. He/She is tall. ☐

(12) 키가 작아요. He/She is short. ☐

Be careful!

When describing someone's height:
- 키가 높다 (X) → 키가 크다 (O) He is tall.
- 키가 짧다 (X) → 키가 작다 (O) He is short.

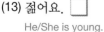
ⓐ 97살

ⓑ 21살

ⓒ 7살

(13) 젊어요. ☐
He/She is young.

(14) 어려요. ☐
He/She is young.

(15) 나이가 많아요. ☐
He/She is old.

Tip

To indicate present state, 잘생겼다(to be handsome), 못생겼다(to be ugly), and 말랐다 (to be thin) are conjugated by adding –았/었– to their stems.
- He is handsome.: 잘생겨요. (X) → 잘생겼어요. (O)
- She is ugly.: 못생겨요. (X) → 못생겼어요. (O)
- He is thin.: 말라요. (X) → 말랐어요. (O)

Choose the correct answer to complete each conversation.

Track 184

ⓐ 귀여워요   ⓑ 아름다워요   ⓒ 날씬해요   ⓓ 건강해요   ⓔ 예뻐요   ⓕ 체격이 좋아요

(1)

A   5살 여자아이가 웃고 있어요.
B   웃는 얼굴이 정말 _____.

(2)

A   우리 할아버지는 90살인데 매일 등산하세요.
B   와! 할아버지가 _____.

(3)

A   요즘 살이 쪘어요.
B   아니에요. _____.

(4)

A   아기가 웃어요.
B   아기가 정말 _____.

(5)

A   결혼식에서 신부 봤어요?
B   네. 신부가 정말 _____.

(6)

A   진호 씨는 _____. 매일 운동해요?
B   네, 운동을 좋아해요.

Activity 2

Choose the correct answer to complete each sentence.

Track 185

ⓐ  군인   ⓑ 공주   ⓒ 젓가락   ⓓ  돼지

(1) 그 사람은 _____처럼 예뻐요.

(2) 그 사람은 _____처럼 말랐어요.

(3) 그 사람은 _____처럼 뚱뚱해요.

(4) 그 사람은 _____처럼 머리가 짧아요.

> **Tip**
> Note the difference in using 처럼 and 같아요!
> • 그 사람은 영화배우처럼 잘생겼어요.
>   He is as handsome as an actor.
> • 그 사람은 영화배우 같아요.
>   He is like an actor.

Unit 54 Body Parts and Illnesses

Vocabulary

Write the correct letter in each box.

Track 186

(1) ☐
(2) ☐
(3) ☐
(4) ☐
(5) ☐
(6) ☐
(7) ☐
(8) ☐
(9) ☐
(10) ☐
(11) ☐
(12) ☐
(13) ☐
(14) ☐
(15) ☐
(16) ☐
(17) ☐
(18) ☐
(19) ☐
(20) ☐

ⓐ 이 tooth
ⓑ 목 neck
ⓒ 귀 ear
ⓓ 입 mouth
ⓔ 눈 eye
ⓕ 코 nose
ⓖ 이마 forehead
ⓗ 머리 head, hair
ⓘ 눈썹 eyebrow
ⓙ 어깨 shoulder

ⓚ 팔 arm
ⓛ 발 foot
ⓜ 손 hand
ⓝ 배 belly
ⓞ 허리 lower back, waist
ⓟ 다리 leg
ⓠ 가슴 chest
ⓡ 무릎 knee
ⓢ 발가락 toe
ⓣ 손가락 finger

Tip
• 오른손 right hand, 오른발 right foot
• 왼손 left hand, 왼발 left foot
• 양손 both hands, 양발 both feet

Activity 1

Track 187

Write the correct letter in each box.

어디가 아파요?

ⓐ 이
ⓑ 목
ⓒ 배
ⓓ 머리
ⓔ 허리
ⓕ 어깨

(1) _____이/가 아파요. ☐

(2) _____이/가 아파요. ☐

(3) _____이/가 아파요. ☐

(4) _____이/가 아파요. ☐

(5) _____이/가 아파요. ☐

(6) _____이/가 아파요. ☐

> **Tip**
> • 목이 부었어요. I have a sore throat.
>   = 목이 아파요. My throat hurts.
> • 배탈이 났어요. I have an upset stomach.
>   = 배가 아파요. My stomach hurts.

Activity 2

Track 188

Write the correct letter in each box.

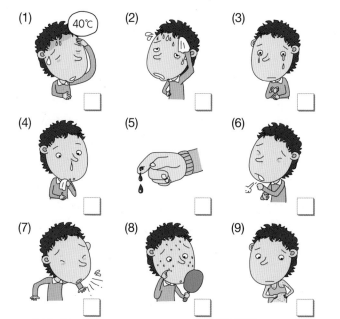

(1) 40℃ ☐

(2) ☐

(3) ☐

(4) ☐

(5) ☐

(6) ☐

(7) ☐

(8) ☐

(9) ☐

ⓐ 피가 나요. I am bleeding.

ⓑ 땀이 나요. I am sweating.

ⓒ 열이 나요. I have a fever.

ⓓ 기침이 나요. I have a cough.

ⓔ 콧물이 나요. I have a runny nose.

ⓕ 눈물이 나요. I am tearing up.

ⓖ 여드름이 나요. I get acne.

ⓗ 재채기가 나요. I sneeze.

ⓘ 두드러기가 나요. I have a rash./
I have hives.

> **Be careful!**
> To express not feeling well:
> 몸이 안 좋다 (O) I don't feel well.
> 몸이 나쁘다 (X)

> **Be careful!**
> Note the pronunciation!
> 콧물 [콘물]

> The verb 나다 indicates that something
> is coming out of the body.

Body Parts

Track 189

Vocabulary

Write the correct letter in each box.

A 얼굴 face

ⓐ 턱 chin   ⓑ 볼 cheek

ⓒ 이 tooth   ⓓ 눈썹 eyebrow

ⓔ 혀 tongue   ⓕ 입술 lip

B 몸 body

ⓐ 배 belly   ⓑ 허리 lower back, waist

ⓒ 등 back   ⓓ 옆구리 flank, side

ⓔ 어깨 shoulder   ⓕ 엉덩이 buttocks

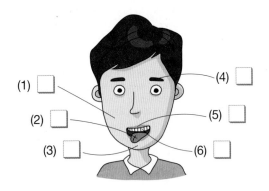

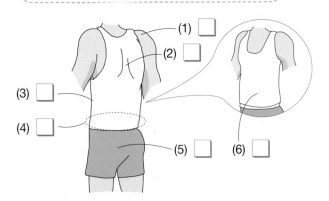

C 팔 arm

ⓐ 손목 wrist   ⓑ 손가락 finger

ⓒ 손등 back of the hand   ⓓ 손바닥 palm

ⓔ 손톱 nail   ⓕ 팔꿈치 elbow

D 발 foot

ⓐ 발목 ankle   ⓑ 발가락 toe

ⓒ 발등 top of the foot   ⓓ 발바닥 sole

ⓔ 발톱 toenail   ⓕ 발꿈치 heel

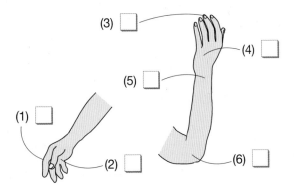

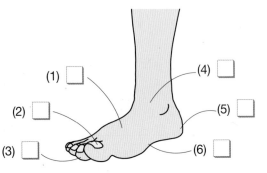

Activity 1

Categorize the parts of the body.

ⓐ 눈	ⓑ 혀	ⓒ 턱	ⓓ 가슴	ⓔ 눈썹	ⓕ 손가락	ⓖ 발바닥
ⓗ 코	ⓘ 이	ⓙ 배	ⓚ 허리	ⓛ 손톱	ⓜ 손바닥	ⓝ 발꿈치
ⓞ 입	ⓟ 볼	ⓠ 등	ⓡ 입술	ⓢ 발톱	ⓣ 발가락	ⓤ 팔꿈치

(1) 얼굴

_____
_____
_____
_____
_____
_____

(2) 팔

_____
_____
_____
_____
_____
_____

(3) 발

_____
_____
_____
_____
_____
_____

(4) 몸

_____
_____
_____
_____
_____
_____

Activity 2

Match each situation with its corresponding result.

Track 190

(1) 맥주를 많이 마셨어요. •

 • ⓐ 배탈이 났어요.

(2) 오랫동안 박수를 쳤어요. •

 • ⓑ 배가 나왔어요.

(3) 높은 구두를 신고 많이 걸었어요. •

 • ⓒ 허리가 아파요.

(4) 오랫동안 의자에 앉아 있었어요. •

 • ⓓ 발목이 아파요.

(5) 모기에게 팔을 물렸어요. •

 • ⓔ 팔이 가려워요.

(6) 아이스크림을 많이 먹었어요. •

 • ⓕ 손바닥이 아파요.

Unit 56　Clothing

Vocabulary

Write the correct letter in each box.

A 입다 Used when wearing an item on one's body.

> • 정장: refers to formal wear for men or women.
> • 양복: refers only to men's formal wear.

ⓐ 치마 skirt　　ⓑ 재킷 jacket　　ⓒ 양복 suit (for men)　　ⓓ 스웨터 sweater

ⓔ 바지 pants　　ⓕ 코트 coat　　ⓖ 정장 suit　　ⓗ 티셔츠 T-shirt

ⓘ 셔츠 shirt　　ⓙ 점퍼 jumper　　ⓚ 반바지 short pants　　ⓛ 원피스 dress

ⓜ 조끼 vest　　ⓝ 한복 hanbok (traditional Korean clothing)　　ⓞ 청바지 jeans

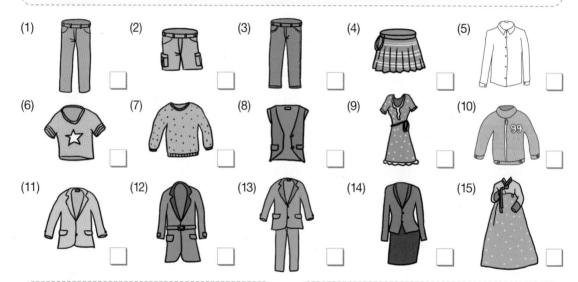

(1)　(2)　(3)　(4)　(5)

(6)　(7)　(8)　(9)　(10)

(11)　(12)　(13)　(14)　(15)

B 신다 Used when wearing an item on one's feet.

ⓐ 구두 dress shoes　ⓑ 운동화 sneakers

ⓒ 부츠 boots　ⓓ 슬리퍼 slippers

ⓔ 샌들 sandles　ⓕ 스타킹 stockings, leggings, pantyhose

ⓖ 양말 socks

C 쓰다 Used when wearing an item on one's head or face.

ⓐ 모자 cap, hat　ⓑ 털모자 wool/fur hat

ⓒ 안경 glasses　ⓓ 선글라스 sunglasses

ⓔ 마스크 mask

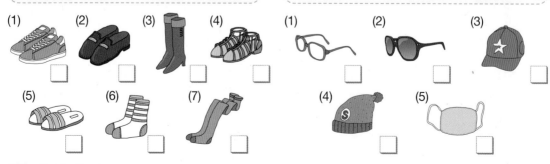

(1)　(2)　(3)　(4)　　(1)　(2)　(3)

(5)　(6)　(7)　　(4)　(5)

D 하다 Used when wearing an accessory.

ⓐ 목걸이 necklace   ⓑ 목도리 winter scarf, muffler

ⓒ 귀걸이 earring   ⓓ 스카프 scarf

ⓔ 팔찌 bracelet   ⓕ 넥타이 tie

E 끼다 Used when wearing an accessory that must be "inserted."

ⓐ 장갑 gloves

ⓑ 콘택트렌즈 contact lens

ⓒ 반지 ring

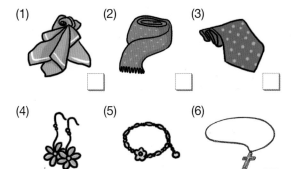

(1) (2) (3)

(1) (2) (3)

(4) (5) (6)

귀고리 = 귀걸이

Tip
The marker 에 is used to wear stuff in the body part.
Ex. 오른손에 반지를 끼고 있어요.
I am wearing a ring on my right hand.

F 차다 Used when wrapping an item around a part of the body.

ⓐ 벨트 belt   ⓑ 시계 watch

(1) (2)

Activity

Choose the correct answer according to each picture.

Track 192

(1) 여자는 우산을   ⓐ 쓰고 있어요.
　　　　　　　　　 ⓑ 쓰고 있지 않아요.

(2) 남자는 운동화를   ⓐ 신고 있어요.
　　　　　　　　　　 ⓑ 신고 있지 않아요.

(3) 여자는 시계를   ⓐ 차고 있어요.
　　　　　　　　　 ⓑ 차고 있지 않아요.

(4) 남자는 청바지를   ⓐ 입고 있어요.
　　　　　　　　　　 ⓑ 입고 있지 않아요.

(5) 여자는 목도리를   ⓐ 하고 있어요.
　　　　　　　　　　 ⓑ 하고 있지 않아요.

(6) 남자는 장갑을   ⓐ 끼고 있어요.
　　　　　　　　　 ⓑ 끼고 있지 않아요.

Seasons

Vocabulary

1 Match each related item.

Track 193

(1)

(2)

(3)

(4)

| 3월 ~ 5월 | 6월 ~ 8월 | 9월 ~ 11월 | 12월 ~ 2월 |

ⓐ 겨울　　　　ⓑ 여름　　　　ⓒ 봄　　　　ⓓ 가을

2 Listen and repeat the audio.

Track 194

날씨가 어때요?

A 날씨가 추워요.
　It's cold (today).
B 네, 오늘 영하 10도예요.
　Yes, it's –10 degrees today.

A 날씨가 시원해요.
　It's cool (today).
B 네, 오늘 7도예요.
　Yes, it's 7 degrees today.

A 날씨가 더워요.
　It's hot (today).
B 네, 오늘 30도예요.
　Yes, it's 30 degrees today.

−10℃ 　2℃ 　7℃ 　13℃ 　30℃

(1) 춥다
to be cold

(2) 쌀쌀하다
to be chilly

(3) 시원하다
to be cool

(4) 따뜻하다
to be warm

(5) 덥다
to be hot

Tip
When reading temperature, 0 is read as 영 and "–" is read as 영하.

A 날씨가 쌀쌀해요.
　It's chilly (today).
B 네, 오늘 2도예요.
　Yes, it's 2 degrees today.

A 날씨가 따뜻해요.
　It's warm (today).
B 네, 오늘 13도예요.
　Yes, it's 13 degrees today.

Activity 1

Match each related item.

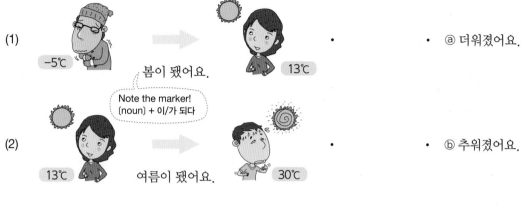

(1)

봄이 됐어요.

Note the marker!
(noun) + 이/가 되다

· @ 더워졌어요.

(2)

· ⓑ 추워졌어요.

여름이 됐어요.

(3)

가을이 됐어요.

· ⓒ 따뜻해졌어요.

(4)

겨울이 됐어요.

· ⓓ 시원해졌어요.

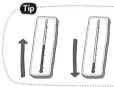

Tip

· 기온이 올라가다 for the temperature to rise
  Ex. 기온이 많이 올라갔어요. The temperature rose by a lot.
· 기온이 내려가다 for the temperature to drop
  Ex. 기온이 조금 내려갔어요. The temperature dropped by a little.

Use −아/어지다 to express
"to become" with adjectives.
Ex. 여름에 더워져요.
It becomes hot in the
summer.

Activity 2

Choose the correct answer.

(1) 보통 한국에서 (ⓐ 8월 / ⓑ 10월)에 시원해요.

(2) 보통 (ⓐ 여름 / ⓑ 가을)에 쌀쌀해요.

(3) 한국에서 (ⓐ 5월 / ⓑ 11월)에 추워져요.

(4) 한국에서 (ⓐ 6월 / ⓑ 10월)에 기온이 올라가요.

(5) 기온이 영하 3도면 날씨가 (ⓐ 더워요 / ⓑ 추워요).

Unit 58 Weather

Vocabulary

Track 197

1 Write the correct letter in each box.

ⓐ 눈   ⓑ 해   ⓒ 비   ⓓ 안개   ⓔ 구름   ⓕ 번개   ⓖ 천둥   ⓗ 바람

(1)
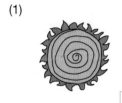

(2)

(3)

(4)

(5)

(6)
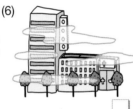

(7)

(8)
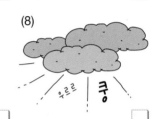

Track 198

2 Write the correct letter in each box.

날씨가 어때요?

(1)

(2)
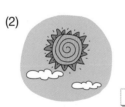

(3)

(4)
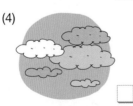

(5)

(6)

ⓐ 맑다 to be clear

ⓑ 흐리다 to be cloudy

ⓒ 비가 오다 to rain

ⓓ 눈이 오다 to snow

ⓔ 바람이 불다 to be windy

ⓕ 안개가 끼다 to be foggy

• 개다 to clear up
• 흐리다 (adjective)
= 구름이 끼다 (verb)

Tip

• 습기가 많다
to be humid

• 건조하다
to be dry

• 습도가 높다
for the humidity
to be high

• 습도가 낮다
for the humidity
to be low

• 소나기 a sudden shower

• 장마 rainy season

Activity 1

Choose the correct answer.

| ⓐ 나다 | ⓑ 치다 | ⓒ 오다 | ⓓ 끼다 | ⓔ 불다 |

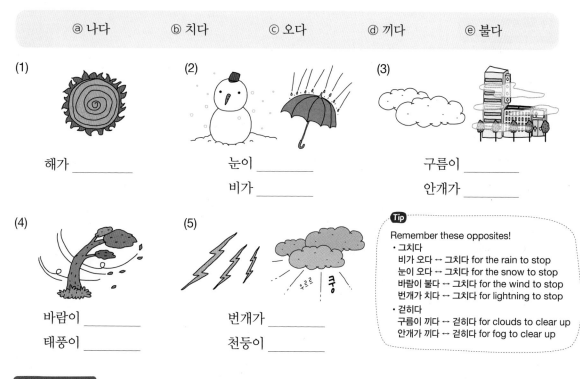

(1)

해가 _____

(2)

눈이 _____

비가 _____

(3)

구름이 _____

안개가 _____

(4)

바람이 _____

태풍이 _____

(5)

번개가 _____

천둥이 _____

Tip

Remember these opposites!
- 그치다
  비가 오다 ↔ 그치다 for the rain to stop
  눈이 오다 ↔ 그치다 for the snow to stop
  바람이 불다 ↔ 그치다 for the wind to stop
  번개가 치다 ↔ 그치다 for lightning to stop
- 걷히다
  구름이 끼다 ↔ 걷히다 for clouds to clear up
  안개가 끼다 ↔ 걷히다 for fog to clear up

Activity 2

Match each situation with its corresponding item.

Track 199

뭐가 필요해요?

(1) 날씨가 더워요.

(2) 비가 와요.

(3) 날씨가 추워요.

(4) 햇빛이 강해요.

ⓐ 선풍기

ⓑ 장갑

ⓒ 선글라스

ⓓ 손수건

ⓔ 코트

ⓕ 비옷

ⓖ 목도리

ⓗ 부채

ⓘ 우산

ⓙ 모자

Unit 59 Animals

Vocabulary

Track 200

1 Write the correct letter in each box.

ⓐ 곰 bear	ⓑ 여우 fox	ⓒ 늑대 wolf	ⓓ 코끼리 elephant
ⓔ 사자 lion	ⓕ 사슴 deer	ⓖ 기린 giraffe	ⓗ 고양이 cat
ⓘ 오리 duck	ⓙ 악어 crocodile	ⓚ 개구리 frog	ⓛ 거북이 turtle

(1)

(2)

(3)

(4)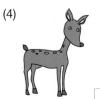

(5)

(6)

(7)

(8)

(9)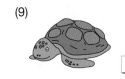

(10)

(11)

(12)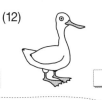

> **Tip**
> 새(bird), 벌레(insect), and 물고기(fish) do not refer to specific animals but rather to generic terms.

2 Write the correct letter in each box.

Track 201

A 개

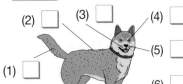

(1) (2) (3) (4) (5) (6)

ⓐ 다리	ⓑ 눈	ⓒ 코
ⓓ 꼬리	ⓔ 털	ⓕ 수염

B 새

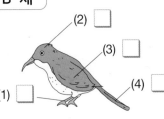

(1) (2) (3) (4)

ⓐ 꼬리	ⓑ 다리
ⓒ 머리	ⓓ 날개

C 물고기

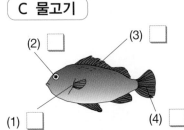

(1) (2) (3) (4)

ⓐ 아가미	ⓑ 지느러미
ⓒ 눈	ⓓ 꼬리

Activity 1

Write the correct letter in each box.

Tip

The Chinese zodiac is also used in Korea and contains twelve animals that represent twelve year cycles. 띠 is used to refer to a zodiac animal. For example, people born in 1996 and 2008 are known as 쥐띠.

ⓐ 뱀   ⓑ 개   ⓒ 말   ⓓ 소   ⓔ 닭   ⓕ 용

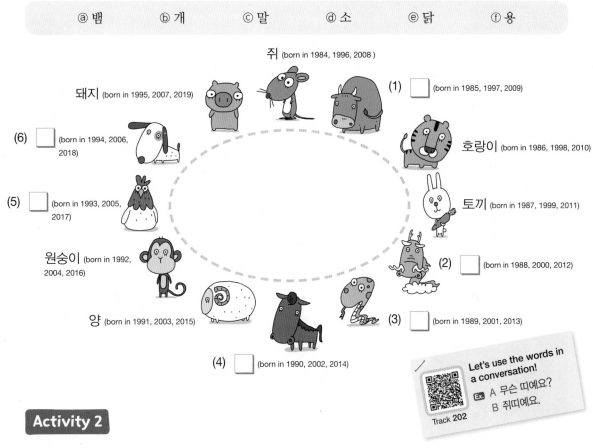

쥐 (born in 1984, 1996, 2008)

(1) ☐ (born in 1985, 1997, 2009)

돼지 (born in 1995, 2007, 2019)

호랑이 (born in 1986, 1998, 2010)

(6) ☐ (born in 1994, 2006, 2018)

토끼 (born in 1987, 1999, 2011)

(5) ☐ (born in 1993, 2005, 2017)

(2) ☐ (born in 1988, 2000, 2012)

원숭이 (born in 1992, 2004, 2016)

양 (born in 1991, 2003, 2015)

(3) ☐ (born in 1989, 2001, 2013)

(4) ☐ (born in 1990, 2002, 2014)

Let's use the words in a conversation!

Ex A 무슨 띠예요?
B 쥐띠예요.

Track 202

Activity 2

Choose the correct animal described in each sentence.

(1) 귀가 길어요.	ⓐ 개	ⓑ 토끼	ⓒ 곰
(2) 목이 길어요.	ⓐ 악어	ⓑ 사자	ⓒ 기린
(3) 다리가 없어요.	ⓐ 뱀	ⓑ 양	ⓒ 쥐
(4) 코가 길어요.	ⓐ 개구리	ⓑ 코끼리	ⓒ 고양이
(5) 나무에 올라가요.	ⓐ 원숭이	ⓑ 돼지	ⓒ 거북이
(6) 빨리 달려요.	ⓐ 돼지	ⓑ 악어	ⓒ 말
(7) 풀을 먹어요.	ⓐ 뱀	ⓑ 소	ⓒ 쥐
(8) 집에서 길러요.	ⓐ 고양이	ⓑ 코끼리	ⓒ 호랑이
(9) 하늘을 날아요.	ⓐ 뱀	ⓑ 말	ⓒ 새
(10) 다리가 두 개예요.	ⓐ 사자	ⓑ 닭	ⓒ 개
(11) 털이 있어요.	ⓐ 개구리	ⓑ 뱀	ⓒ 고양이
(12) 물에서 살아요.	ⓐ 악어	ⓑ 여우	ⓒ 호랑이

The Countryside

Vocabulary

Write the correct letter in each box.

Track 203

(1) ☐	(2) ☐	(3) ☐	(4) ☐	(5) ☐	(6) ☐	(7) ☐	(8) ☐	(9) ☐	(10) ☐
(11) ☐	(12) ☐	(13) ☐	(14) ☐	(15) ☐	(16) ☐	(17) ☐	(18) ☐	(19) ☐	(20) ☐

ⓐ 산 mountain　ⓑ 절 temple　ⓒ 밭 field　ⓓ 언덕 hill　ⓔ 나무 tree

ⓕ 강 river　ⓖ 길 road　ⓗ 숲 forest　ⓘ 호수 lake　ⓙ 바위 rock

ⓚ 꽃 flower　ⓛ 돌 stone　ⓜ 하늘 sky　ⓝ 연못 pond　ⓞ 마을 village

ⓟ 논 rice paddy　ⓠ 풀 grass　ⓡ 시내 stream　ⓢ 폭포 waterfall　ⓣ 절벽 cliff

Activity 1

Write O for the correct sentence or X for the incorrect one.

(1) 새가 하늘을 날아가요. ☐

(2) 말이 울고 있어요. ☐

(3) 닭이 먹고 있어요. ☐

(4) 개가 자고 있어요. ☐

(5) 소가 물을 마시고 있어요. ☐

(6) 고양이가 집 위에 앉아 있어요. ☐

Activity 2

Write the correct letter in each box.

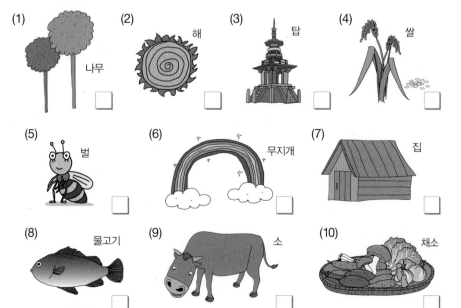

(1) 나무 ☐

(2) 해 ☐

(3) 탑 ☐

(4) 쌀 ☐

(5) 벌 ☐

(6) 무지개 ☐

(7) 집 ☐

(8) 물고기 ☐

(9) 소 ☐

(10) 채소 ☐

ⓐ 논
ⓑ 밭
ⓒ 숲
ⓓ 연못
ⓔ 절
ⓕ 꽃
ⓖ 풀
ⓗ 하늘
ⓘ 마을
ⓙ 폭포

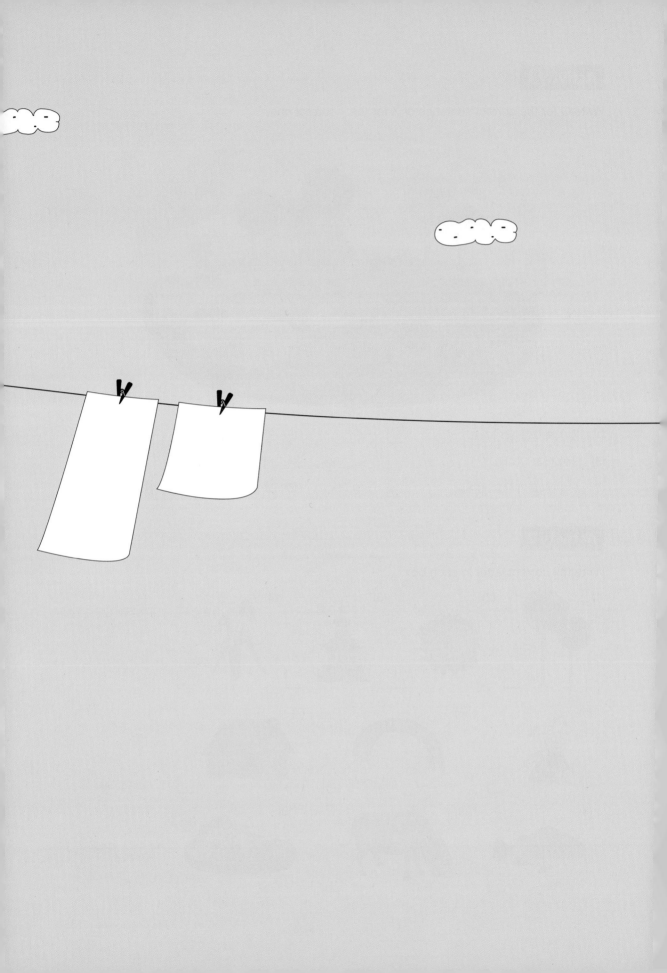

Part ②

Talking about Oneself

Problems

Opposites

Other Verbs

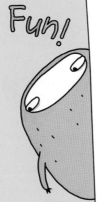

Fun!

Unit 61 Appearance

Let's Learn!

A Hair

(1) Hairstyles

① 생머리 straight hair	② 파마머리 permed hair	③ 곱슬머리 curly hair

Tip
Slightly curly hair is called 반 곱슬머리. 반 is often prefixed to words to mean "half."

(2) Hair Color

① 검은색 머리 black hair	② 갈색 머리 brown hair	③ 금발 머리 blond hair

Be careful!
When speaking of hair:
Ex. 그 사람은 갈색 머리예요. (O)
His hair is brown.
그 사람은 갈색 머리 있어요. (X)

(3) Hair Length

① 긴 머리 long hair	② 짧은 머리 short hair	③ 단발머리 bobbed hair	④ 커트 머리 short hair	⑤ 어깨까지 오는 머리 shoulder-length hair

Tip
Use 이 정도 while pointing to indicate the length at which you want your hair cut.

(4) Parts of the Hair

① 앞머리 bangs	② 옆머리 sides of the hair	③ 뒷머리 back of the hair

(5) Others

① 흰머리 white hair	② 대머리 bald	③ 가발 wig

Tip
Verbs that are related to hair:
• 머리를 자르다 to get a haircut
• 머리를 다듬다 to trim hair
• 염색하다 to dye
Ex. 갈색으로 염색한 머리 brown dyed hair

Tip
The order for describing hair is as follows:
(color) + (length) + (style)
Ex. 검은색 긴 생머리 straight long black hair
갈색 짧은 곱슬머리 curly short brown hair

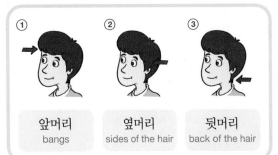

B Face

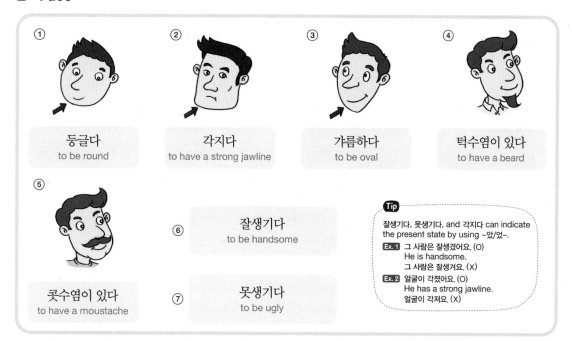

① 둥글다
to be round

② 각지다
to have a strong jawline

③ 갸름하다
to be oval

④ 턱수염이 있다
to have a beard

⑤ 콧수염이 있다
to have a moustache

⑥ 잘생기다
to be handsome

⑦ 못생기다
to be ugly

Tip
잘생기다, 못생기다, and 각지다 can indicate the present state by using –았/었–.
Ex. 1 그 사람은 잘생겼어요. (O)
He is handsome.
그 사람은 잘생겨요. (X)
Ex. 2 얼굴이 각졌어요. (O)
He has a strong jawline.
얼굴이 각져요. (X)

① 남자 얼굴이 **둥글어요**. His face is round.
② 남자 얼굴이 **각졌어요**. He has a strong jawline.
③ 남자 얼굴이 **갸름해요**. He has a oval shaped face.
④ 남자가 **턱수염이 있어요**. He has a beard.
⑤ 남자가 **콧수염이 있어요**. He has a moustache.
⑥ 남자가 **잘생겼어요**. His face is handsome.
⑦ 남자가 **못생겼어요**. His face is ugly.

Be careful!
눈이 크다 (O) to have big eyes
큰 눈이 있다 (X)
Ex. 친구가 눈이 커요. (O)
My friend has big eyes.
친구가 큰 눈이 있어요. (X)

Tip
• (name)처럼 잘생겼어요.
He is as handsome as (name).
• (name) 같은 얼굴이 인기가 많아요.
Faces like (name)'s are popular.

C Body Physique

① 뚱뚱하다
to be fat

② 보통 체격이다
to have an average body

③ 마르다
to be thin

④ 체격이 좋다
to have a good body

⑤ 날씬하다
to be silm

① 남자가 **뚱뚱해요**. He is fat.
② 남자가 **보통 체격이에요**. He has an average body.
③ 남자가 **말랐어요**. He is thin.
④ 이 남자가 **체격이 좋아요**. This man has a good body.
⑤ 이 여자가 **날씬해요**. This girl is slim.

Be careful!
마르다 can indicate the present state by adding –았/었– to its stem.
Ex. 그 사람은 말랐어요. (O) That person is skinny.
그 사람은 말라요. (X)

D Height

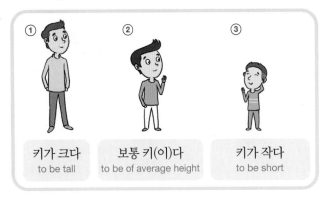

| 키가 크다
to be tall | 보통 키(이)다
to be of average height | 키가 작다
to be short |

① 형이 **키가 커요.** My brother is tall.

② 저는 **보통 키**예요. I am of average height.

③ 동생이 **키가 작아요.**
   My younger brother is short.

Be careful!

In Korean, it is common to describe an action
or state using a predicate or verb phrase rather
than using an adjective.

Ex. 저는 키가 작은 사람이에요. (X)
   저는 작은 키 사람이에요. (X)
   저는 키가 작아요. (O) I am a short person.

E Age

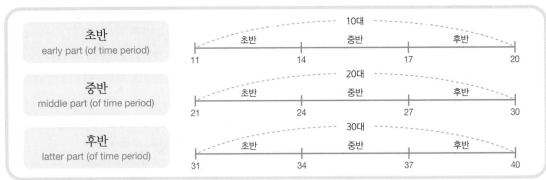

초반 early part (of time period)	10대
중반 middle part (of time period)	20대
후반 latter part (of time period)	30대

12살 → 아이가 **10대 초반**이에요. The kid is in his/her **early teens.**

25살 → 여자가 **20대 중반**이에요. She is in his/her **mid-20s.**

38살 → 남자가 **30대 후반**이에요. He is in his/her **late 30s.**

Tip

General terms for people of different ages

1살 → 아기 baby
7살 → 아이 child
16살 → 청소년 adolescent
31살 → 젊은이 (젊은 사람) young person
75살 → 노인 (나이가 많은 사람)
       elderly person

나이가 들다 to get older

F Others

(1)

동양인
Asian

① 피부가 **하얀 편**이에요. He/She has **light skin.**

② 피부가 **까만 편**이에요. He/She has **dark skin.**

(2)

서양인
Westerner

① **백인** Caucasian (lit. white person)

② **흑인** African (lit. black person)

(3)

혼혈
person of mixed race

① 그 사람은 아버지가 독일인이고 어머니가 한국인
   이에요. His father is German, and his mother is
   Korean.

(4)

교포
refers to a Korean who lives abroad

① **재미 교포** Korean-American

② **재일 교포** Korean-Japanese

③ 그 사람은 **재미 교포**라서 영어하고 한국어를
   둘다 잘해요. That person is a Korean-American so
   they are proficient in both English and Korean.

Quiz Yourself!

1 Match each picture with the correct sentence.

ⓐ ⓑ ⓒ ⓓ ⓔ ⓕ

(1) 금발 머리이고 코가 높고 날씬해요. ☐

(2) 단발머리에 키가 작고 좀 말랐어요. ☐

(3) 머리는 대머리이고 키가 크고 뚱뚱해요. ☐

(4) 10대 후반쯤 됐고 보통 체격의 남자예요. ☐

(5) 갈색 짧은 파마머리에 둥근 얼굴이에요. ☐

(6) 각진 얼굴과 검은색 수염에 눈이 작아요. ☐

2 Complete each conversation.

(1) A 수지가 키가 커요?

B 아니요, _____. 150cm쯤 돼요.

(2) A 민수가 말랐어요?

B 아니요, _____.

몸무게가 100kg가 넘어요.

(3) A 지영이 머리가 길어요?

B 아니요, _____. 커트 머리예요.

(4) A 현기가 못생겼어요?

B 아니요, _____. 영화배우 같아요.

3 Correct each underlined part.

(1) 선생님은 큰 눈 있어요.

(2) 제 친구는 많이 말라요.

(3) 아저씨가 키가 높아요.

(4) 저 배우가 정말 잘생겨요.

(5) 저 사람은 초반 20대 있어요.

(6) 이 사람은 검은색 머리 있어요.

4 Match each question with its corresponding answer.

(1) 수염이 있어요? •

(2) 어떻게 생겼어요? •

(3) 키가 얼마나 돼요? •

(4) 체격이 어때요? •

(5) 머리 모양이 어때요? •

(6) 나이가 얼마나 됐어요? •

• ⓐ 좀 말랐어요.

• ⓑ 165cm쯤 돼요.

• ⓒ 얼굴이 갸름하고 눈이 커요.

• ⓓ 30대 후반쯤 됐어요.

• ⓔ 아니요, 수염이 없어요.

• ⓕ 갈색 긴 파마머리예요.

Let's Learn!

부지런하다
to be diligent
↔
게으르다
to be lazy

욕심이 많다
to be greedy

① ②

③

활발하다
to be outgoing
↔
조용하다
to be quiet

마음이 넓다
to be generous, lenient

④ ⑤

⑥

죄송해요.

괜찮아.

겸손하다
to be modest
↔
거만하다
to be arrogant

이기적이다
to be selfish

⑦ ⑧

한국말 정말
잘해요.

아니요.
잘 못해요.

난 뭐든지
잘해.

⑨

자기만
생각해요.

착하다
to be kind ↔

못되다
to be mean

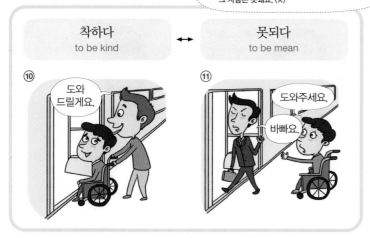

고집이 세다
to be stubborn

인내심이 있다
to be patient ↔

인내심이 없다
to be impatient

성실하다
to be proper, sincere

자신감이 있다
to be confident ↔

자신감이 없다
to be unconfident

솔직하다
to be frank

1 Match each personality with its opposite.

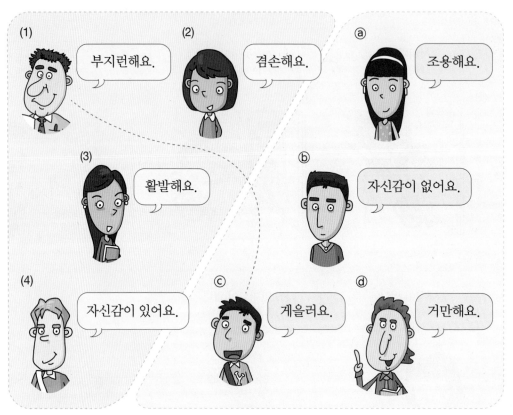

(1) 부지런해요.
(2) 겸손해요.
ⓐ 조용해요.
(3) 활발해요.
ⓑ 자신감이 없어요.
(4) 자신감이 있어요.
ⓒ 게을러요.
ⓓ 거만해요.

2 Choose the correct answer.

(1) (ⓐ 솔직한 / ⓑ 성실한) 사람은 오늘 일을 내일로 미루지 않아요.

(2) (ⓐ 못된 / ⓑ 게으른) 사람은 힘이 없는 사람에게 나쁘게 행동해요.

(3) (ⓐ 겸손한 / ⓑ 조용한) 사람은 혼자 있는 것을 좋아해요.

(4) (ⓐ 착한 / ⓑ 거만한) 사람은 다른 사람을 자주 무시해요.

(5) (ⓐ 활발한 / ⓑ 이기적인) 사람과 같이 있으면 분위기가 밝아요.

(6) (ⓐ 인내심이 있는 / ⓑ 인내심이 없는) 사람은 화가 나도 잘 참아요.

(7) (ⓐ 자신감이 있는 / ⓑ 자신감이 없는) 사람은 사람들 앞에서 말을 잘 안 해요.

(8) (ⓐ 고집이 센 / ⓑ 욕심이 많은) 아이는 자기 음식을 다른 사람과 함께 먹지 않아요.

3 Choose the correct answer to complete each conversation.

> 게으르다　　인내심이 없다　　활발하다　　이기적이다　　성실하다　　착하다

(1) A 저는 진수처럼 ＿＿＿＿＿＿＿ 사람은 처음 봐요.
　　B 맞아요. 진수는 도움이 필요한 사람을 항상 도와줘요.

(2) A 미나는 정말 ＿＿＿＿＿＿＿!
　　B 맞아요, 미나 씨는 기분 나쁜 일이 있으면 바로 화를 내요.

(3) A 현주 동생은 부지런한데 현주는 성격이 반대예요.
　　B 맞아요. 현주는 ＿＿＿＿＿＿＿서 항상 자기 일을 미루고 안 해요.

(4) A 유리는 지각도 안 하고 결석도 안 해요. 숙제도 매일 해요.
　　B 그래요. 유리는 정말 ＿＿＿＿＿＿＿ 것 같아요.

(5) A 민기는 자기 생각만 해요. 다른 사람을 전혀 생각하지 않아요.
　　B 네, 정말 ＿＿＿＿＿＿＿. 그래서 민기하고 같이 일하고 싶지 않아요.

(6) A 문규는 정말 에너지가 많은 것 같아요.
　　B 그렇죠? 문규는 ＿＿＿＿＿＿＿니까 조용한 사람을 만나면 지루해 할 거예요.

4 Match each personality with its corresponding description to complete each sentence.

(1) 고집이 센 사람은　　•　　　•　ⓐ 일하기 싫어해요.

(2) 활발한 사람은　　•　　　•　ⓑ 거짓말을 할 수 없어요.

(3) 솔직한 사람은　　•　　　•　ⓒ 집에 혼자 있는 것을 안 좋아해요.

(4) 게으른 사람은　　•　　　•　ⓓ 다른 사람의 얘기를 듣지 않아요.

(5) 착한 사람은　　•　　　•　ⓔ 자기 생활에 만족할 수 없어요.

(6) 욕심이 많은 사람은　•　　　•　ⓕ 다른 사람의 부탁을 잘 거절하지 못해요.

Unit 63 Feelings

Let's Learn!

①

부럽다
to be envious, jealous

② 안녕~ 안녕~

신기하다
to be amazing

③ こんにちは。 السَّلَامُ عَلَيْكُمْ.

대단하다
to be incredible

④

불쌍하다
to be pitable, pitiful

⑤ 일 X, 숙제 X, 약속 X

지루하다
to be boring

⑥

그립다
to miss

⑦

아쉽다
to be a shame, to regret
(missing something)

⑧

싫다
to dislike

① 저기 데이트하는 커플이 정말 **부러워요**.
I am really **envious of** the couple on a date over there.

② 말하는 앵무새가 진짜 **신기해요**.
The talking parrot **is** very **amazing**.

③ 제 친구는 여러 나라 말을 할 줄 알아요. 친구가 정말 **대단해요**.
My friend can speak several languages. He **is** really **incredible**.

④ 어렵게 살고 있는 아이들이 **불쌍해요**.
I **pity** the children who are living hard lives.

⑤ 주말에 일도 숙제도 약속도 없어요. 이런 생활이 **지루해요**.
I don't have any homework or appointments this weekend. This kind of life **is boring**.

⑥ 가족이 멀리 떨어져 살고 있어요. 가족이 **그리워요**.
I am living far from my family. I **miss** them.

⑦ 여행이 정말 재미있는데 이제 집에 돌아가야 해요. **아쉬워요**.
This trip is really fun, but I have to return home now. It's **a shame** I have to leave.

⑧ 옆에서 너무 시끄럽게 얘기해요. 진짜 **싫어요**.
They are talking very loudly beside me. I really **dislike** it.

> **Be careful!**
> When speaking subjectively of feelings, use 친구가 부러워요.
> When describing a feeling objectively, use 친구를 부러워해요.

> **Tip**
> These adjectives express the speaker's emotions. However, in Korean, the subject who feels the emotion is often omitted, making the object of the sentence appear as the subject.
> **Ex** (저는) 그 사람이 부러워요.
> I am envious of him.

1 Choose the correct answer.

(1) 수업이 재미없어서 계속 잠이 와요.

너무 (ⓐ 신기해요 / ⓑ 지루해요).

(2) 저 사람은 한국어, 영어, 일본어, 중국어, 프랑스어까지 할 줄 알아요.

정말 (ⓐ 대단해요 / ⓑ 불쌍해요).

(3) 부산에 가면 꼭 회를 먹어 보려고 했는데, 시간이 없어서 못 먹었어요.

진짜 (ⓐ 부러워요 / ⓑ 아쉬워요).

(4) 길거리에서 담배를 피우는 사람을 만나고 싶지 않아요.

그런 사람은 정말 (ⓐ 싫어요 / ⓑ 그리워요).

2 Complete each sentence with the correct answer in the box by matching the letter with the picture.

싫다	그립다	아쉽다	대단하다	불쌍하다	신기하다

(1) ☐ 대학생 때로 다시 돌아가고 싶어요. 그때가 정말 _____.

(2) ☐ 저 사람은 다른 사람의 도움을 받지 않고 혼자 큰 회사를 만들었어요. 정말 _____.

(3) ☐ 저 아이는 항상 우울하고 고민이 많아 보여요. 그런데 도와주는 친구도 없어요.

저 아이가 _____.

(4) ☐ 2살짜리 아기가 벌써 한글을 읽어요. 정말 _____.

(5) ☐ 고향에 돌아가서 옛날 친구를 만나서 재미있게 지냈어요.

이제 고향을 떠나야 해서 _____.

(6) ☐ 저는 노래를 잘 못하는데 한국 친구들이 저한테 자꾸 노래를 시켜요. 정말 _____.

Unit 64 Interpersonal Relationships

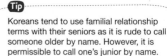

Tip

Koreans tend to use familial relationship terms with their seniors as it is rude to call someone older by name. However, it is permissible to call one's junior by name.

Let's Learn!

A Family and Relatives 1

father's side

① 할아버지 grandfather (86살)
② 할머니 grandmother (88살)

mother's side

③ 외할아버지 grandfather (90살)
④ 외할머니 grandmother (87살)

⑤ 큰아버지 uncle (66살)
⑥ 큰어머니 aunt-in-law (63살)
⑦ 작은아버지 uncle (58살)
⑧ 작은어머니 aunt-in-law (51살)
⑨ 고모 aunt (54살)
⑩ 고모부 uncle-in-law (59살)
⑪ 아버지 (= 아빠) father (64살)
⑫ 어머니 (= 엄마) mother (62살)
⑬ 이모 aunt (64살)
⑭ 이모부 uncle-in-law (66살)
⑮ 외삼촌 uncle (57살)
⑯ 외숙모 aunt-in-law (53살)

⑰ 형 older brother (38살)
⑱ 형수 sister-in-law (38살)
⑲ 누나 older sister (36살)
⑳ 매형 brother-in-law (37살)
㉑ 나 me (34살)
㉒ 아내 wife (32살)
㉓ 남동생 younger brother (30살)
㉔ 제수씨 sister-in-law (31살)
㉕ 사촌 형 older male cousin (39살)
㉖ 사촌 동생 younger cousin (28살)
㉗ 사촌 누나 older female cousin (35살)

㉘ 조카 nephew (14살)
㉙ 조카 nephew (14살)
㉚ 조카 niece (9살)

쌍둥이 twins

Tip
조카 means both nephew and niece.

㉛ 아들 son (8살)
㉜ 딸 daughter (4살)

Tip
- 부모님 → 아버지 + 어머니
- 형제 → 형 + 남동생
- 자매 → 언니 + 여동생
- 부부 → 남편 + 아내
- 아이들 → 아들 + 딸

⑤ 큰아버지 father's older brother
⑥ 큰어머니 wife of father's older brother
⑦ 작은아버지 father's younger brother
⑧ 작은어머니 wife of father's younger brother
⑨ 고모 sister of father
⑩ 고모부 husband of aunt (sister of father)
⑬ 이모 sister of mother
⑭ 이모부 husband of aunt (sister of mother)
⑮ 외삼촌 brother of mother
⑯ 외숙모 wife of uncle (brother of mother)
⑱ 형수 older brother's wife
⑳ 매형 older sister's husband
㉔ 제수씨 younger brother's wife

B Family and Relatives 2

(1)

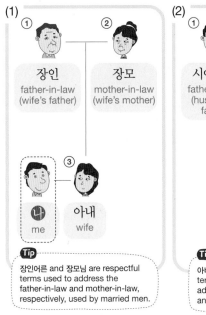

① 장인
father-in-law
(wife's father)

② 장모
mother-in-law
(wife's mother)

③ 나
me

아내
wife

Tip
장인어른 and 장모님 are respectful
terms used to address the
father-in-law and mother-in-law,
respectively, used by married men.

(2)

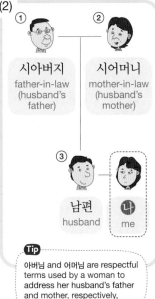

① 시아버지
father-in-law
(husband's
father)

② 시어머니
mother-in-law
(husband's
mother)

③ 남편
husband

나
me

Tip
아버님 and 어머님 are respectful
terms used by a woman to
address her husband's father
and mother, respectively,

(3)

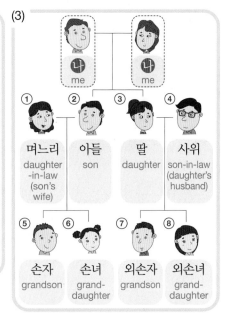

나
me

나
me

① 며느리
daughter
-in-law
(son's
wife)

② 아들
son

③ 딸
daughter

④ 사위
son-in-law
(daughter's
husband)

⑤ 손자
grandson

⑥ 손녀
grand-
daughter

⑦ 외손자
grandson

⑧ 외손녀
grand-
daughter

C Colleagues

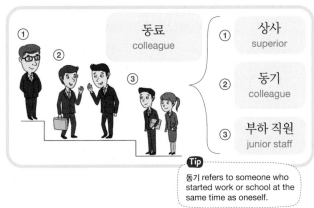

동료
colleague

① 상사
superior

② 동기
colleague

③ 부하 직원
junior staff

Tip
동기 refers to someone who
started work or school at the
same time as oneself.

D Friends

best friend:
제일 친구 (X)
제일 친한 친구 (O)

① 친한 친구
close friend

② 여자 친구
girlfriend

③ 남자 친구
boyfriend

Tip
• 반 친구 classmate
• 방 친구 roommate
• 전(옛날) 여자 친구 ex-girlfriend
• 전(옛날) 남자 친구 ex-boyfriend

E Addressing Strangers

Koreans sometimes call non-family members by familial relationship terms.

① 할아버지 male (70 years or older)

② 할머니 female (70 years or older)

③ 아저씨 male (middle-aged, married)

④ 아줌마 female (middle-aged, married)

Tip
• 오빠 is used by women to refer to older brothers or slightly
  older male friends/celebrities.
• 언니 is used by women to refer to older sisters or slightly
  older female friends/acquaintances in order to emphasize
  a close and friendly relationship in social situations.

1 Classify the following words according to the given category below.

할아버지	아저씨	딸	아내	엄마	이모	조카
장모	사위	며느리	삼촌	손녀	고모	할머니
아들	동생	형	손자	아빠	남편	누나

(1)

① Male	② Female	③ Lack of Gender Differentiation

(2)

① Older or of Higher Rank	② Younger or of Similar/Lower Rank

2 Match each word with its counterpart of the opposite sex.

(1) 남편 •　　　　　　　　　　　• ⓐ 사위

(2) 이모 •　　　　　　　　　　　• ⓑ 아내

(3) 아들 •　　　　　　　　　　　• ⓒ 장모

(4) 딸 •　　　　　　　　　　　• ⓓ 할머니

(5) 장인 •　　　　　　　　　　　• ⓔ 이모부

(6) 할아버지 •　　　　　　　　　　• ⓕ 며느리

3 Correct each underlined word with a word in the box.

부부	부모님	동료	형제

(1) 아버지와 어머니는 <u>동료</u>예요.　　　　　　　　_____예요/이에요.

(2) 남편하고 아내는 <u>형제</u>예요.　　　　　　　　_____예요/이에요.

(3) 형하고 남동생은 <u>부부</u>예요.　　　　　　　　_____예요/이에요.

(4) 상사하고 부하 직원은 <u>부모님</u>이에요.　　　_____예요/이에요.

4 Select the one that does not belong with the others.

(1)　ⓐ 아빠　　　ⓑ 이모부　　ⓒ 어머니　　ⓓ 시아버지

(2)　ⓐ 이모　　　ⓑ 고모　　　ⓒ 남편　　　ⓓ 외숙모

(3)　ⓐ 조카　　　ⓑ 딸　　　　ⓒ 손자　　　ⓓ 장인

(4)　ⓐ 부모님　　ⓑ 아이들　　ⓒ 형　　　　ⓓ 부부

(5)　ⓐ 삼촌　　　ⓑ 엄마　　　ⓒ 고모　　　ⓓ 이모

(6)　ⓐ 상사　　　ⓑ 가족　　　ⓒ 동료　　　ⓓ 부하 직원

5 Fill in each blank with the correct answer.

(1) 어머니의 여자 자매를 _____(이)라고 불러요.

(2) 아버지와 어머니를 합쳐서 _____(이)라고 해요.

(3) 딸의 남편을 _____(이)라고 해요.

(4) 형제나 자매의 아이들을 _____(이)라고 해요.

(5) 남편의 어머니를 _____(이)라고 해요.

(6) 어렸을 때 어머니를 _____(이)라고 불러요.

(7) 아들이나 딸의 아들을 _____(이)라고 해요.

(8) 아버지의 형을 _____(이)라고 불러요.

(9) 아들의 아내를 _____(이)라고 해요.

(10) 이모나 고모, 삼촌의 자식을 _____(이)라고 불러요.

Unit 65 · Life

Let's Learn!

The Life Cycle

①

태어나다
to be born

②

자라다
to grow up

③

학교에 다니다
to attend school

> **Tip**
> · 입학하다 to enter school
> · 졸업하다 to graduate

⑥

결혼하다
to get married

> **Tip**
> · 결혼식을 하다
>   to have a wedding
> · 신혼여행을 가다
>   to go on one's honeymoon
> · 이혼하다 to get divorced

⑤

데이트하다
to go on a date

> **Tip**
> · 을/를 사귀다 to date
> **Ex.** 남자/여자 친구를 사귀어요.
>   I'm having a boyfriend/
>   girlfriend.
> · 하고 연애하다 to be dating
> · 하고 헤어지다 to break up with

④

취직하다
to get a job

> **Tip**
> · 회사에 다니다 to work in a company
> · 출근하다 to go to work
>   ↔ 퇴근하다 to leave work
> · 승진하다 to be promoted
> · 회사를 옮기다 to switch companies
> · 회사를 그만두다 to quit a company
> · 퇴직하다 to retire from a company

⑦

아이를 낳다
to give birth to a baby

⑧

아이를 기르다
to raise a child

> **Tip**
> 아이를 기르다
> = 아이를 키우다

⑨

죽다
to die

> **Tip**
> · 사고가 나다 for an accident to happen
> · 병에 걸리다 to fall ill
> · 장례식을 하다 to hold a funeral

Quiz Yourself!

1 Write the antonym of each word.

(1) 출근 ↔ _____   (2) 취직 ↔ _____

(3) 입학 ↔ _____   (4) 결혼 ↔ _____

2 Select the answer that does not fit to complete each sentence.

(1)
ⓐ 학교 ☐
ⓑ 일 ☐
ⓒ 회사 ☐
ⓓ 학원 ☐
에 다녀요.

(2)
ⓐ 이민 ☐
ⓑ 출장 ☐
ⓒ 출근 ☐
ⓓ 유학 ☐
을/를 가요.

(3) 아이를
ⓐ 자라요. ☐
ⓑ 낳아요. ☐
ⓒ 길러요. ☐
ⓓ 돌봐요. ☐

(4) 회사를
ⓐ 옮겨요. ☐
ⓑ 그만둬요. ☐
ⓒ 퇴직해요. ☐
ⓓ 취직해요. ☐

3 Choose the correct answer according to the picture.

28살

10년 전에 대학교를 (1) (ⓐ 입학 / ⓑ 졸업)했어요. 그때 제 나이가
(2) (ⓐ 스물 여섯 / ⓑ 스물 여덟) 살이었어요. 2년 동안 준비해서 서른 살 때
(3) (ⓐ 취직 / ⓑ 퇴직)했어요. 그리고 작년에 결혼했어요. (4) (ⓐ 신랑 / ⓑ 신부)가
너무 예뻤어요. 올해 아이를 낳아서 잘 (5) (ⓐ 자라고 / ⓑ 키우고) 싶어요.
회사에서 열심히 일하면 내년에는 (6) (ⓐ 승진 / ⓑ 출근)할 수 있을 거예요.

38살

Injuries

Let's Learn!

다쳤어요!

① 다리가 부러졌어요. I broke my leg.

② 발목이 삐었어요. I sprained my ankle.

③ 발이 부었어요. My foot is swollen.

④ 손가락이 베였어요. I cut my finger.

⑤ 손이 데었어요. I burned my hand.

⑥ 손가락이 찔렸어요. I stabbed my finger.

⑦ 무릎이 까졌어요. I scraped my knee.

⑧ 눈이 멍들었어요. I have a bruise on my eye.

Tip
The marker 을/를 is used before 다치다.
Ex 팔을 다쳤어요. (O) I hurt my arm.
팔이 다쳤어요. (X)

Quiz Yourself!

1 Choose the correct answer according to each picture.

(1)
ⓐ 부러졌어요. ☐
ⓑ 멍들었어요. ☐

(2)
ⓐ 부었어요. ☐
ⓑ 찔렸어요. ☐

(3)
ⓐ 삐었어요. ☐
ⓑ 베였어요. ☐

(4)
ⓐ 까졌어요. ☐
ⓑ 데었어요. ☐

2 Complete each sentence with the correct injured body part, cause of injury, and injury.

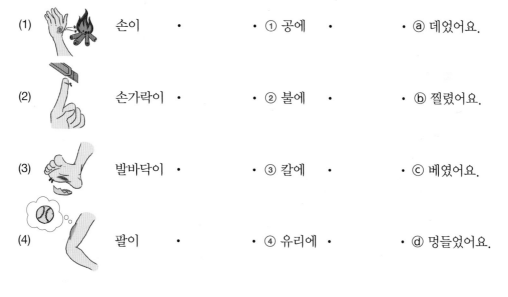

(1) 손이 • • ① 공에 • • ⓐ 데었어요.

(2) 손가락이 • • ② 불에 • • ⓑ 찔렸어요.

(3) 발바닥이 • • ③ 칼에 • • ⓒ 베였어요.

(4) 팔이 • • ④ 유리에 • • ⓓ 멍들었어요.

3 Choose the correct answer.

(1) 친구하고 싸울 때 많이 맞아서 눈이 파랗게 (ⓐ 부었어요 / ⓑ 멍들었어요).

(2) 넘어졌는데 다리가 (ⓐ 베였어요 / ⓑ 부러졌어요). 병원에서 깁스해야 해요.

(3) 뜨거운 물을 실수로 쏟았어요. 그래서 팔이 (ⓐ 데었어요 / ⓑ 까졌어요).

(4) 테니스를 하다가 발목이 조금 (ⓐ 삐었어요 / ⓑ 찔렸어요). 오늘 쉬면 괜찮을 거예요.

Unit 67　Medical Treatment

Let's Learn!

A　Methods of Treatment

① 약을 먹다
to take medicine

② 약을 넣다
to use eye drops

③ 약을 바르다
to apply medicine

④ 약을 뿌리다
to spray medicine

⑤ 반창고를 붙이다
to apply a bandage

⑥ 파스를 붙이다
to apply a medicated patch

⑦ 주사를 맞다
to get a shot

⑧ 침을 맞다
to get acupuncture

⑨ 소독하다
to disinfect

⑩ 찜질하다
to apply a hot pack

⑪ 얼음찜질하다
to apply an ice pack

B　Types of Clinics/Departments

① 치과 dentistry
② 소아과 pediatrics
③ 내과 internal medicine
④ 외과 (department of) surgery
⑤ 산부인과 obstetrics
⑥ 피부과 dermatology
⑦ 안과 ophthalmology
⑧ 이비인후과 ENT (ear, nose, and throat)
⑨ 정형외과 orthopedics
⑩ 성형외과 plastic surgery
⑪ 응급실 emergency room
⑫ 한의원 oriental medical clinic

Quiz Yourself!

1 Choose the correct answer.

(1) 반창고를 ⓐ 바르다 ☐
           ⓑ 붙이다 ☐

(2) 침을 ⓐ 맞다 ☐
        ⓑ 하다 ☐

(3) 모기약을 ⓐ 먹다 ☐
           ⓑ 뿌리다 ☐

(4) 얼음찜질을 ⓐ 넣다 ☐
             ⓑ 하다 ☐

2 Match each symptom with its appropriate medical treatment.

(1) 어깨가 아파요.
(2) 팔이 부러졌어요.
(3) 모기에게 물렸어요.
(4) 감기에 걸렸어요.
(5) 무릎이 까졌어요.
(6) 발목을 삐었어요.

ⓐ 깁스 하세요.
ⓑ 얼음찜질 하세요.
ⓒ 주사를 맞으세요.
ⓓ 파스를 붙이세요.
ⓔ 반창고를 붙이세요.
ⓕ 모기약을 바르세요.

3 Fill in each blank with the correct answer in the box.

치과	내과	안과	피부과	소아과	정형외과

(1) 가려워요. 그러면 _____ 에 가 보세요.

(2) 눈이 아파요. 그러면 _____ 에 가 보세요.

(3) 이가 아파요. 그러면 _____ 에 가 보세요.

(4) 아이가 아파요. 그러면 _____ 에 가 보세요.

(5) 감기에 걸렸어요. 그러면 _____ 에 가 보세요.

(6) 다리가 부러졌어요. 그러면 _____ 에 가 보세요.

Household Problems

Let's Learn!

문제가 생겼어요!

> **Tip**
> Use the following expressions when it is difficult to describe exactly how something broke.
> **Ex.** 고장 났어요. It's broken.
> 안 돼요. It doesn't work.

① 물이 안 나와요. The water is not running.

② 파이프에서 물이 새요. The pipe is leaking.

③ 변기가 막혔어요. The toilet is clogged.

④ 의자 다리가 부러졌어요. The chair leg is broken.

⑤ 창문이 깨졌어요. The window is broken.

⑥ 액자가 떨어졌어요. The picture frame fell.

⑦ 불이 안 켜져요. The light won't turn on.

⑧ 불이 안 꺼져요. The light won't turn off.

⑨ 보일러가 얼었어요. The boiler is frozen.

⑩ 창문이 안 열려요. The door won't open.

⑪ 문이 안 잠겨요. The door won't lock.

⑫ 벌레가 나와요. There are bugs.

> **Be careful!**
> "Broken" can be translated differently depending on the context.
> 고장 나다: when a machine or appliance does not work
> 깨지다: when a solid object breaks into multiple pieces (ex. glass, a plate...)
> 부러지다: when a solid object bends and breaks into two (ex. a stick, a pencil...)

> **Tip**
> The two following verbs are used slightly differently.
> 수리하다: to repair an appliance, machine, or device
> 고치다: 1. to fix an appliance, machine, or device
> 2. to cure an illness

> **Tip**
> To inquire about a fee:
> A 수리비가 얼마나 들었어요? How much was the repair fee?
> B 10만 원 들었어요. It was 100,000 won

158 Part 2 · Problems

Quiz Yourself!

1 Choose the correct marker according to each verb.

(1) 의자 다리(ⓐ 가 / ⓑ 를) 부러졌어요.

(2) 뜨거운 물(ⓐ 이 / ⓑ 을) 안 나와요.

(3) 창문(ⓐ 을 / ⓑ 이) 고장 나서 안 열려요.

(4) 액자(ⓐ 가 / ⓑ 를) 떨어졌어요.

2 Choose the correct answer to complete each sentence.

(1) 물이 안 ⓐ 켜져요. ☐
　　　　　ⓑ 나와요. ☐

(2) 변기가 ⓐ 막혔어요. ☐
　　　　　ⓑ 떨어졌어요. ☐

(3) 불이 안 ⓐ 잠겨요. ☐
　　　　　ⓑ 꺼져요. ☐

(4) 창문이 안 ⓐ 열려요. ☐
　　　　　　ⓑ 얼었어요. ☐

(5) 벌레가 ⓐ 새요. ☐
　　　　　ⓑ 나와요. ☐

(6) 창문이 ⓐ 깨졌어요. ☐
　　　　　ⓑ 부러졌어요. ☐

3 Match each question with its corresponding answer.

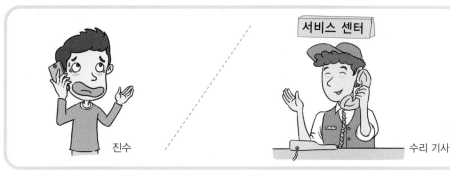

진수　　　　　　　　　　수리 기사

(1) 수리비가 얼마나 들어요? •　　　　• ⓐ 아니요, 이번이 처음이에요.

(2) 무슨 문제예요? •　　　　　　• ⓑ 3일 됐어요.

(3) 어디세요? •　　　　　　　　• ⓒ 변기가 고장 났어요.

(4) 전에도 그랬어요? •　　　　　• ⓓ 여기는 한국아파트 3동 201호예요.

(5) 언제부터 그랬어요? •　　　　• ⓔ 5만 원쯤 들어요.

Unit 69

Everyday Problems

무슨 일이 있어요?

① 길이 막혀요. There is traffic.

② 교통사고가 났어요. There was a car accident.

③ 시험에서 떨어졌어요. I failed my test.

④ 돈이 다 떨어졌어요. I ran out of money.

⑤ 약속에 늦었어요. I was late to my appointment.

⑥ 친구하고 싸웠어요. I fought with my friend.

⑦ 여자 친구하고 헤어졌어요. I broke up with my girlfriend.

⑧ 노트북이 고장 났어요. My laptop broke.

⑨ 지갑을 잃어버렸어요. I lost my wallet.

⑩ 비밀번호를 잊어버렸어요. I forgot my password/PIN number.

⑪ 회사에서 해고됐어요. I was fired from my job.

⑫ 할머니께서 돌아가셨어요. My grandmother passed away.

Be careful!
떨어지다 has several meanings!
1. to fail
2. to run out/exhaust

Be careful!
Note the pronunciation and spelling!
• 잃어버리다 [이러버리다] to lose
• 잊어버리다 [이저버리다] to forget

Be careful!
Note the difference in meaning!
• 잃어버리다 to lose
• 도둑을 맞다 to be robbed/mugged

Quiz Yourself!

1 Select the answer that does not fit to complete each sentence.

(1)
ⓐ 가족 ☐
ⓑ 모임 ☐
ⓒ 친구 ☐
ⓓ 동료 ☐
하고 싸웠어요.

(2)
ⓐ 약속 ☐
ⓑ 수업 ☐
ⓒ 친구 ☐
ⓓ 회의 ☐
에 늦었어요.

(3)
ⓐ 눈 ☐
ⓑ 물 ☐
ⓒ 돈 ☐
ⓓ 배터리 ☐
이/가 떨어졌어요.

(4)
ⓐ 냉장고 ☐
ⓑ 어머니 ☐
ⓒ 다리미 ☐
ⓓ 세탁기 ☐
이/가 고장 났어요.

(5)
ⓐ 할아버지 ☐
ⓑ 할머니 ☐
ⓒ 아버지 ☐
ⓓ 며느리 ☐
께서 돌아가셨어요.

(6)
ⓐ 이름 ☐
ⓑ 가방 ☐
ⓒ 여권 ☐
ⓓ 지갑 ☐
을/를 잃어버렸어요.

2 Choose the correct sentence.

(1) ⓐ 길이 너무 막혀요.　　　　☐　빨리 병원에 가야 해요.
　　 ⓑ 교통사고가 났어요.　　　☐

(2) ⓐ 노트북이 고장 났어요.　　☐　노트북을 수리해야 해요.
　　 ⓑ 노트북을 잃어버렸어요.　☐

(3) ⓐ 친구가 약속에 늦었어요.　☐　그 친구를 위로해야 해요.
　　 ⓑ 친구가 시험에 떨어졌어요.☐

(4) ⓐ 여자 친구하고 헤어졌어요.　　☐　친구에게 다시 물어봐야 해요.
　　 ⓑ 친구 전화번호를 잊어버렸어요.☐

(5) ⓐ 친구와 크게 싸웠어요.　　　☐　친구에게 사과해야 해요.
　　 ⓑ 친구가 회사에서 해고됐어요.☐

Unit 70 Problematic Situations

Let's Learn!

Tip
Note the opposite pairs:
- 흰머리가 생겼어요. for white hair to appear
  ↔ 흰머리가 없어졌어요. for white hair to disappear
- 살이 쪘어요. I gained weight.
  ↔ 살이 빠졌어요. I lost weight.

A Body Issues

   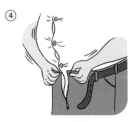

① 머리가 자꾸 빠져요. My hair keeps falling out. ② 흰머리가 많이 생겼어요. A lot of white hairs have appeared.

③ 주름살이 생겼어요. Wrinkles have appeared. ④ 살이 쪘어요. I have gained weight.

B Problems in the City

Tip
Both "many" and "much" are translated as 많다.
Ex. 자동차가 많이 있어요. There are many cars.
범죄가 많이 있어요. There is much crime.

① 길이 많이 막혀요. I'm very stuck in traffic. ② 사람이 너무 많아요. There are too many people.

③ 공기가 나빠요. The air is bad. ④ 주차장이 너무 부족해요. The parking lot is too crowded.

Tip
길이 막혀요. I'm stuck in traffic.
= 차가 밀려요. There is a traffic jam with lots of cars.
= 교통이 복잡해요. The traffic is congested.

C Problems at Work

① 동료하고 사이가 안 좋아요. I have bad relations with my coworker. ② 월급이 안 올라요. They won't raise my pay.

③ 승진이 안 돼요. They won't promote me. ④ 일이 너무 많아요. There is too much work.

D Health Problems

① 체했어요. I have indigestion.
③ 가려워요. (Something) is itchy.

② 어지러워요. I am dizzy.
④ 답답해요. I feel congested.

E Accidents and Mistakes

① 물을 쏟았어요. I spilled some water.
③ 발을 밟았어요. I stepped on someone's foot.

② 옷에 커피를 흘렸어요. I spilled coffee on my clothes.
④ 길을 잃어버렸어요. I got lost.

> **Tip**
> Use 실수로 to mean "by accident" or "accidentally."
> **Ex.** 실수로 다른 사람의 발을 밟았어요. I accidentally stepped on someone's foot.

F The Adverb 잘못

The adverb 잘못 indicates a mistake when used with a verb.
It can be interpreted as the prefix "mis-."

> **Tip**
> • 실수하다: to make a mistake (more literal)
> • 잘못하다: to make a mistake (also used when doing something that offends someone)

잘못 말하다	① "마크"를 "마이클"이라고 잘못 말했어요. I misspoke Mark's name as "Michael."
잘못 듣다	② "7"시를 "8"시로 잘못 들었어요. I misheard 7:00 as 8:00.
잘못 보다	③ "1"시를 "2"시로 잘못 봤어요. I mistook 1:00 as 2:00.
잘못 알다	④ 이 집이 진수 집인데 민수 집이라고 잘못 알고 있었어요. This is Jinsu's house, but I thought it was Minsu's.
잘못 걸다	⑤ 전화 잘못 거셨어요. You have dialed the wrong number.

1 Select the answer that does not fit to complete each sentence.

(1)

ⓐ 나이 ☐ 이/가 생겼어요.
ⓑ 고민 ☐
ⓒ 흰머리 ☐
ⓓ 주름살 ☐

(2)

ⓐ 교통 ☐ 이/가 나빠요.
ⓑ 얼굴 ☐
ⓒ 기분 ☐
ⓓ 공기 ☐

(3)

ⓐ 살 ☐ 이/가 빠졌어요.
ⓑ 이 ☐
ⓒ 머리 ☐
ⓓ 건강 ☐

(4)

ⓐ 이름 ☐ 을/를 잘못 봤어요.
ⓑ 소리 ☐
ⓒ 번호 ☐
ⓓ 사진 ☐

2 Choose the correct answer.

(1) 누가 주름살이 생겨요?
　　ⓐ 아기　　　　　　　ⓑ 아이　　　　　　　ⓒ 노인

(2) 어디가 공기가 나빠요?
　　ⓐ 시골　　　　　　　ⓑ 도시　　　　　　　ⓒ 바다

(3) 왜 승진이 안 돼요?
　　ⓐ 열심히 일해요.　　ⓑ 일을 잘 못해요.　　ⓒ 월급이 안 올라요.

(4) 어지러우면 어때요?
　　ⓐ 밥을 먹고 싶어요.　ⓑ 책을 읽을 수 있어요.　ⓒ 걸을 수 없어요.

(5) 언제 체해요?
　　ⓐ 음식을 빨리 먹어요.　ⓑ 사람이 많아요.　　ⓒ 물을 쏟았어요.

(6) 길을 잃어버렸을 때 뭐가 필요해요?
　　ⓐ 우산　　　　　　　ⓑ 지도　　　　　　　ⓒ 부채

3 Match each situation with its corresponding conversation.

(1) 단어를 잘못 썼어요.

ⓐ 진수 지민 씨, 안녕하세요?
　 민지 제 이름은 민지인데요.

(2) 이름을 잘못 불렀어요.

ⓑ 민지 진호한테 이번 모임을 전했죠?
　 진수 네? 민호한테 이번 모임을 말했는데요?

(3) 약속 시간을 잘못
　 알았어요.

ⓒ 민지 회의 장소는 12층 회의실이에요.
　 진수 네? 11층 회의실이라고요?

(4) 회의 장소를 잘못
　 들었어요.

ⓓ 민지 3시 약속인데 왜 아직 안 와요?
　 진수 3시요? 4시 아니에요?

(5) 다른 사람한테 잘못
　 말했어요.

ⓔ 민지 진수 씨, "학고"가 아니라 "학교"라고 쓰세요.
　 진수 그래요? 실수했네요.

(6) 다른 사람한테 편지를
　 잘못 보냈어요.

ⓕ 민지 민기한테 편지를 보냈어요?
　 진수 네? 저는 수지한테 편지를 보냈는데요?

4 Match each condition with its corresponding result to complete each sentence.

(1) 옷에 커피를 흘리면　　　　·

(2) 밤에 음식을 많이 먹으면　·

(3) 친구의 이름을 잘못 부르면 ·

(4) 동료하고 사이가 안 좋으면 ·

(5) 길이 너무 막히면　　　　·

(6) 너무 많이 가려우면　　　·

· ⓐ 약을 발라요.

· ⓑ 지하철을 타면 좋아요.

· ⓒ 살이 많이 찔 거예요.

· ⓓ 옷을 빨아야 해요.

· ⓔ 회사 분위기가 안 좋아요.

· ⓕ 친구가 기분 나빠해요.

Opposite Adverbs 1

Let's Learn!

(1)

잘 well	↔	못 can't

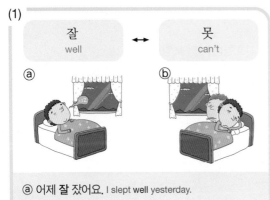

ⓐ 어제 **잘** 잤어요. I slept **well** yesterday.
ⓑ 어제 잘 **못** 잤어요. I **couldn't** sleep well yesterday.

(2)

많이 many	↔	조금 few

ⓐ 친구가 **많이** 있어요. I have **many** friends.
ⓑ 친구가 **조금** 있어요. I have **few** friends.

> **Be careful!**
> Note the pronunciation!
> 많이 [마니]

(3)

빨리 quickly	↔	천천히 slowly

ⓐ 보통 **빨리** 운전해요. I usually drive **quickly**.
ⓑ 보통 **천천히** 운전해요. I usually drive **slowly**.

(4)

일찍 early	↔	늦게 late

ⓐ 보통 **일찍** 일어나요. I usually get up **early**.
ⓑ 보통 **늦게** 일어나요. I usually get up **late**.

(5)

잠깐 briefly	↔	오래 for a long time

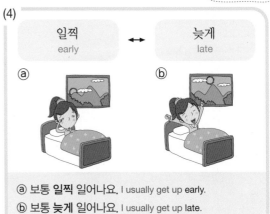

ⓐ **잠깐** 전화했어요. I **briefly** talked on the phone.
ⓑ **오래** 전화했어요. I talked on the phone **for a long time**.

(6)

함께 together	↔	혼자 alone

ⓐ 보통 가족하고 **함께** 식사해요.
I usually eat (**together**) with my family.
ⓑ 보통 **혼자** 식사해요. I usually eat **alone**.

Quiz Yourself!

1 Match each adverb with its opposite.

(1) 빨리   (2) 혼자   (3) 잘   (4) 잠깐   (5) 많이   (6) 늦게

ⓐ 못   ⓑ 함께   ⓒ 천천히   ⓓ 조금   ⓔ 일찍   ⓕ 오래

2 Choose the correct answer in the box to complete each sentence.

| 빨리 | 잘 | 일찍 | 오래 | 혼자 | 많이 |

(1)

보통 _____ 여행 가요.

(2)

요리를 _____ 못해요.

(3)

_____ 컴퓨터를 해서 어깨가 아파요.

(4)

아까 _____ 집을 청소했어요.

(5)

_____ 먹어서 배가 불러요.

(6)

보통 약속 시간에 _____ 나가요.

3 Fill in each blank with the opposite word to each underlined adverb.

(1) 매일 약속에 <u>늦게</u> 갔지만, 오늘은 _____ 갔어요.

(2) 짐이 무거우니까 <u>많이</u> 들지 마세요. _____ 들고 가세요.

(3) 친구하고 <u>함께</u> 일하는 것보다 _____ 일하는 것이 편해요.

(4) 너무 <u>빨리</u> 말해서 이해 못 했어요. 좀 _____ 말해 주세요.

Unit 72 — Opposite Adverbs 2

Let's Learn!

(1)

처음에 first	↔	마지막에 at the end

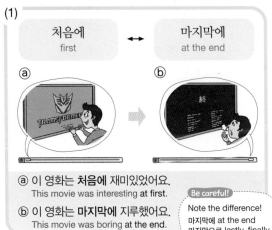

ⓐ 이 영화는 **처음에** 재미있었어요.
This movie was interesting **at first**.

ⓑ 이 영화는 **마지막에** 지루했어요.
This movie was boring **at the end**.

> **Be careful!**
> Note the difference!
> 마지막에 at the end
> 마지막으로 lastly, finally

(2)

같이 together	↔	따로 apart, separately

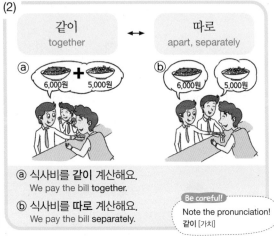

ⓐ 식사비를 **같이** 계산해요.
We pay the bill **together**.

ⓑ 식사비를 **따로** 계산해요.
We pay the bill **separately**.

> **Be careful!**
> Note the pronunciation!
> 같이 [가치]

(3)

다 all	↔	전혀 not at all

ⓐ 일을 **다** 했어요. I did **all** the work.

ⓑ 일을 **전혀** 안 했어요. I did **not** do any work **at all**.

(4)

대충 roughly, cursorily	↔	자세히 in detail

ⓐ 신문을 **대충** 읽어요. I **skimmed** the newspaper.

ⓑ 신문을 **자세히** 읽어요. I read the newspaper **carefully**.

(5)

더 more	↔	덜 less

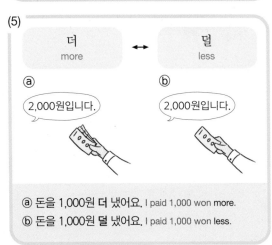

ⓐ 돈을 1,000원 **더** 냈어요. I paid 1,000 won **more**.

ⓑ 돈을 1,000원 **덜** 냈어요. I paid 1,000 won **less**.

(6)

먼저 first	↔	나중에 late

ⓐ 여자가 **먼저** 나가요. The girl leaves **first**.

ⓑ 여자가 **나중에** 먹을 거예요. She will eat it **later**.

Quiz Yourself!

1 Match each adverb with its opposite.

(1) 먼저   (2) 같이   (3) 대충   (4) 다   (5) 더

ⓐ 따로   ⓑ 전혀   ⓒ 덜   ⓓ 자세히   ⓔ 나중에

2 Complete each sentence with the correct answer in the box by matching the letter with the picture.

| 대충 | 더 | 다 | 자세히 | 먼저 | 같이 |

(1) ☐ 이제 목적지에 거의 _____ 왔어요. 5분 후면 도착할 거예요.

(2) ☐ 목이 많이 말라요. 물 한 잔 _____ 갖다주세요.

(3) ☐ 서울에서 부산까지 따로 가고 부산에서 만나서 _____ 여행했어요.

(4) ☐ 아까 선생님이 짧게 설명해서 잘 모르겠어요. _____ 설명해 주세요.

(5) ☐ 할아버지께서 _____ 식사하시면 저는 나중에 먹을게요.

(6) ☐ 이 책을 자세히 못 읽었지만, 오늘 아침에 이 책을 _____ 읽어서 내용은 조금 알아요.

3 Correct each underlined part.

(1) 비빔밥 <u>더 하나</u> 주세요.

(2) 내일이 시험인데 공부를 <u>전혀 해요</u>.

(3) 집에 여자가 <u>처음</u> 들어오고 남자가 나중에 들어왔어요.

Opposite Adjectives 1

Be careful!
In Korean, when using an adjective to modify a noun, the adjective stem is conjugated by adding –(으)ㄴ before the noun.
[adjective stem] + –(으)ㄴ + [noun]
Ex. 크다 + –ㄴ → 큰 옷 big clothing
작다 + –은 → 작은 옷 small clothing

Let's Learn!

(1)

크다	↔	작다
to be big		to be small

ⓐ ⓑ

(2)

싸다	↔	비싸다
to be cheap		to be expensive

ⓐ ⓑ

2,000원 2,000,000원

(3)

길다	↔	짧다
to be long		to be short

ⓐ ⓑ

Be careful!
길다 becomes 긴 with the noun modifier –(으)ㄴ.
Ex. 긴 치마 long skirt

(4)

깨끗하다	↔	더럽다
to be clean		to be dirty

ⓐ ⓑ

(5)

새롭다	↔	오래되다
to be new		to be old

ⓐ ⓑ

Be careful!
새롭다 becomes 새로운 with the noun modifier –(으)ㄴ. 새 is a modifier for nouns with a similar meaning to 새로운.
Ex. 새로운 구두 = 새 구두 new shoes

Tip
(objects) 오래된 구두 old shoes
(person) 나이가 많은 사람 old man

(6)

편하다	↔	불편하다
to be comfortable		to be uncomfortable

ⓐ ⓑ

(7)

두껍다	↔	얇다
to be thick		to be thin

ⓐ ⓑ

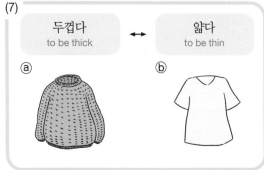

(8)

무겁다	↔	가볍다
to be heavy		to be light

ⓐ ⓑ

Be careful!
ㅂ in 두껍다 and 가볍다 becomes 우 with the noun modifier –(으)ㄴ.
Ex. 두꺼운 옷 thick clothing

Quiz Yourself!

1 Choose the correct answer according to each picture.

(1)
  ⓐ 얇은 책 ☐
  ⓑ 두꺼운 책 ☐
  800쪽

(2)
  ⓐ 새로운 가방 ☐
  ⓑ 오래된 가방 ☐

(3)
  ⓐ 긴 머리 ☐
  ⓑ 짧은 머리 ☐

(4)
  커피 200원
  ⓐ 싼 커피 ☐
  ⓑ 비싼 커피 ☐

2 Match the following to complete each sentence according to each picture.

(1) 더러운 옷을 •   • ⓐ 운전해 본 적이 없어요.

(2) 주머니가 없는 옷에 •   • ⓑ 갖고 있지 않아요.

(3) 굽이 높은 구두가 •   • ⓒ 세탁기에 넣으세요.

(4) 단추가 많은 옷은 •   • ⓓ 지갑을 넣을 수 없어요.

(5) 오래된 모자를 •   • ⓔ 발 건강에 안 좋아요.

(6) 비싼 차를 •   • ⓕ 입기 불편해요.

> **Tip**
> • 옷이 정말 커요. (positive) The clothing is very large.
> • 옷이 너무 커요. (negative) The clothing is too large.

3 Choose the correct answer.

(1) 이 옷이 너무 (ⓐ 커요 / ⓑ 작아요). 좀 큰 옷 없어요?

(2) 어제 빨래를 다 했어요. 그래서 오늘은 (ⓐ 깨끗한 / ⓑ 더러운) 바지를 입었어요.

(3) 이 자동차는 (ⓐ 새로운 / ⓑ 오래된) 자동차예요. 20년 전에 샀어요.

(4) 저는 (ⓐ 편한 / ⓑ 불편한) 것을 안 좋아하니까 굽이 높은 구두를 신지 않아요.

Opposite Adjectives 2

Let's Learn!

(1)

부드럽다	↔	거칠다
to be smooth		to be rough

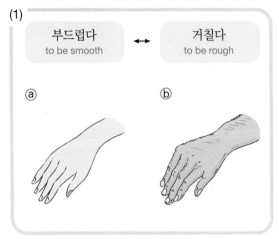

ⓐ   ⓑ

(2)

부드럽다	↔	딱딱하다
to be soft		to be hard

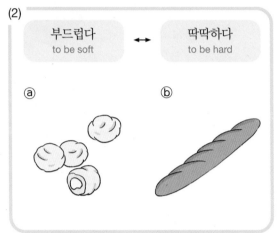

ⓐ   ⓑ

(3)

편리하다	↔	불편하다
to be convenient		to be inconvenient

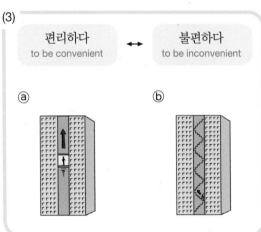

ⓐ   ⓑ

(4)

높다	↔	낮다
to be tall		to be short

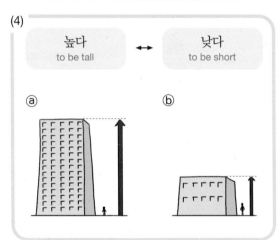

ⓐ   ⓑ

(5)

넓다	↔	좁다
to be wide		to be narrow

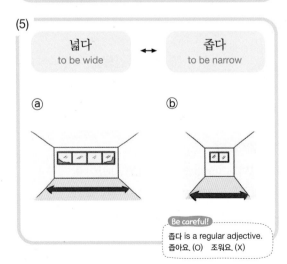

ⓐ   ⓑ

> **Be careful!**
> 좁다 is a regular adjective.
> 좁아요. (O) 조워요. (X)

(6)

깊다	↔	얕다
to be deep		to be shallow

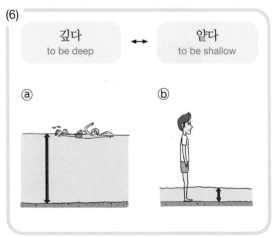

ⓐ   ⓑ

(7)

같다	↔	다르다
to be the same		to be different

ⓐ   ⓑ

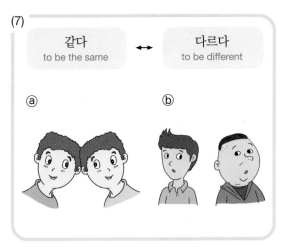

(8)

빠르다	↔	느리다
to be quick		to be slow

ⓐ   ⓑ

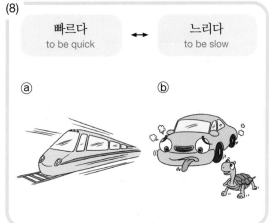

(9)

밝다	↔	어둡다
to be bright		to be dark

ⓐ   ⓑ

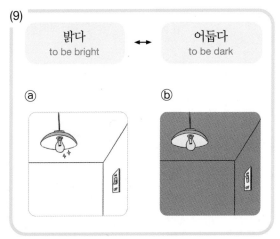

(10)

가깝다	↔	멀다
to be near		to be far

ⓐ   ⓑ

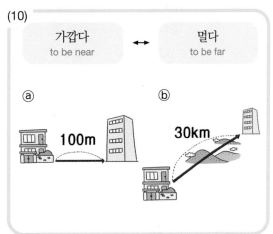

(11)

많다	↔	적다
to be many		to be little

ⓐ   ⓑ

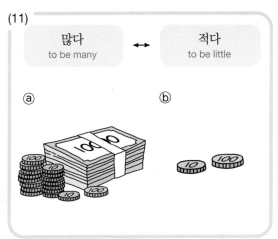

(12)

좋다	↔	나쁘다
to be good		to be bad

ⓐ   ⓑ

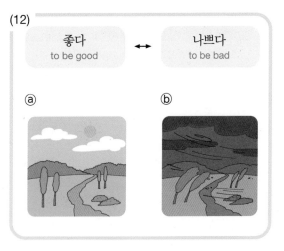

Quiz Yourself!

1 Complete each conversation with the opposite adjective.

(1)

A 그 산이 높아요?

B 아니요, 별로 안 높아요.

_____.

(2)

A 버스에 사람들이 적어요?

B 아니요, 사람들이 너무 _____.

(3)

A 교통이 편리해요?

B 아니요, 교통이 정말 _____.

(4)

A 자전거가 느리죠?

B 아니요, 출근 시간 이라서 자전거가 _____.

2 Select the answer that does not fit to complete each sentence.

(1)

ⓐ 밀가루 ☐ ⓑ 피부 ☐ ⓒ 물 ☐ ⓓ 목소리 ☐

이/가 부드러워요.

(2)

ⓐ 냄새 ☐ ⓑ 방 ☐ ⓒ 얼굴 ☐ ⓓ 불 ☐

이/가 밝아요.

(3)

ⓐ 어깨 ☐ ⓑ 입 ☐ ⓒ 교실 ☐ ⓓ 마음 ☐

이/가 넓어요.

(4)

ⓐ 벽 ☐ ⓑ 산 ☐ ⓒ 건물 ☐ ⓓ 키 ☐

이/가 높아요.

3 Choose the correct answer.

(1) (ⓐ 깊은 / ⓑ 얕은) 물에서 수영하면 위험해요.

(2) 이 길은 (ⓐ 넓어서 / ⓑ 좁아서) 아침마다 길이 막혀요.

(3) 지하철역이 집에서 가까워서 (ⓐ 편리해요 / ⓑ 불편해요).

(4) 불을 켜야 해요. 지금 방이 너무 (ⓐ 밝아요 / ⓑ 어두워요).

(5) 쌍둥이는 얼굴이 (ⓐ 같아 / ⓑ 달라) 보이지만 성격은 달라요.

(6) 저 사람은 목소리가 (ⓐ 거칠어서 / ⓑ 부드러워서) 듣기 편해요.

(7) 회사가 집에서 (ⓐ 가까우니까 / ⓑ 머니까) 조금 늦게 출발해도 돼요.

(8) 나이 많은 사람은 이가 안 좋으니까 (ⓐ 딱딱한 / ⓑ 부드러운) 음식을 안 좋아해요.

4 Match each reason or condition with its corresponding result to complete each sentence.

(1) 청소기가 자주 고장 나서   •   • ⓐ 무서워요.

(2) 진수 성격이 밝아서   •   • ⓑ 빨리 승진할 거예요.

(3) 친구하고 성격이 달라서   •   • ⓒ 자주 싸워요.

(4) 회사에서 일을 잘하면   •   • ⓓ 이사하려고 해요.

(5) 수영장이 너무 깊어서   •   • ⓔ 아이들이 놀기 위험해요.

(6) 밤에 혼자 있으면   •   • ⓕ 사용하기 불편해요.

(7) 날씨가 나쁘면   •   • ⓗ 사람들한테 인기가 많아요.

(8) 집에서 회사까지 너무 멀어서   •   • ⓖ 여행을 취소할 거예요.

5 Correct each underlined part.

(1) 이름은 비슷하지만 전화번호가 <u>다라요</u>.

(2) 버스가 너무 <u>느러서</u> 회사에 지각했어요.

(3) 길이 너무 <u>조워서</u> 지나갈 때 불편해요.

(4) 집 근처에 버스 정류장이 있어서 <u>불편 안 해요</u>.

(5) 백화점에 쇼핑하는 사람들이 <u>작아서</u> 오래 기다리지 않았어요.

Unit 75 Opposite Verbs 1

Let's Learn!

(1)

| 주다 <br> to give | ↔ | 받다 <br> to receive |

축하합니다.

감사합니다.

ⓐ 민수가 유나에게 선물을 줘요.
Minsu **gives** Yuna a present.

ⓑ 유나가 민수에게서 선물을 **받아요**.
Yuna **receives** a present from Minsu.

(2)

| 전화를 하다 <br> to call | ↔ | 전화를 받다 <br> to receive a call |

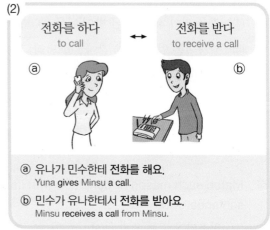

ⓐ 유나가 민수한테 **전화를 해요**.
Yuna **gives** Minsu **a call**.

ⓑ 민수가 유나한테서 **전화를 받아요**.
Minsu **receives a call** from Minsu.

(3)

| 가르치다 <br> to teach | ↔ | 배우다 <br> to learn |

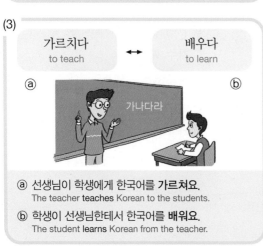

가나다라

ⓐ 선생님이 학생에게 한국어를 **가르쳐요**.
The teacher **teaches** Korean to the students.

ⓑ 학생이 선생님한테서 한국어를 **배워요**.
The student **learns** Korean from the teacher.

(4)

| 도와주다 <br> to help | ↔ | 도움을 받다 <br> to get help |

고마워요.

ⓐ 민수가 할머니를 **도와줘요**.
Minsu **helps** his grandmother.

ⓑ 할머니가 민수에게 **도움을 받아요**.
Minsu's grandmother **receives help** from him.

> 도움을 주다 = 도와주다 to help
> 도움을 받다 to get help
> 도움이 되다 to be helpful

(5)

| 때리다 <br> to hit | ↔ | 맞다 <br> to be hit |

ⓐ 민수가 영기를 **때려요**.
Minsu **hits** Yeonggi.

ⓑ 영기가 민수에게 **맞아요**.
Yeonggi **is hit** by Minsu.

(6)

| 혼내다 <br> to scold | ↔ | 혼나다 <br> to be scolded |

ⓐ 엄마가 아이를 **혼내요**.
The mother **scolds** her child.

ⓑ 아이가 엄마한테 **혼나요**.
The child **is scolded** by his mother.

> **Tip**
> In Korean, "from" can be express
> with different markers based on
> source type (person or object) an
> language setting (written or spok
> which affect marker choice.
> • (animate object)에게서 (written)
>   **Ex.** 동료에게서 from a colleague
> • (animate object)한테서 (spoken)
>   **Ex.** 친구한테서 from a friend
> • (inanimate object)에서
>   **Ex.** 인터넷에서 from the Internet

Quiz Yourself!

1 Choose three nouns in the box that match each given verb.

> 피아노   등   스트레스   얼굴   월급   외국어   선물   태권도   다리

(1)

_____ 을/를 맞아요.
_____
_____

(2)

_____ 을/를 배워요.
_____
_____

(3)

_____ 을/를 받아요.
_____
_____

2 Choose the correct answer.

(1) 제가 (ⓐ 동생을 / ⓑ 동생에게) 때려서 엄마한테 혼났어요.

(2) 친구한테서 이메일을 받고 (ⓐ 친구한테 / ⓑ 친구한테서) 전화했어요.

(3) 제가 수업을 준비할 때 인터넷에서 (ⓐ 도움이 / ⓑ 도움을) 받아요.

3 Choose the correct answer by matching the number with the picture.

(1) ☐ 오랜만에 친구한테서 문자를 (ⓐ 해서 / ⓑ 받아서) 기분이 좋아요.

(2) ☐ 지각해서 상사에게 (ⓐ 혼났으니까 / ⓑ 혼냈으니까) 기분이 안 좋아요.

(3) ☐ 머리에 공을 (ⓐ 때려서 / ⓑ 맞아서) 머리가 아파요.

(4) ☐ 한국어를 (ⓐ 가르칠 / ⓑ 배울) 때 매일 숙제를 해야 했어요.

(5) ☐ 가족이니까 동생이 어려울 때 동생을 (ⓐ 도와줘요 / ⓑ 도움을 받아요).

(6) ☐ 친구가 고민이 있을 때 친구의 얘기를 (ⓐ 말해야 / ⓑ 들어야) 해요.

Opposite Verbs 2

Let's Learn!

(1)

입다 to put on (clothing)	↔	벗다 to take off (clothing)

ⓐ 옷을 **입어요**. I put on clothes.
ⓑ 옷을 **벗어요**. I take off clothes.

(2)

서다 to stand	↔	앉다 to sit

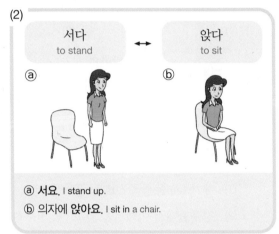

ⓐ **서요**. I stand up.
ⓑ 의자에 **앉아요**. I sit in a chair.

(3)

열다 to open	↔	닫다 to close

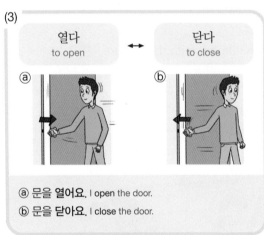

ⓐ 문을 **열어요**. I open the door.
ⓑ 문을 **닫아요**. I close the door.

(4)

펴다 to open (a book)	↔	덮다 to close (a book), cover

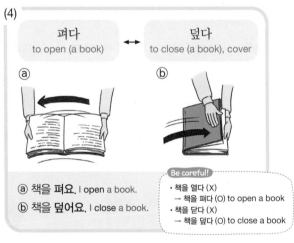

ⓐ 책을 **펴요**. I open a book.
ⓑ 책을 **덮어요**. I close a book.

> **Be careful!**
> · 책을 열다 (X)
>   → 책을 펴다 (O) to open a book
> · 책을 닫다 (X)
>   → 책을 덮다 (O) to close a book

(5)

밀다 to push	↔	당기다 to pull

ⓐ 자동차를 **밀어요**. I push a car.
ⓑ 줄을 **당겨요**. I pull a rope.

(6)

켜다 to turn on (a light)	↔	끄다 to turn off (a light)

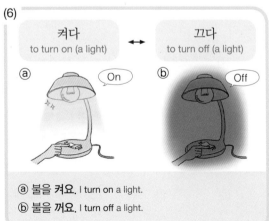

ⓐ 불을 **켜요**. I turn on a light.
ⓑ 불을 **꺼요**. I turn off a light.

(7)

넣다	↔	꺼내다
to put in		to take out

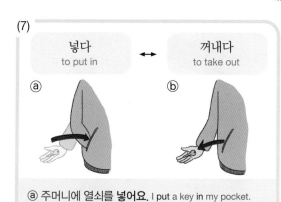

ⓐ 주머니에 열쇠를 **넣어요**. I **put** a key **in** my pocket.

ⓑ 주머니에서 열쇠를 **꺼내요**.
I **take** a key **out** of my pocket.

(8)

넣다	↔	빼다
to insert		to remove

ⓐ 책을 책꽂이에 **넣어요**.
I **insert** the book between two books on the bookshelf.

ⓑ 책을 책꽂이에서 **빼요**.
I **remove** the book from the bookshelf.

(9)

들다	↔	놓다
to hold		to put on

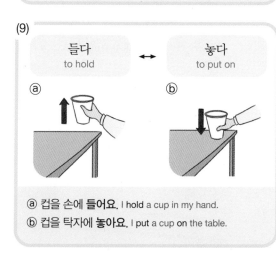

ⓐ 컵을 손에 **들어요**. I **hold** a cup in my hand.

ⓑ 컵을 탁자에 **놓아요**. I **put** a cup **on** the table.

(10)

줍다	↔	버리다
to pick up		to throw away

ⓐ 쓰레기를 **주워요**. I **pick up** some trash.

ⓑ 쓰레기를 **버려요**. I **throw away** some trash.

(11)

타다	↔	내리다
to ride, get on		to get off

ⓐ 버스를 **타요**. I **ride** on a bus.

ⓑ 버스를 **내려요**. I **get off** a bus.

(12)

싸다	↔	풀다
to pack, wrap		to unpack, unwrap

ⓐ 짐을 **싸요**. I **pack** my luggage.

ⓑ 짐을 **풀어요**. I **unpack** my luggage.

1 Choose the correct answer according to each picture.

(1) 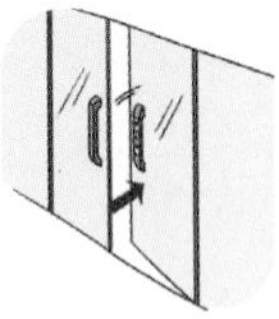
ⓐ 문을 밀어요.

ⓑ 문을 당겨요.

(2) 
ⓐ 쓰레기를 주워요.

ⓑ 쓰레기를 버려요.

(3) 
ⓐ 엘리베이터를 타요.

ⓑ 엘리베이터를 내려요.

(4) 
ⓐ 옷을 입어요.

ⓑ 옷을 벗어요.

(5) 
ⓐ 텔레비전을 켜요.

ⓑ 텔레비전을 꺼요.

(6) 
ⓐ 냉장고에 물을 넣어요.

ⓑ 냉장고에서 물을 꺼내요.

2 Select the answer that does not fit to complete each sentence.

(1)
ⓐ 지하철 ☐
ⓑ 비행기 ☐
ⓒ 세탁기 ☐
ⓓ 자전거 ☐

을/를 타요.

(2)
ⓐ 상자 ☐
ⓑ 뚜껑 ☐
ⓒ 서랍 ☐
ⓓ 주머니 ☐

에서 꺼내요.

(3)
ⓐ 사전 ☐
ⓑ 창문 ☐
ⓒ 상자 ☐
ⓓ 가방 ☐

을/를 열어요.

(4)
ⓐ 짐 ☐
ⓑ 컵 ☐
ⓒ 공 ☐
ⓓ 방 ☐

을/를 들어요.

3 Choose the correct answer.

(1) 공연을 보러 갔는데 자리가 없어서 (ⓐ 서서 / ⓑ 앉아서) 봤어요.

(2) 방이 너무 더우니까 창문을 (ⓐ 열면 / ⓑ 닫으면) 좋겠어요.

(3) 내일 아침 일찍 여행을 떠날 거예요. 빨리 짐을 (ⓐ 싸세요 / ⓑ 푸세요).

(4) 손에 가방을 (ⓐ 놓고 / ⓑ 들고) 있어요. 미안하지만, 문 좀 열어 주세요.

(5) 이번 주말에 시간이 없어요. 이번 주말 모임에서 저를 (ⓐ 넣어 / ⓑ 빼) 주세요.

(6) 이제 수업을 시작하겠습니다. 책 33쪽을 (ⓐ 펴세요 / ⓑ 덮으세요).

(7) 친구가 지갑에서 가족사진을 (ⓐ 넣어서 / ⓑ 꺼내서) 보여 줬어요.

(8) 아까 불을 (ⓐ 켰는데 / ⓑ 껐는데) 왜 불이 켜져 있는지 모르겠어요.

4 Complete each sentence by writing the correct answer in the box.

이/가	을/를	에	에서

(1) 일할 때 의자(   ) 앉아서 해요.

(2) 인사할 때 주머니(   ) 손을 빼요.

(3) 회사에 출근할 때 지하철(   ) 타고 가요.

(4) 수업을 들을 때 노트북을 책상 위(   ) 놓아요.

(5) 영화를 볼 때에는 핸드폰(   ) 꺼 주세요.

(6) 쓰레기는 쓰레기통(   ) 버립시다.

(7) 겨울 옷이 필요하니까 창고(   ) 옷을 꺼냈어요.

(8) 친구(   ) 오래 줄을 서 있어서 다리가 아플 거예요.

5 Correct each underlined part.

(1) 열쇠를 책상 위에 <u>넣으세요</u>.

(2) 어제 길에서 돈을 <u>추웠어요</u>.

(3) 시험을 시작하기 전에 책을 <u>닫으세요</u>.

Unit 77 Opposite Verbs 3

Let's Learn!

(1)

알다 to know	↔	모르다 to not know

ⓐ 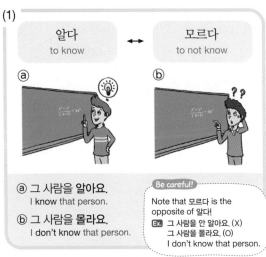 ⓑ

ⓐ 그 사람을 **알아요.**
I **know** that person.

ⓑ 그 사람을 **몰라요.**
I **don't know** that person.

Be careful!
Note that 모르다 is the opposite of 알다!
Ex. 그 사람을 안 알아요. (X)
그 사람을 몰라요. (O)
I don't know that person.

(2)

이기다 to win	↔	지다 to lose

ⓐ 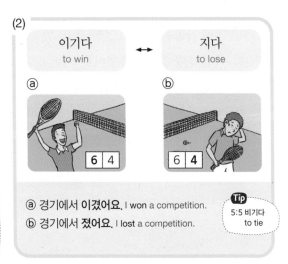 ⓑ

`6` `4`   `6` `4`

ⓐ 경기에서 **이겼어요.** I **won** a competition.

ⓑ 경기에서 **졌어요.** I **lost** a competition.

Tip
5:5 비기다
to tie

(3)

얼다 to freeze	↔	녹다 to melt

ⓐ 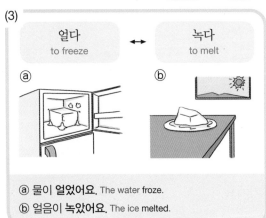 ⓑ

ⓐ 물이 **얼었어요.** The water **froze.**

ⓑ 얼음이 **녹았어요.** The ice **melted.**

(4)

오르다 to go up	↔	내리다 to go down

ⓐ  ⓑ

ⓐ 월급이 **올랐어요.** My salary **rose.**

ⓑ 월급이 **내렸어요.** My salary **went down.**

(5)

늘다 to increase	↔	줄다 to decrease

ⓐ 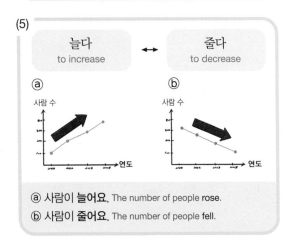 ⓑ

사람 수 ... 연도   사람 수 ... 연도

ⓐ 사람이 **늘어요.** The number of people **rose.**

ⓑ 사람이 **줄어요.** The number of people **fell.**

(6)

소리를 키우다 to increase the volume	↔	소리를 줄이다 to decrease the volume

ⓐ 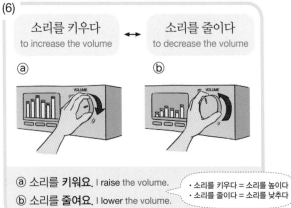 ⓑ

ⓐ 소리를 **키워요.** I **raise** the volume.

ⓑ 소리를 **줄여요.** I **lower** the volume.

• 소리를 키우다 = 소리를 높이다
• 소리를 줄이다 = 소리를 낮추다

1 Choose the correct answer according to each picture.

(1)

ⓐ 값이 올랐어요. ☐
ⓑ 값이 내렸어요. ☐

(2)

ⓐ 수도가 녹았어요. ☐
ⓑ 수도가 얼었어요. ☐

(3)

ⓐ 한국어 실력이 늘었어요. ☐
ⓑ 한국어 실력이 줄었어요. ☐

(4)

ⓐ 경기에서 이겼어요. ☐
ⓑ 경기에서 졌어요. ☐

2 Match each question with its corresponding answer to complete each conversation.

(1) 이 단어를 알아요? •
(2) 이번 경기에서 이겼어요? •
(3) 얼음이 다 얼었어요? •
(4) 지난달보다 이번 달에
학생이 줄었어요?

• ⓐ 아니요, 졌어요.
• ⓑ 아니요, 몰라요.
• ⓒ 아니요, 20명 더 늘었어요.
• ⓓ 아니요, 다 녹았어요.

3 Correct each underlined part.

(1) 시험을 잘 봐서 점수가 늘었어요.

(2) 저는 선생님의 연락처를 안 알아요.

(3) 너무 시끄러우니까 소리를 내려요.

Unit 78 Movement Verbs

Let's Learn!

(1)

걷다 to walk	뛰다 to run, leap

(2)

달리다 to run	멈추다 to stop

(3)

넘다 to jump	건너다 to cross

(4)

들다 to hold	옮기다 to move

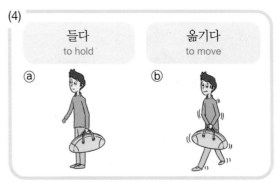

(5)

지나다 to pass by	구르다 to roll

(6)

떨다 to shake, vibrate	돌다 to spin

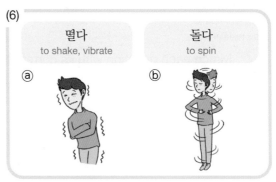

(7)

부딪치다 to bump into	넘어지다 to trip, slip

(8)

빠지다 to fall (into something)	떨어지다 to fall (from a height)

Quiz Yourself!

1 Choose the correct answer according to each picture.

(1) 다리를 (ⓐ 건넌 / ⓑ 옮긴) 다음에 오른쪽으로 가세요.

(2) 남자가 우산을 (ⓐ 돌고 / ⓑ 들고) 있어요.

(3) 단추가 (ⓐ 넘어져서 / ⓑ 떨어져서) 입을 수 없어요.

(4) 봄이 (ⓐ 지나고 / ⓑ 달리고) 여름이 되었어요.

(5) 수업 시간에 늦어서 (ⓐ 걸어서 / ⓑ 뛰어서) 갔어요.

(6) 그 남자는 그 여자를 보고 사랑에 (ⓐ 빠졌어요 / ⓑ 부딪쳤어요).

2 Select the answer that does not fit to complete each sentence.

(1) ⓐ 개 ☐　ⓑ 새 ☐　ⓒ 뱀 ☐　이/가 걸어요.

(2) ⓐ 사람 ☐　ⓑ 가방 ☐　ⓒ 자동차 ☐　이/가 멈춰요.

(3) ⓐ 강 ☐　ⓑ 문 ☐　ⓒ 길 ☐　을/를 건너요.

(4) ⓐ 언덕 ☐　ⓑ 사랑 ☐　ⓒ 물 ☐　에 빠졌어요.

(5) ⓐ 나무 ☐　ⓑ 바다 ☐　ⓒ 하늘 ☐　에서 떨어졌어요.

(6) ⓐ 옷 ☐　ⓑ 자전거 ☐　ⓒ 벽 ☐　에 부딪쳤어요.

Body-Related Verbs

Let's Learn!

(1) 머리

① 생각하다
to think

② 수지
기억하다
to remember

③ Hello 안녕 도시 City 사랑 Love 이름 Name
외우다
to memorize

(2) 손

① 잡다
to grab

② 만지다
to touch

③ 악수하다
to shake hands

④ 박수를 치다
to clap

(3) 가슴

느끼다
to feel

(4) 몸

① 안다
to hug

② 일어나다
to get up

③ 눕다
to lie down

(5) 발

① 걷다
to walk

② 달리다
to run

③ 뛰다
to jump

④ 밟다
to step (on)

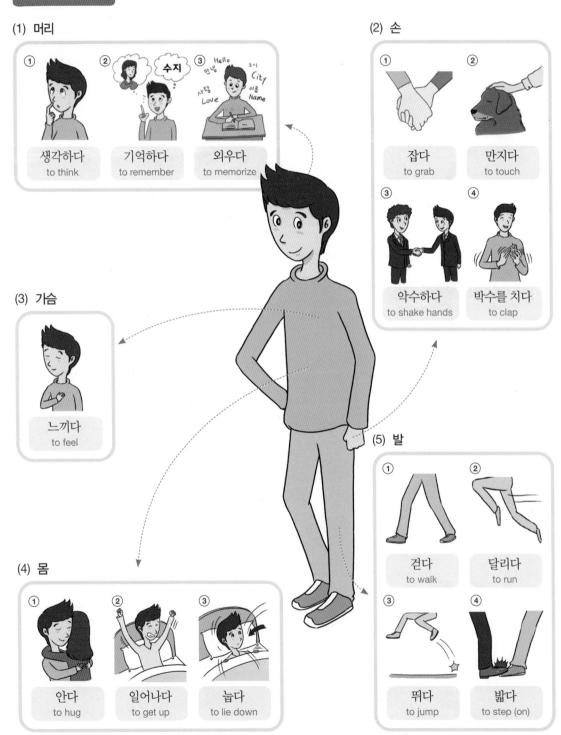

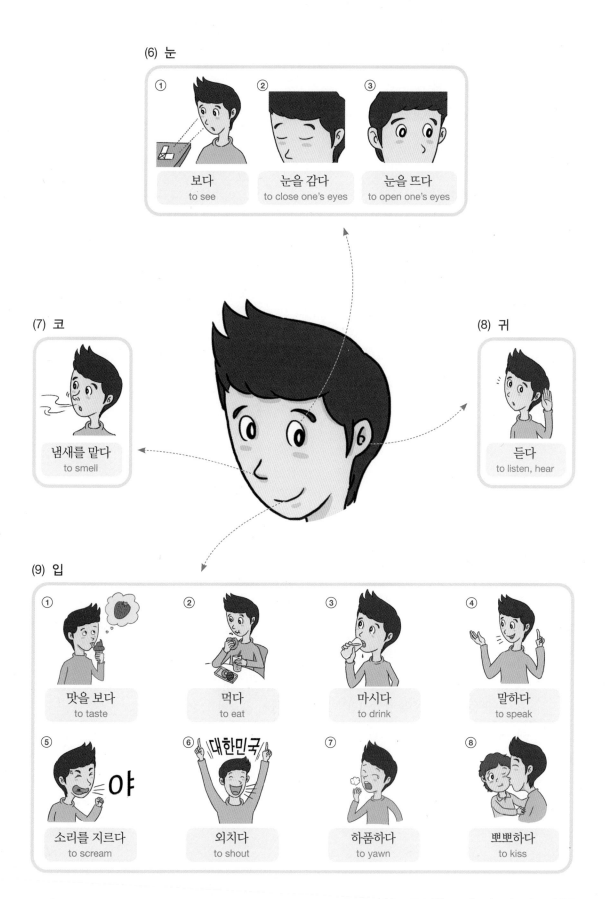

(6) 눈

① 보다
to see

② 눈을 감다
to close one's eyes

③ 눈을 뜨다
to open one's eyes

(7) 코

냄새를 맡다
to smell

(8) 귀

듣다
to listen, hear

(9) 입

① 맛을 보다
to taste

② 먹다
to eat

③ 마시다
to drink

④ 말하다
to speak

⑤ 소리를 지르다
to scream

야

⑥ 대한민국
외치다
to shout

⑦ 하품하다
to yawn

⑧ 뽀뽀하다
to kiss

1 Select the word that does not belong with the others.

(1)
- ⓐ 먹다 ☐
- ⓑ 잡다 ☐
- ⓒ 하품하다 ☐
- ⓓ 맛을 보다 ☐

(2)
- ⓐ 밟다 ☐
- ⓑ 만지다 ☐
- ⓒ 악수하다 ☐
- ⓓ 박수를 치다 ☐

(3)
- ⓐ 보다 ☐
- ⓑ 뜨다 ☐
- ⓒ 감다 ☐
- ⓓ 맡다 ☐

(4)
- ⓐ 안다 ☐
- ⓑ 눕다 ☐
- ⓒ 느끼다 ☐
- ⓓ 일어나다 ☐

(5)
- ⓐ 말하다 ☐
- ⓑ 외치다 ☐
- ⓒ 소리를 듣다 ☐
- ⓓ 소리를 지르다 ☐

(6)
- ⓐ 외우다 ☐
- ⓑ 뽀뽀하다 ☐
- ⓒ 생각하다 ☐
- ⓓ 기억하다 ☐

2 Choose the correct answer.

(1) 자려고 침대에 (ⓐ 일어나요 / ⓑ 누워요).

(2) 동생이 내 옷을 (ⓐ 잡아서 / ⓑ 만져서) 옷이 찢어졌어요.

(3) 사업하는 사람들은 인사할 때 보통 (ⓐ 하품해요 / ⓑ 악수해요).

(4) 비밀번호를 잊어버리지 않게 머리 속으로 (ⓐ 외워요 / ⓑ 외쳐요).

(5) 우리가 3년 전에 학교에서 처음 만났어요. 그때를 (ⓐ 뽀뽀해요 / ⓑ 기억해요)?

(6) 공연이 끝나고 모든 사람들이 일어나서 (ⓐ 냄새를 맡아요 / ⓑ 박수를 쳐요).

(7) 눈을 (ⓐ 떴지만 / ⓑ 감았지만) 아직 잠이 들지 않았어요.

(8) 어머니가 만들어 준 음식에서 어머니의 사랑을 (ⓐ 느껴요 / ⓑ 안아요).

3 Choose the correct answer according to the picture.

(1) (ⓐ 민수 / ⓑ 현우)가 박수를 치고 있어요.

(2) (ⓐ 수민 / ⓑ 지선)은 아이를 안고 있어요.

(3) (ⓐ 준석 / ⓑ 정훈)이 소리를 지르고 있어요.

(4) 준기는 (ⓐ 일어나 / ⓑ 누워) 있어요.

(5) 준석과 소연은 (ⓐ 악수하고 / ⓑ 손을 잡고) 걷고 있어요.

(6) 수하는 헤드폰을 끼고 눈을 (ⓐ 뜨고 / ⓑ 감고) 있어요.

4 Choose the correct answer according to the picture.

(1) A 수하가 뭐 하고 있어요?
   B 음악을 (ⓐ 듣고 / ⓑ 하고) 있어요.

(2) A 정훈이 누구에게 소리를 지르고 있어요?
   B (ⓐ 현우 / ⓑ 수하)에게 소리를 지르고 있어요.

(3) A 준기가 어디에 누워 있어요?
   B 나무 (ⓐ 위 / ⓑ 밑)에 누워 있어요.

(4) A 민수가 어디에서 공연하고 있어요?
   B 사람들 (ⓐ 앞 / ⓑ 뒤)에서 공연하고 있어요.

Common Verb Pairs

Unit 80

Let's Learn!

A The Verbs 하다 and 받다

받다 (to receive) often expresses the meaning of a passive verb.

⑦ 추천하다
to recommend

⑧ 추천(을) 받다
to be recommended

⑨ 방해하다
to prevent

⑩ 방해(를) 받다
to be prevented (from doing something)

⑪ 칭찬하다
to praise

⑫ 칭찬(을) 받다
to be praised

제주도에 한번 가 보세요.

책 27쪽 펴세요.

한국어를 정말 잘해요!

이것 좀 빌려주세요.

이름이 뭐예요?

질문하다 = 물어보다

① 질문하다
to ask a question

② 질문(을) 받다
to be asked a question

③ 지시하다
to instruct

④ 지시(를) 받다
to be instructed

⑤ 부탁하다
to request, ask a favor

⑥ 부탁(을) 받다
to be asked a favor

① 남자가 여자에게 이름을 **질문했어요.** The man **asked** the woman her name.

② 여자가 남자에게서 이름을 **질문 받았어요.** The woman **was asked** her name by the man.

③ 선생님이 학생에게 책을 펴라고 **지시했어요.** The teacher **instructed** the student to open the book.

④ 학생이 선생님한테서 책을 펴라고 **지시 받았어요.** The student **was instructed** by the teacher to open the book.

⑤ 여자가 남자에게 사전을 빌려 달라고 **부탁했어요.** The woman **asked** the man to lend her his dictionary.

⑥ 남자가 여자에게 사전을 빌려 달라고 **부탁 받았어요.** The man **was asked** by the woman to lend her his dictionary.

⑦ 여자가 남자에게 제주도에 가 보라고 **추천했어요.** The woman **recommended** that the man go to Jeju Island.

⑧ 남자가 여자에게서 제주도에 가 보라고 **추천 받았어요.** The man **was recommended** by the woman to go to Jeju Island.

⑨ 남자가 여자가 공부하는 것을 **방해했어요.** The man **prevented** the woman from studying.

⑩ 여자가 남자 때문에 공부를 **방해 받았어요.** The woman **was prevented** from studying by the man.

⑪ 여자가 남자가 한국어를 잘한다고 **칭찬했어요.** The woman **praised** the man's Korean.

⑫ 남자가 여자한테서 한국어를 잘한다고 **칭찬 받았어요.** The man **was praised** for his Korean by the woman.

B Verbs Commonly Used Together

(1)

걱정하다 격려하다	걱정하다 위로하다
to worry to encourage	to worry to console

ⓐ 남자가 시험 보기 전에 시험 때문에 **걱정했어요**.
The man **was worried** about the test before he took it.

ⓑ 여자가 잘할 거라고 남자를 **격려했어요**.
The woman **encouraged** the man by saying he would do well.

ⓒ 남자가 시험이 끝난 다음에 시험 결과를 **걱정했어요**.
After finishing the test, the man **was worried** about his results.

ⓓ 여자가 괜찮다고 남자를 **위로했어요**.
The woman **consoled** the man by saying it would be okay.

(2)

설명하다	이해하다	이해 못 하다
to explain	to understand	to not understand

ⓐ 선생님이 학생들에게 문법을 **설명했어요**.
The teacher **explained** the grammar to the students.

ⓑ 여학생이 문법 설명을 **이해했어요**.
The female student **understood** the grammar explanation.

ⓒ 남학생이 문법 설명을 **이해 못 했어요**.
The male student **did not understand** the grammar explanation.

(3)

불평하다 사과하다	불평하다 변명하다
to complain to apologize	to complain to give an excuse

ⓐ 음식이 늦게 나와서 손님이 직원에게 **불평했어요**.
The customer **complained** to the server because the food came out late.

ⓑ 직원이 손님에게 미안하다고 **사과했어요**.
The server **apologized** to the customer.

ⓒ 남자가 늦게 와서 여자가 **불평했어요**.
The woman **complained** because the man came late.

ⓓ 남자가 길이 많이 막힌다고 **변명했어요**.
The man **gave an excuse** and said that there was traffic.

(4)

제안하다 받아들이다	제안하다 거절하다
to suggest to accept	to suggest to reject

ⓐ 남자가 여자에게 식사를 **제안했어요**.
The man **suggested** to the woman that they eat.

ⓑ 여자가 남자의 제안을 **받아들였어요**.
The woman **accepted** the man's offer.

ⓒ 남자가 여자에게 식사를 **제안했어요**.
The man **suggested** to the woman that they eat.

ⓓ 여자가 남자의 제안을 **거절했어요**.
The woman **rejected** the man's offer.

1 Choose the correct answer.

(1) 변명하다
ⓐ 왜 매일 약속에 늦게 와요? ☐
ⓑ 미안해요. 시계가 고장 나서 늦었어요. ☐

(2) 거절하다
ⓐ 같이 영화 보러 갈까요? ☐
ⓑ 미안해요. 시간이 없어요. ☐

(3) 부탁하다
ⓐ 천천히 말해 주세요. ☐
ⓑ 네, 알겠어요. ☐

(4) 칭찬하다
ⓐ 옷이 선생님한테 잘 어울려요. ☐
ⓑ 고마워요. ☐

(5) 추천하다
ⓐ 여기에서 어떤 음식이 맛있어요? ☐
ⓑ 불고기가 유명하니까 그거 드세요. ☐

(6) 불평하다
ⓐ 또 고장 났어요. ☐
ⓑ 고쳐 드릴게요. ☐

2 Match each sentence with the word that describes it.

(1) 한국어 발음이 정말 좋네요. •　　•ⓐ 추천하다

(2) 화장실을 같이 쓰니까 너무 불편해요. •　　•ⓑ 지시하다

(3) 오늘 수업 후에 뭐 할 거예요? •　　•ⓒ 불평하다

(4) 오늘 저 좀 도와주세요. •　　•ⓓ 질문하다

(5) 회의가 끝나고 제 사무실로 오세요. •　　•ⓔ 칭찬하다

(6) 가족하고 여행하려면 제주도가 좋을 거예요. •　　•ⓕ 부탁하다

3 Choose the correct answer according to each conversation.

(1)
> 민수 잘 모르겠어요. 숙제를 좀 도와주시겠어요?
> 수지 네, 도와드릴게요.

▶ 민수가 수지한테 숙제를 도와 달라고 (ⓐ 지시했어요 / ⓑ 부탁했어요).

(2)
> 소영 오늘 같이 점심 먹을까요?
> 민규 네, 그래요.

▶ 소영이 민규에게 점심을 제안하니까 민규가 소영의 제안을 (ⓐ 받아들였어요 / ⓑ 거절했어요).

(3)
> 수지 비빔밥이 유명하니까 꼭 먹어 보세요.
> 민수 그래요? 꼭 먹어 볼게요.

▶ 민수가 수지한테서 (ⓐ 추천한 / ⓑ 추천 받은) 음식은 비빔밥이에요.

(4)
> 유빈 어디에 살아요?
> 진호 강남에 살아요.

▶ 진호는 유빈에게서 어디에 사는지 (ⓐ 질문했어요 / ⓑ 질문 받았어요).

(5)
> 미희 도서관이니까 좀 조용히 해 주시겠어요?
> 현기 네, 죄송합니다.

▶ 현기가 시끄럽게 해서 미희한테 (ⓐ 사과했어요 / ⓑ 추천했어요).

(6)
> 문수 저 때문에 지나 씨가 너무 화가 났어요. 어떡하죠?
> 미진 시간이 지나면 괜찮아질 거예요.

▶ 문수가 많이 (ⓐ 거절하니까 / ⓑ 걱정하니까) 미진이 문수를 위로했어요.

4 Match each condition with its corresponding result to complete each sentence.

(1) 새로 산 물건이 고장 나면 •   • ⓐ 미안하다고 사과할 거예요.

(2) 친구의 말을 이해 못 하면 •   • ⓑ 잘할 거라고 격려할 거예요.

(3) 친구가 시험 때문에 걱정하면 •   • ⓒ 왜 할 수 없는지 이유를 말할 거예요.

(4) 약속에 늦어서 친구가 화가 나면 •   • ⓓ 친구에게 다시 질문할 거예요.

(5) 친구가 미용실에 갔다 오면 •   • ⓔ 가게에 가서 불평할 거예요.

(6) 친구의 제안을 거절하려면 •   • ⓕ 머리 모양이 예쁘다고 칭찬할 거예요.

Part ③

Fun!

Verbs

Expressions

Language

The Verbs 가다 & 오다

Let's Learn!

A

(1)

들어가다 to go in	나오다 to come out

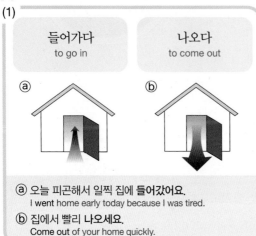

ⓐ 오늘 피곤해서 일찍 집에 **들어갔어요**.
I **went** home early today because I was tired.

ⓑ 집에서 빨리 **나오세요**.
Come out of your home quickly.

(2)

나가다 to go out	들어오다 to come in

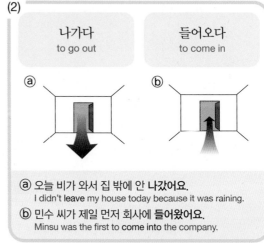

ⓐ 오늘 비가 와서 집 밖에 안 **나갔어요**.
I didn't **leave** my house today because it was raining.

ⓑ 민수 씨가 제일 먼저 회사에 **들어왔어요**.
Minsu was the first to **come into** the company.

(3)

올라가다 to go up	내려오다 to come down

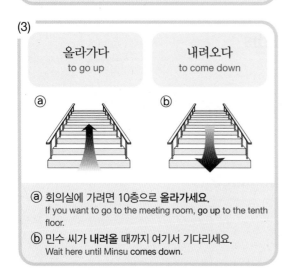

ⓐ 회의실에 가려면 10층으로 **올라가세요**.
If you want to go to the meeting room, **go up** to the tenth floor.

ⓑ 민수 씨가 **내려올** 때까지 여기서 기다리세요.
Wait here until Minsu **comes down**.

(4)

내려가다 to go down	올라오다 to come up

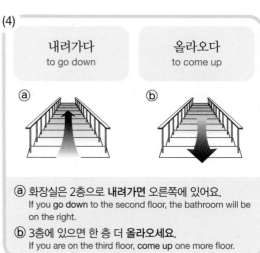

ⓐ 화장실은 2층으로 **내려가면** 오른쪽에 있어요.
If you **go down** to the second floor, the bathroom will be on the right.

ⓑ 3층에 있으면 한 층 더 **올라오세요**.
If you are on the third floor, **come up** one more floor.

Pop Quiz! Fill in each blank with the correct name according to the picture.

7호선 건대입구역 | 2번 출구

준기 소연   선아   동현   지수   영호

(1) (   )이/가 계단을 올라오고 있어요.

(2) (   )이/가 계단을 내려오고 있어요.

(3) (   )이/가 계단을 내려가고 있어요.

(4) (   )이/가 계단을 올라가고 있어요.

(5) (   )이/가 건물에 들어가고 있어요.

(6) (   )이/가 건물에서 나오고 있어요.

B

(1)

돌아가다	돌아오다
to go back	to come back

ⓐ 한국에서 1년 동안 일한 다음에 고향에 **돌아갔어요**.
After working in Korea for a year, I went back to my hometown.

ⓑ 친구가 외국에 여행 갔다가 아직 안 **돌아왔어요**
My friend went on vacation to a foreign country but has not come back.

(2)

왔다 갔다 하다
to pace back and forth

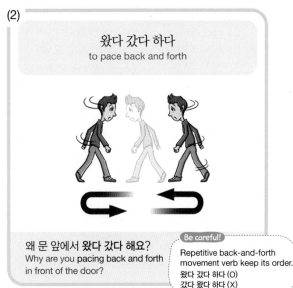

왜 문 앞에서 **왔다 갔다 해요**?
Why are you pacing back and forth in front of the door?

> **Be careful!**
> Repetitive back-and-forth movement verb keep its order.
> 왔다 갔다 하다 (O)
> 갔다 왔다 하다 (X)

(3)

갔다 오다
to go and come back

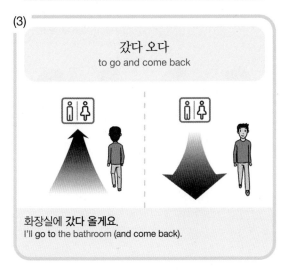

화장실에 **갔다 올게요**.
I'll go to the bathroom (and come back).

(4)

왔다 가다
to come and go back

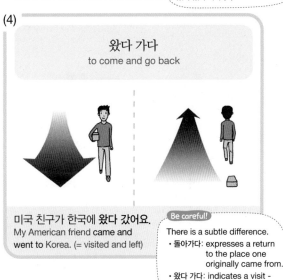

미국 친구가 한국에 **왔다 갔어요**.
My American friend came and went to Korea. (= visited and left)

> **Be careful!**
> There is a subtle difference.
> • 돌아가다: expresses a return to the place one originally came from.
> • 왔다 가다: indicates a visit - the focus is on the fact that someone came (and left).

Pop Quiz! Choose the correct answer.

(1) A 민기가 집에 있어요?
 B 아니요, 여행에서 아직 안 ⓐ 돌아갔어요.
  ⓑ 돌아왔어요.

(3) A 지갑을 집에 놓고 왔어요.
 B 여기에서 기다릴게요.
  집에 빨리 ⓐ 왔다 가세요. ⓑ 갔다 오세요.

(5) A 외국에서 온 친구가 아직 한국에 있어요?
 B 아니요, 어제 자기 나라로 ⓐ 돌아갔어요.
  ⓑ 돌아왔어요.

(2) A 손님이 지금도 있어요?
 B 조금 전에 ⓐ 왔다 갔어요.
  ⓑ 갔다 왔어요.

(4) A 아침에 아파 보였는데 약을 먹었어요?
 B 너무 아파서 아까 병원에 ⓐ 왔다 갔어요.
  ⓑ 갔다 왔어요.

(6) A 왜 경찰이 저 건물 앞에서 ⓐ 갔다 왔다 해요?
  ⓑ 왔다 갔다 해요?
 B 저기가 대사관이라서 경찰이 있어요.

(1)

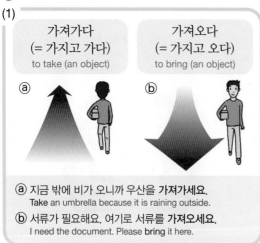

| 가져가다
(= 가지고 가다)
to take (an object) | 가져오다
(= 가지고 오다)
to bring (an object) |

ⓐ 지금 밖에 비가 오니까 우산을 **가져가세요**.
Take an umbrella because it is raining outside.

ⓑ 서류가 필요해요. 여기로 서류를 **가져오세요**.
I need the document. Please bring it here.

(2)

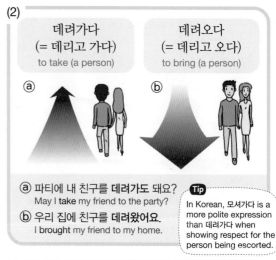

| 데려가다
(= 데리고 가다)
to take (a person) | 데려오다
(= 데리고 오다)
to bring (a person) |

ⓐ 파티에 내 친구를 **데려가도** 돼요?
May I take my friend to the party?

ⓑ 우리 집에 친구를 **데려왔어요**.
I brought my friend to my home.

> **Tip**
> In Korean, 모셔가다 is a more polite expression than 데려가다 when showing respect for the person being escorted.

(3)

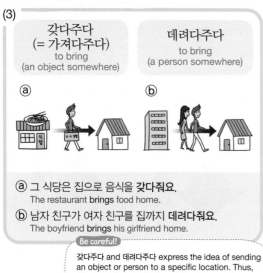

| 갖다주다
(= 가져다주다)
to bring
(an object somewhere) | 데려다주다
to bring
(a person somewhere) |

ⓐ 그 식당은 집으로 음식을 **갖다줘요**.
The restaurant brings food home.

ⓑ 남자 친구가 여자 친구를 집까지 **데려다줘요**.
The boyfriend brings his girlfriend home.

> **Be careful!**
> 갖다주다 and 데려다주다 express the idea of sending an object or person to a specific location. Thus, they are often used when delivering an object or when escorting a person somewhere.

(4)

| 빌려주다
to lend | 돌려주다
to return
(a borrowed object) |

ⓐ 친구한테 제 책을 **빌려줬어요**.
I lent my book to a friend.

ⓑ 친구한테서 빌린 책을 **돌려줬어요**.
I returned the book I borrowed from a friend.

Pop Quiz! Select the answer that does not fit to complete each sentence.

(1) 학교에 갈 때 가방에 (ⓐ 공책 / ⓑ 연필 / ⓒ 선생님 / ⓓ 사전)을/를 가져가요.

(2) 집들이 때 (ⓐ 휴지 / ⓑ 친구 / ⓒ 비누 / ⓓ 선물)을/를 집에 가져가요.

(3) 내일 요리할 테니까 (ⓐ 그릇 / ⓑ 앞치마 / ⓒ 수건 / ⓓ 요리사)을/를 집에 가져오세요.

(4) 생일 파티에 (ⓐ 동료 / ⓑ동생 / ⓒ 후배 / ⓓ 아버지)을/를 집에 데려가요.

(5) 식당에서 "(ⓐ 물 / ⓑ 물티슈 / ⓒ 주인 / ⓓ 계산서)을/를 갖다주세요."라고 말해요.

(6) 자동차로 (ⓐ 여자 친구 / ⓑ 아이 / ⓒ 아들 / ⓓ 할머니)을/를 집에 데려다줬어요.

(7) 친구에게 (ⓐ 동생 / ⓑ 돈 / ⓒ 집 / ⓓ 자동차)을/를 빌려줬어요.

(8) (ⓐ 책 / ⓑ 약속 / ⓒ 옷 / ⓓ 서류)을/를 내일 돌려줄 테니까 오늘 빌려주세요.

D

(1)

지나가다 to pass (to go)	지나오다 to pass (to come)

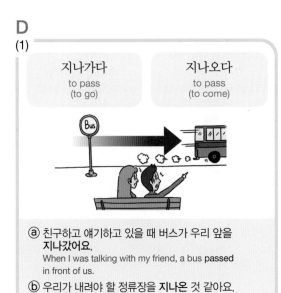

ⓐ 친구하고 얘기하고 있을 때 버스가 우리 앞을 **지나갔어요**.
When I was talking with my friend, a bus **passed** in front of us.

ⓑ 우리가 내려야 할 정류장을 **지나온** 것 같아요.
We've **passed** our stop.

(2)

건너가다 to cross (away from the speaker)	건너오다 to cross (toward the speaker)

ⓐ 기찻길을 **건너갈** 때 위험하니까 조심하세요.
Be careful when **crossing** the train tracks as it is dangerous.

ⓑ 저기 다리를 **건너오는** 사람이 제 친구예요.
The person **crossing** that bridge is my friend.

(3)

따라가다 to follow (away from the speaker)	따라오다 to follow (toward the speaker)

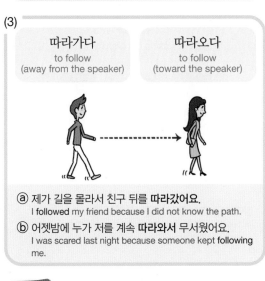

ⓐ 제가 길을 몰라서 친구 뒤를 **따라갔어요**.
I followed my friend because I did not know the path.

ⓑ 어젯밤에 누가 저를 계속 **따라와서** 무서웠어요.
I was scared last night because someone kept **following** me.

(4)

쫓아가다 to chase (away from the speaker)	쫓아오다 to chase (toward the speaker)

ⓐ 경찰이 도둑을 **쫓아가서** 결국 잡았어요.
The policeman **chased** the thief and finally caught him.

ⓑ 식당 주인이 **쫓아와서** 저한테 우산을 줬어요.
The restaurant owner **chased** after me to give me my umbrella.

Pop Quiz! Choose the correct answer according to each picture.

(1)

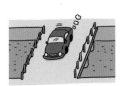

다리를 (ⓐ 건너가는 / ⓑ 건너오는) 자동차가 우리 차예요.

(2)

(ⓐ 지나간 / ⓑ 지나온) 일은 다 잊어버리세요.

(3)

횡단보도를 (ⓐ 지나가면 / ⓑ 건너가면) 약국이 보여요.

(4)

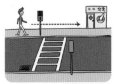

지금 강아지가 저를 (ⓐ 따라오고 / ⓑ 쫓아오고) 있어요.

E

(1)

다니다	돌아다니다
to attend/work at	to go (walk) around

ⓐ 지금은 한국 회사에 **다니고** 있어요.
I am currently **working at** a Korean company.

ⓑ 마음에 드는 선물을 찾기 위해서 시내 여기저기를 **돌아다녔어요.**
I **walked around** all of downtown to find a good gift.

(2)

가지고 다니다	데리고 다니다
to carry (something)	to take (someone) with

ⓐ 매일 회사에 가방을 **가지고 다녀요.**
Every day, I **carry** a bag to work.

ⓑ 보통 제가 아이를 **데리고 다녀요.**
I usually **take** my child **with** me.

(3)

찾아다니다	따라다니다
to look around for	to follow around

ⓐ 경찰이 어떤 남자를 **찾아다녀요.**
The policeman is **looking around for** a man.

ⓑ 개가 하루 종일 내 뒤를 **따라다녀요.**
The dog has been **following** me **around** all day.

(4)

들르다
to stop by, drop by

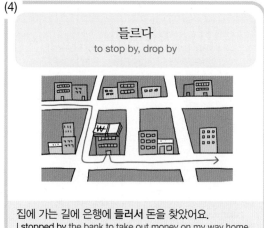

집에 가는 길에 은행에 **들러서** 돈을 찾았어요.
I **stopped by** the bank to take out money on my way home.

> **Tip**
> 다니다 may be preceded by different verbs to form compounds such as 돌아다니다(to walk around), 뛰어다니다(to run around), and 날아다니다(to fly around).

Pop Quiz! Choose the correct answer in the box to complete each conversation.

다니다	돌아다니다	가지고 다니다	데리고 다니다

(1) A 외국어를 공부할 때 어떻게 했어요?
   B 저는 매일 가방에 책을 _____면서 읽었어요.

(2) A 무슨 일 하세요?
   B 무역 회사에 _____고 있어요.

(3) A 피곤해 보여요. 무슨 일 있어요?
   B 부모님 선물을 사려고 하루 종일 가게를 _____.

(4) A 동생에게 옷을 사 줬어요?
   B 아침부터 저녁까지 동생을 _____지만 동생이 아무것도 사지 않았어요.

F

(1)

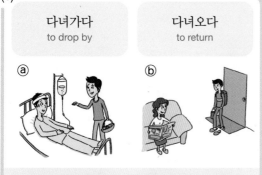

다녀가다	다녀오다
to drop by	to return

ⓐ ⓑ

ⓐ 병원에 입원해 있을 때 친구들이 병원에 **다녀갔어요**.
When I was hospitalized, my friends **dropped by** the hospital.

ⓑ 한국 사람들은 매일 집에 들어올 때 어른께 "**다녀왔습니다**"라고 인사해요.
Every day when Koreans return home, they say to the adults, "I'm home."

(2)

마중 나가다	배웅하다
to go to meet	to send off

ⓐ ⓑ

ⓐ 외국에 살고 있는 친구가 한국에 놀러 와서 제가 공항에 **마중 나갔어요**.
I **went** to the airport **to meet** my friend who was visiting Korea from another country.

ⓑ 친구가 한국을 떠나서 공항에 가서 **배웅했어요**.
I **sent off** my friend, who was leaving Korea, at the airport.

Pop Quiz! Correct each underlined part.

(1) 요즘 학원에 <u>돌아다니고</u> 있어요.

→

(2) 요즘 장마라서 매일 우산을 <u>데리고 다녀요</u>.

→

(3) 좋은 가방을 사려고 하루 종일 명동에 있는 가게를 <u>가지고 다녔어요</u>.

→

(4) 소중한 지갑을 잃어버려서 주말 내내 지갑을 <u>돌아다녔어요</u>.

→

(5) 친구가 오전에 우리 집에 <u>다녀왔어요</u>. 지금은 친구가 우리 집에 없어요.

→

(6) 콘서트마다 좋아하는 가수를 <u>데리고 다녔지만</u> 가수를 멀리서 보기만 했어요.

→

(7) 친구 부모님이 한국에 오셔서 친구가 기차역으로 부모님을 <u>배웅했지만</u>, 기차역에서 만나지 못했어요.

→

(8) 한국에서는 퇴근하고 집에 들어올 때 "<u>다녀갔습니다</u>."라고 인사해요.

→

The Verb 나다

Unit 82

Let's Learn!

The verb 나다 generally expresses the "emergence" of something. It is used in the following situations:

A The Emission of Light, Odor, etc.

빛이 나다	소리가 나다	냄새가 나다	맛이 나다
to sparkle	for a sound to come out	to smell (like)	to taste (like)

① 반지가 반짝반짝 **빛이 나요.**
The ring is **sparkling.**

③ 음식에서 이상한 **냄새가 나요.**
The food **smells** strange.

② 옆방에서 시끄러운 **소리가 나요.**
A loud **sound is coming** from the next room.

④ 이 주스는 사과 **맛이 나요.**
This juice **tastes** like apple.

> **Tip**
> The marker 이/가 is used with 나다.
> However, it is usually omitted in speech.
> **Ex.** 빛이 나다 = 빛나다
> 냄새가 나다 = 냄새나다

B Appearance on a Surface

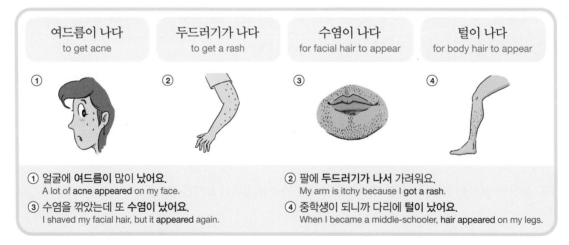

여드름이 나다	두드러기가 나다	수염이 나다	털이 나다
to get acne	to get a rash	for facial hair to appear	for body hair to appear

① 얼굴에 **여드름이** 많이 **났어요.**
A lot of acne appeared on my face.

③ 수염을 깎았는데 또 **수염이 났어요.**
I shaved my facial hair, but it **appeared** again.

② 팔에 **두드러기가** 나서 가려워요.
My arm is itchy because I **got a rash.**

④ 중학생이 되니까 다리에 **털이 났어요.**
When I became a middle-schooler, **hair appeared** on my legs.

Pop Quiz! Choose the correct answer.

(1) 빵에서 이상한 (ⓐ 냄새 / ⓑ 소리)가 나서 먹을 수 없어요.

(2) 이 알람 시계는 정말 큰 (ⓐ 냄새 / ⓑ 소리)가 나요.

(3) 아버지 다리에 (ⓐ 털 / ⓑ 수염)이 났어요.

(4) 음식을 잘못 먹으면 등에 (ⓐ 냄새 / ⓑ 두드러기)가 나요.

C The Feeling of an Emotion

Tip

Comparing 나다 with 내다:
- 화가 나다 describes a state of feeling.
- 화를 내다 expresses an action someone may do because he or she is angry. For example, yelling at someone may be encompassed by 화를 내다.

화가 나다 to be angry	짜증이 나다 to be annoyed	싫증이 나다 to become tired (of something)	겁이 나다 to be afraid

① 오늘도 지각해서 부장님이 **화가 났어요**.
The department head **was angry** because I was also late today.

③ 매일 샌드위치를 먹으니까 **싫증이 났어요**.
I **became tired of** sandwiches because I ate them every day.

② 늦게 나오는 친구 때문에 **짜증이 났어요**.
I **was annoyed** because my friend came out late.

④ 뱀이 바로 눈 앞에 있어서 **겁이 났어요**.
I **felt afraid** because a snake appeared right in front of my eyes.

D The Abnormality of the Body or Object

고장이 나다 to break	구멍이 나다 for a hole to appear	상처가 나다 to get injured	자국이 나다 for a mark to appear

① 컴퓨터가 **고장 났어요**.
My computer broke.

③ 팔에 **상처가 났어요**.
I got an injury on my arm.

② 옷에 **구멍이 났어요**.
A hole appeared on my clothing.

④ 길에 타이어 **자국이 났어요**.
Track marks appeared on the street.

Pop Quiz! Match each situation with its appropriate advice to complete each sentence.

(1) 옷에 구멍이 나면　(2) 모든 일에 싫증이 나면　(3) 손에 상처가 나면　(4) 물건이 고장 나면

・　　　　　　・　　　　　　・　　　　　　・

・　　　　　　・　　　　　　・　　　　　　・

ⓐ 반창고로
치료하세요.

ⓑ 여행을
떠나세요.

ⓒ 서비스 센터에
맡기세요.

ⓓ 실과 바늘로
바느질하세요.

E The Occurrence of an Incident

사고가 나다	불이 나다	전쟁이 나다
for an accident to happen	for a fire to break out	for a war to break out

①

②

③

① 사거리에서 교통사고가 **났어요**.
An accident happened at the intersection.

② 1시간 전에 건물에 불이 **났어요**.
A fire broke out in the building an hour ago.

③ 중동에서 **전쟁이 났어요**.
A war broke out in the Middle East.

Tip
When an emergency has occurred, the phrase 큰일 났어요! is used.

F The Incidence of Natural Disasters

지진이 나다	홍수가 나다	가뭄이 나다
for an earthquake to happen	for a flood to happen	for a drought to happen

①

②

③

① 어제 섬에서 **지진이 났어요**.
There was an earthquake on the island yesterday.

② 비가 너무 많이 와서 **홍수가 났어요**.
It rained so much that there was a flood.

③ 오랫동안 비가 안 와서 **가뭄이 났어요**.
A drought happened because there was no rain for a long time.

Pop Quiz! Choose the correct answer.

(1) 담배를 끄지 않고 버려서 (ⓐ 불 / ⓑ 전쟁)이 났어요.

(2) 운전할 때 전화를 하면 (ⓐ 전쟁이 / ⓑ 사고가) 날 수 있어요.

(3) 지진이 나면 건물이 (ⓐ 세워질/ ⓑ 무너질) 수 있어요.

(4) (ⓐ 가뭄이 / ⓑ 홍수가) 나서 물이 많이 부족해요.

(5) (ⓐ 가뭄이 / ⓑ 홍수가) 나면 물이 허리까지 올라올 수 있어요.

(6) 1950년에 한국에서 (ⓐ 지진 / ⓑ 전쟁)이 나서 많은 사람들이 죽었어요.

G Ailments

병이 나다	멀미가 나다	배탈이 나다	현기증이 나다
to become sick	to have motion sickness	to have an upset stomach	to become dizzy

① ② ③ ④

① 쉬지 않고 일하다가 **병이 났어요.**
I became sick while working because I did not rest.

③ **배탈이 났으니까** 약을 먹어야겠어요.
I should take some medicine because I **have indigestion.**

② 자동차를 탔을 때 **멀미가 났어요.**
I became carsick in the car.

④ 더운 날씨에 오래 서 있어서 **현기증이 났어요.**
I became dizzy from standing in the hot weather for a long time.

H Memories and Thoughts

기억이 나다	생각이 나다
to remember	for a thought to occur

민수

① 갑자기 그 사람 이름이 **기억났어요.**
I suddenly remembered that person's name.

② 저 사람을 어디에서 만났는지 **생각났어요.**
It just came to me where I met that person.

Tip
생각이 나다 for a thought to occur (= to remember)
≠ 생각하다 to think

Pop Quiz! Match each condition with its corresponding result to complete each sentence.

(1) 어릴 때 친구를 만나면 •

(2) 배를 타고 바다에 가면 •

(3) 갑자기 당황하면 •

(4) 아이스크림을 많이 먹으면 •

(5) 더울 때 오랫동안 밖에 서 있으면 •

(6) 쉬지 않고 무리해서 계속 일하면 •

• ⓐ 자기 이름도 기억 나지 않을 수 있어요.

• ⓑ 현기증이 날 수도 있어요.

• ⓒ 친구 이름이 생각날 거예요.

• ⓓ 배탈이 날 수도 있어요.

• ⓔ 병이 날 거예요.

• ⓕ 멀미가 날 수도 있어요.

The Verb 하다

Let's Learn!

The verb 하다 generally means "to do." It may be used in the following ways:

A 〔Task〕 + 하다

| 공부하다
to study | 운동하다
to exercise | 연습하다
to practice | 청소하다
to clean |

① 공부 study ② 운동 exercise ③ 연습 practice ④ 청소 cleaning

Pop Quiz! Choose the correct answer in the box to complete each sentence.

| 연습하다 | 공부하다 | 청소하다 | 운동하다 |

(1) 내일 시험이 있어서 _____.

(2) 살이 많이 쪄서 _____.

(3) 야구 선수가 되고 싶어서 야구를 _____.

(4) 방이 너무 더러워서 _____.

B Using the Verb 하다 as a Pro-verb

(1) The verb 하다 is used to refer back to a previous verb or adjective in the sentence. It is typically used with markers (such as 는 or 만) or endings (such as −다가 or −거나) to convey various meanings. The verb 하다 can be used in the following ways:

① 동생이 제 말을 안 듣지만 귀엽기는 **해요**.
My younger brother doesn't listen to me, but he's **cute**.

② 친구가 아무 말도 하지 않고 울기만 **했어요**.
My friend didn't say a word; he just **cried**.

③ 너무 긴장돼서 문 앞에서 왔다 갔다 **해요**.
I was very nervous, so I **paced back and forth** in front of the door.

④ 주말에 집에서 책을 읽거나 텔레비전을 보거나 **해요**.
On the weekend, I **read a book or watch the television** at home.

(2) In the given context, the verb 하다 can be used to replace certain verbs and adjectives.

① 이제부터 매일 운동하기로 **했어요**. (= 결심했어요)
I have **decided** to exercise every day from now.

② 한국어를 잘했으면 **해요**. (= 좋겠어요)
I **wish** I could speak Korean well.

C When Describing an Occupation or the Management of a Business

(1) When Describing an Occupation

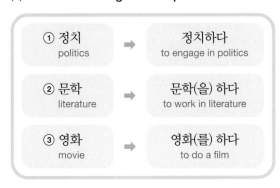

① 정치 politics	➡	정치하다 to engage in politics
② 문학 literature	➡	문학(을) 하다 to work in literature
③ 영화 movie	➡	영화(를) 하다 to do a film

(2) When Describing the Management of a Business

① 가게 store	➡	가게(를) 하다 to manage a store
② 세탁소 laundromat	➡	세탁소(를) 하다 to manage a laundromat
③ 식당 restaurant	➡	식당(을) 하다 to manage a restaurant

 Match each occupation with its corresponding verb.

(1) 사업가　　(2) 영화감독　　(3) 정치가　　(4) 식당 주인

ⓐ 식당(을) 하다　　ⓑ 사업하다　　ⓒ 정치하다　　ⓓ 영화(를) 하다

D When Expressing "To Wear" with Accessories

> **Tip**
> When using the verb 하다 to describe the completed act of wearing accessories, it must be used with –았/었–.
> **Ex** 귀걸이를 했어요. (O)
> I am wearing earrings.
> 귀걸이를 해요.(X)

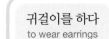

귀걸이를 하다 to wear earrings	목걸이를 하다 to wear a necklace	넥타이를 하다 to wear a tie	목도리를 하다 to wear a scarf
①	②	③	④

귀걸이 earrings　　목걸이 necklace　　넥타이 tie　　목도리 scarf

+ 을/를 했다 to wear

 Correct each underlined part.

(1) 벨트를 <u>입었어요</u>.

(2) 안경을 <u>했어요</u>.

(3) 우산을 <u>했어요</u>.

(4) 목도리를 <u>꼈어요</u>.

(5) 팔찌를 <u>썼어요</u>.

(6) 넥타이를 <u>신었어요</u>.

E When Express a Price

[price] + 하다

(1) **When asking for a price**
  A 이 가방이 얼마나 해요? (= 이 가방이 얼마예요?) How much is this bag?
  B 30만 원쯤 해요. (≒ 30만 원이에요.) It is around 300,000 won.

(2) **To ask about a fee 돈이 들다 is used when inquiring about a cost.**
  A 이번 여행에 돈이 얼마나 들었어요? How much did this trip cost?
  B 30만 원쯤 들었어요. It cost around 300,000 won.

Pop Quiz! Choose the correct answer.

(1) 생일 파티에 돈이 얼마나 (ⓐ 했어요 / ⓑ 들었어요)?

(2) 이 자동차가 얼마나 (ⓐ 해요 / ⓑ 들어요)?

(3) 비자를 만들 때 돈이 얼마나 (ⓐ 해요 / ⓑ 들어요)?

(4) 커피 한 잔이 얼마나 (ⓐ 해요 / ⓑ 들어요)?

F 잘하다 vs. 못하다

(1)

잘하다
to do well

내 친구는 외국어를 잘해요.
My friend speaks foreign languages well.

(2)

못하다
to not do well /
to be bad, poor

저는 술을 못해요.
I can't drink alcohol.

> **Tip**
> The verb 잘하다/못하다 is used after a noun to indicate someone's ability or inability to do that thing.
> **Ex.** 노래를 잘해요. I am good at singing.
> 노래를 못해요. I am not good at singing.

Pop Quiz! Write O for the correct answer or X for incorrect one according to the following passage.

새라

어렸을 때부터 요리했어요. 요리가 재미있고 저한테 별로 어렵지 않아요. 그런데 집에 물건이 고장 나면 어떻게 해야 할지 잘 모르겠어요. 노래도 잘 못 부르니까 노래방에 가기 싫어요.

진수

저는 요리에 관심이 있지만 제가 만든 음식은 별로 맛이 없어요. 하지만 저는 컴퓨터나 가구 어떤 것도 쉽게 고쳐요. 가끔 노래방에 가지만 노래는 잘 못 불러요.

(1) 진수와 새라는 둘 다 요리를 잘해요. ☐

(2) 진수는 요리를 잘하지만 수리를 잘 못해요. ☐

(3) 새라는 요리를 잘하지만 수리를 잘 못해요. ☐

(4) 진수와 새라는 둘 다 노래를 잘 못해요. ☐

G When Quoting Indirectly, Use –고 하다

–고 하다
quoted speech

다시 전화할게요.

선생님이 다시 전화한다고 했어요.

A 선생님이 뭐라고 했어요?
   What did the teacher say?

B 다시 전화한다고 했어요. (= 말했어요.)
   He said he is calling again.

> **Tip**
> The usage of quoted speech can vary depending on the type of sentence being quoted.
> Declarative (Statement): –다고 하다
> Imperative (Command): –(으)라고 하다
> Propositive (Suggestion): –(으)자고 하다
> Interrogative (Question): –냐고 하다

Pop Quiz! Rewrite each following quotation as quoted speech.

리에   오늘 시간이 없어요?

제인   지난주에 친구를 만났어요.

(1) 리에는 오늘 시간이 _____.

(2) 제인은 지난주에 친구를 _____.

새라   오늘 같이 점심 먹읍시다.

진수   보통 저녁에 운동해요.

(3) 새라는 오늘 같이 _____.

(4) 진수는 보통 저녁에 _____.

H –게 하다: When Expressing the Causative Meaning of a Verb

When making someone perform an action, –게 하다 is attached to that verb.

(1)

[somebody]을/를 [verbs]게 하다
to make somebody verb

아이가 엄마를 화나게 했어요.
The child **made** his mom **angry**.

(2)

[somebody]에게 [verbs]게 하다
to make somebody verb

선생님이 학생들에게 책을 읽게 했어요.
The teacher **made** the students **read** a book.

Pop Quiz! Match each reason with its corresponding result to complete each sentence.

(1) 친구가 계속 수업에 늦게 와서 •

(2) 직원이 오늘 너무 피곤해 보여서 •

(3) 아들 방이 너무 더러워서 •

(4) 딸이 매일 게임만 해서 •

• ⓐ 엄마가 딸에게 게임을 못 하게 했어요.

• ⓑ 엄마가 아들에게 방을 정리하게 했어요.

• ⓒ 사장님이 직원을 하루 쉬게 했어요.

• ⓓ 선생님을 화나게 했어요.

I –아/어하다: When Expressing a Feeling Inferred from an Action

When –아/어하다 is attached to an adjective stem, it becomes a verb.

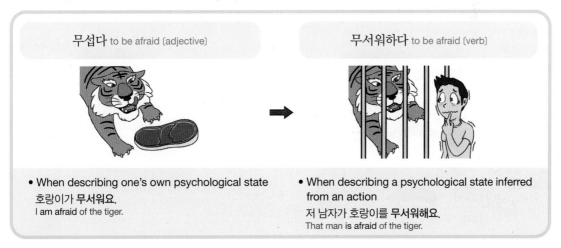

무섭다 to be afraid (adjective)

무서워하다 to be afraid (verb)

• When describing one's own psychological state
호랑이가 **무서워요**.
I am afraid of the tiger.

• When describing a psychological state inferred from an action
저 남자가 호랑이를 **무서워해요**.
That man **is afraid** of the tiger.

Pop Quiz! Choose the correct answer.

(1) 회사 생활이 너무 (ⓐ 괴로워요 / ⓑ 괴로워해요).

(2) 그 사람은 자기 실수를 너무 (ⓐ 부끄러워요 / ⓑ 부끄러워해요).

(3) 가족을 (ⓐ 그리워도 / ⓑ 그리워해도) 만날 수 없어요.

(4) 저를 도와준 사람들에게 항상 (ⓐ 고맙고 / ⓑ 고마워하고) 있어요.

> **Tip**
> –아/어하다 must be used when describing one's state objectively as it describes a state inferred from an action.
> • 슬프다 to be sad:
>   **Ex** 영화가 슬퍼요. The movie is sad.
> • 슬퍼하다 to be saddened:
>   **Ex** 사람들이 그분의 죽음을 슬퍼했어요. The people were saddened by that person's death

The Verb 되다

Unit 84

Let's Learn!

The verb 되다 generally means "to become." It is used in the following situations:

A 〔Noun〕+ 이/가 되다: "To Become" (an Occupation or Status)

A 나중에 어떤 사람이 되고 싶어요?
What do you want to **become** in the future?

B 가수가 되고 싶어요.
I want to **become** a singer.

Be careful!
Use the marker 이/가 when indicating the resulting state in front of the verb 되다.
Ex 선생님이 됐어요. (O)
I became a teacher.
선생님에 됐어요. (X)

Pop Quiz! Choose the correct answer in the box to complete each sentence.

배우	작가	의사	경찰

(1) 저는 나중에 자기 책을 쓰고 싶어요. _____이/가 되고 싶어요.

(2) 저는 도둑 같은 나쁜 사람을 잡고 싶어요. _____이/가 되고 싶어요.

(3) 저는 아픈 사람을 고쳐 주고 싶어요. _____이/가 되고 싶어요.

(4) 저는 영화나 드라마에서 연기하고 싶어요. _____이/가 되고 싶어요.

B When Expressing a Change

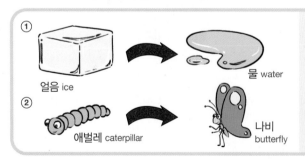

① 얼음 ice
물 water
② 애벌레 caterpillar
나비 butterfly

① 얼음이 물이 되었어요.
The ice **became** water.
= 얼음이 물로 되었어요.

② 애벌레가 나비가 되었어요.
The caterpillar **became** a butterfly.

Be careful!
The marker (으)로 marks a change to a different state when describing a transformation of someone or something.

Pop Quiz! Match the following to complete each sentence.

(1) 병아리가 •   • ⓐ 개가 돼요.

(2) 강아지가 •   • ⓑ 닭이 돼요.

(3) 남자 아이가 •   • ⓒ 소녀가 돼요.

(4) 여자 아이가 •   • ⓓ 소년이 돼요.

C When Reaching a Certain Time or State

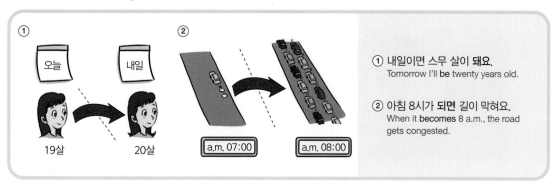

① 내일이면 스무 살이 **돼요**.
Tomorrow I'll **be** twenty years old.

② 아침 8시가 **되면** 길이 막혀요.
When it **becomes** 8 a.m., the road gets congested.

Pop Quiz! Correct each underlined part.

(1) 매년 12월이 되면 <u>환영회</u>를 해요.

(2) 한국에서 60살이 되면 <u>환송회</u>를 해요.

(3) 이사하게 되면 <u>송년회</u>를 해요.

(4) 친구가 떠나게 되면 <u>집들이</u>를 해요.

(5) 한국에서 1살이 되면 <u>환갑잔치</u>를 해요.

(6) 새로운 사람이 오게 되면 <u>돌잔치</u>를 해요.

D When Expressing the State of Completion of an Object or Event

① 빵이 다 **됐습니다**. The bread is ready.

The adverb 다(all) is used to express completion.

② 식사가 **준비됐어요**. The meal is ready.

Pop Quiz! Choose the correct answer in the box to complete each conversation.

다	하나도	거의	반

(1) A 숙제 끝났어요?

   B 네, _____ 다 됐어요. 5분만 더 하면 돼요.

(2) A 파티 준비가 끝났어요?

   B 그럼요, 벌써 _____ 됐어요.

(3) A 음식이 다 됐어요?

   B 아니요, 지금 _____ 쯤 됐어요. 50% 더 돼야 돼요.

(4) A 지금 밥을 먹을 수 있어요?

   B 아니요, 밥이 _____ 안 됐어요. 지금 시작해야 해요.

E When Expressing What Something Is Made Out of

(1)

나무로 **된** 집은 겨울에 추워요.
Houses **made of** wood are cold in the winter.

(2)

유리로 **된** 물건은 깨지기 쉬워요.
Things **made of** glass break easily.

Pop Quiz! Choose the correct answer to complete each sentence.

(1) 면으로 된 양말은 (ⓐ 입기 / ⓑ 신기) 좋아요.

(2) 실크로 된 블라우스는 (ⓐ 화장하기 / ⓑ 세탁하기) 불편해요.

(3) 종이로 된 신분증은 (ⓐ 찢어지기 / ⓑ 깨지기) 쉬워요.

(4) 유리로 된 장난감은 (ⓐ 찢어지기 / ⓑ 깨지기) 쉬워요.

> **Tip**
> The marker (으)로 is used after the material noun.

F When Expressing Whether a Machine Runs or Not

(1)

어제 세탁기를 수리해서 이제 **잘 돼요**.
Since I fixed the laundry machine yesterday, it **works** now.

(2)

컴퓨터가 **안 돼요**. 또 고장 났어요.
The computer **doesn't work**. It broke again.

Pop Quiz! Choose the correct answer in the box to complete each sentence.

자판기	전화기	면도기	세탁기

(1) _____이/가 안 돼요. 빨래를 세탁소에 맡겨야 돼요.

(2) _____이/가 안 돼요. 상대방 소리가 안 들려요.

(3) _____이/가 안 돼요. 오늘은 수염을 깎을 수 없어요.

(4) _____이/가 안 돼요. 돈을 넣어도 음료수가 안 나와요.

G 잘되다 vs. 안되다

(1)

사업이 **잘돼요.**
The business is going well.

(2)

공부가 잘 **안돼요.**
My studying is not going well.

Pop Quiz! Choose the correct answer to complete each sentence.

(1) 공사가 잘되면 문제가 (ⓐ 생길 / ⓑ 없을) 거예요.

(2) 수술이 잘되면 빨리 (ⓐ 나을 / ⓑ 아플) 거예요.

(3) 공부가 잘 안되면 잠깐 (ⓐ 쉬는 / ⓑ 공부하는) 게 좋아요.

(4) 일이 잘 안되면 큰돈을 (ⓐ 벌 / ⓑ 잃을) 수 있어요.

H When Expressing Feelings: (걱정, 긴장, 후회, 안심) + 되다

① 시험 준비를 못 해서 **걱정돼요.**
I am worried because I wasn't able to prepare for the test.

② 시험이 쉬워서 **안심돼요.**
I am relieved because the test was easy.

③ 면접할 때 너무 **긴장돼요.**
I am very nervous during interviews.

④ 친구하고 싸운 것이 **후회돼요.**
I regret fighting with my friend.

Pop Quiz! Match the following to complete each sentence.

(1) 아이가 늦게까지 집에 안 들어올 때 •   • ⓐ 긴장돼요.

(2) 사람들 앞에서 외국어로 말할 때 •   • ⓑ 안심돼요.

(3) 해야 할 일을 안 해서 문제가 될 때 •   • ⓒ 걱정돼요.

(4) 어두운 곳이라도 친구와 함께 있을 때 •   • ⓓ 후회돼요.

The Verbs 생기다, 풀다, and 걸리다

Let's Learn!

The Verb 생기다

The verb 생기다 has the general meaning of "to appear" or "to happen." It is used in the following situations:

A The Appearance of Something That Was Previously Nonexistent

① 집 앞에 슈퍼가 생겼어요.
A market **appeared** in front of my house.

③ 동생에게 여자 친구가 생겼어요.
My younger brother **has** a girlfriend now.

② 돈이 생기면 밥 사 줄게요.
If I **get** money, I will buy you food.

④ 박수 소리를 듣고 자신감이 생겼어요.
I **gained** confidence from hearing the applause.

B The Sudden Occurrence of an Event

① 문제가 생겨서 걱정돼요.
I am worried because a problem **arose**.

② 형에게 좋은 일이 생겼어요.
Something good **happened** to my older brother.

Pop Quiz! Match each situation with its corresponding result.

(1) 선물로 돈이 생겼어요.   •

(2) 다른 친구하고 약속이 생겼어요. •

(3) 집에 문제가 생겼어요.   •

(4) 집 근처에 식당이 생겼어요.   •

• ⓐ 그래서 내일 만날 수 없어요.

• ⓑ 그래서 사고 싶은 운동화를 샀어요.

• ⓒ 그래서 거기에 밥 먹으러 자주 가요.

• ⓓ 그래서 가족하고 해결 방법을 찾고 있어요.

C When Describing the Appearance of a Person or Object

(1)

① 여학생이 예쁘게 **생겼어요.** The female student is pretty.
② 여자가 귀엽게 **생겼어요.** The girl **looks** cute.

(2)

① 영화배우가 멋있게 **생겼어요.** The actor is handsome.
② 남자가 착하게 **생겼어요.** The man **looks** kind.

(3)

① 진호는 미국 사람처럼 **생겼어요.**
Jinho **looks** like an American.
② 여자가 배우처럼 **생겼어요.**
The woman **looks** like an actress.

(4)

① 저 사람은 운동선수처럼 **생겼어요.**
That person **looks** like an athlete.
② 여자가 모델처럼 **생겼어요.**
The woman **looks** like a model.

Pop Quiz! 1 Match the following to complete each sentence.

(1) 공주처럼 •
(2) 왕자처럼 •
(3) 아이처럼 •
(4) 호랑이처럼 •

• ⓐ 귀엽게 생겼어요.
• ⓑ 예쁘게 생겼어요.
• ⓒ 무섭게 생겼어요.
• ⓓ 멋있게 생겼어요.

> **Be careful!**
> • 처럼: used before verbs or adjectives.
> **Ex.** 여자가 모델처럼 키가 커요.
> A woman is as tall as a model.
> • 같은: used before nouns.
> **Ex.** 모델 같은 여자가 키가 커요.
> A woman like a model is tall.

Pop Quiz! 2 Choose the correct answer according to each picture.

(1)

내 친구는 (ⓐ 사업가 / ⓑ 예술가)처럼 생겼어요.

(2)

우리 개는 (ⓐ 고양이 / ⓑ 거북이)처럼 생겼어요.

(3)

저 아이들은 형제처럼 (ⓐ 똑같이 / ⓑ 다르게)
생겼어요.

(4)

같은 회사 제품이지만 (ⓐ 똑같이 / ⓑ 다르게)
생겼어요.

The Verb 풀다

The verb 풀다 has the general meaning of "to undo." It is used in the following situations:

A Undoing a Tied, Worn, or Packed Object

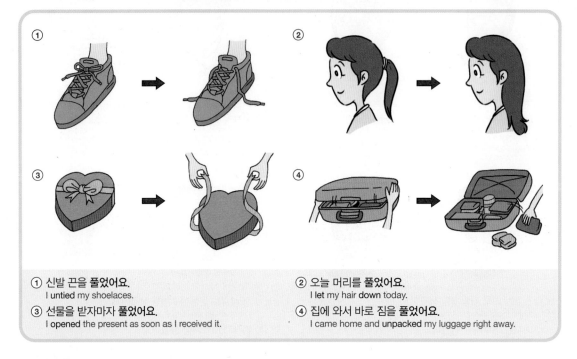

① 신발 끈을 **풀었어요**.
I **untied** my shoelaces.
③ 선물을 받자마자 **풀었어요**.
I **opened** the present as soon as I received it.

② 오늘 머리를 **풀었어요**.
I **let** my hair **down** today.
④ 집에 와서 바로 짐을 **풀었어요**.
I came home and **unpacked** my luggage right away.

Pop Quiz! 1 Match each verb with its antonym.

(1) 짐을 풀다 •

(2) 머리를 풀다 •

(3) 선물을 풀다 •

(4) 벨트를 풀다 •

(5) 끈을 풀다 •

(6) 시계를 풀다 •

• ⓐ 싸다

• ⓑ 묶다

• ⓒ 차다

Tip
• 싸다 to pack, wrap
• 묶다 to tie up
• 차다 to wear

Pop Quiz! 2 Choose the correct answer to complete each sentence.

(1) 어제 가방을 (ⓐ 쌀 / ⓑ 묶을) 때 모자를 넣었는데, 가방을 풀 때 모자가 없어요.

(2) 끈으로 머리를 (ⓐ 싸면 / ⓑ 묶으면) 아이 같은데, 머리를 풀면 어른 같아요.

(3) 발이 아파요. 신발 끈을 풀고 다시 (ⓐ 싸야 / ⓑ 묶어야) 할 것 같아요.

(4) 선물을 (ⓐ 쌀 / ⓑ 묶을) 때 30분 걸렸는데, 선물을 풀 때에는 1분도 안 걸렸어요.

(5) 소포를 (ⓐ 싼 / ⓑ 묶은) 다음에 소포를 받는 이름과 주소, 연락처를 써야 해요.

(6) 배가 너무 불러서 벨트를 풀었어요. 이따가 회의 시작 전에 다시 벨트를 (ⓐ 싸야 / ⓑ 차야) 해요.

B The Lessening of Something Difficult or Negative

(1) Solving a Difficult Situation

① 시험 문제를 풀고 있어요.
I am **answering** the test question.

② 인터넷을 통해 궁금증을 풀었어요.
I am **answering** my curiosity through the Internet.

(2) The Disappearance of a Negative Feeling Such as Tiredness

① 음식으로 스트레스를 풀어요.
I **relieve** my stress by eating.

② 운동으로 피로를 풀었어요.
I **relieved** my fatigue by exercising.

(3) The Calming of a Feeling

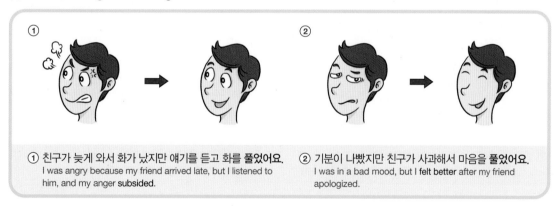

① 친구가 늦게 와서 화가 났지만 얘기를 듣고 화를 풀었어요.
I was angry because my friend arrived late, but I listened to him, and my anger **subsided**.

② 기분이 나빴지만 친구가 사과해서 마음을 풀었어요.
I was in a bad mood, but I **felt better** after my friend apologized.

Pop Quiz! Match the following to complete each sentence.

(1) 기분을 풀기 위해 •

(2) 오해를 풀기 위해 •

(3) 피로를 풀기 위해 •

(4) 문제를 풀기 위해 •

• ⓐ 문제에 대해 많이 생각했어요.

• ⓑ 신나게 춤을 췄어요.

• ⓒ 그 사람과 오랫동안 대화했어요.

• ⓓ 하루 종일 푹 쉬었어요.

The Verb 걸리다

The verb 걸리다 has the general meaning of "to hang (on)." It is used in the following situations:

A When Expressing the Time Needed to Complete a Task

① 청소하는 데 3시간 정도 **걸렸어요**.
It **took** me three hours to clean.

② 집에서 회사까지 1시간 정도 **걸려요**.
It **takes** me one hour to get from home to work.

Pop Quiz! Write O for the correct answer or X for the incorrect one according to the table.

(1) 자동차가 시간이 제일 조금 걸려요. ☐

(2) 자전거가 시간이 제일 많이 걸려요. ☐

(3) 버스가 지하철보다 10분 빨라요. ☐

(4) 자전거가 지하철보다 20분 느려요. ☐

(5) 자동차와 오토바이는 10분 차이가 나요. ☐

자동차	15분
오토바이	20분
자전거	45분
지하철	25분
버스	35분
도보	1시간 20분

B Falling Sick

① 지난주에 감기에 **걸려서** 회사에 못 갔어요.
I couldn't go to work last week because I **caught** a cold.

② 담배를 많이 피우면 암에 **걸릴** 수 있어요.
If you smoke a lot, you may **get** cancer.

Pop Quiz! Match each condition with its corresponding result.

(1) 겨울에 옷을 얇게 입으면 •　　　　　• ⓐ 변비에 걸려요.

(2) 스트레스를 많이 받으면 •　　　　　• ⓑ 감기에 걸려요.

(3) 담배를 많이 피우면 •　　　　　• ⓒ 폐암에 걸려요.

(4) 소화에 문제가 생기면 •　　　　　• ⓓ 우울증에 걸려요.

C With the Meaning "To Hang"

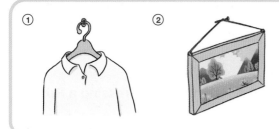

① 옷이 옷걸이에 걸려 있어요.
The clothes are **hanging** on the hanger.

② 벽에 그림이 걸려 있어요.
A picture is **hanging** on the wall.

D With the Meaning "To Be Caught"

① 시험을 볼 때 책을 보다가 선생님한테 걸렸어요.
I was **caught** by the teacher for looking at my book while taking the test.

② 너무 빨리 운전하다가 경찰에게 걸렸어요.
I was **caught** by the police for driving too fast.

E With the Meaning "To Get Caught on (an Object)"

① 못에 걸려서 옷이 찢어졌어요.
My clothes ripped from **getting caught** on a nail.

② 돌에 걸려서 길에서 넘어졌어요.
(My foot) **caught** on a rock on the road, and I tripped.

Pop Quiz! Match the following to complete each sentence according to each picture.

(1)

벽에 시계가 걸려 있어서

·

·

ⓐ 친구가 화를 냈어요.

(2)

거짓말이 친구에게 걸려서

·

·

ⓑ 경찰서에 갔어요.

(3)

간판에 걸려서

·

·

ⓒ 길에서 넘어졌어요.

(4)

경찰에게 걸려서

·

·

ⓓ 쉽게 시간을 확인할 수 있어요.

Action and the Result of the Action

Let's Learn!

A When Expressing an Action Caused by an Agent; When Expressing a Result Caused by an Action

(1)

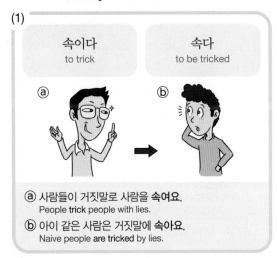

| 속이다
to trick | 속다
to be tricked |

ⓐ 사람들이 거짓말로 사람을 **속여요**.
People **trick** people with lies.
ⓑ 아이 같은 사람은 거짓말에 **속아요**.
Naive people **are tricked** by lies.

(2)

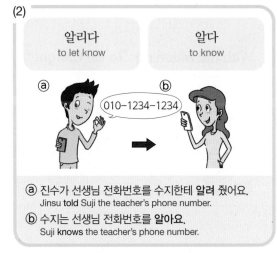

| 알리다
to let know | 알다
to know |

ⓐ 진수가 선생님 전화번호를 수지한테 **알려** 줬어요.
Jinsu **told** Suji the teacher's phone number.
ⓑ 수지는 선생님 전화번호를 **알아요**.
Suji **knows** the teacher's phone number.

(3)

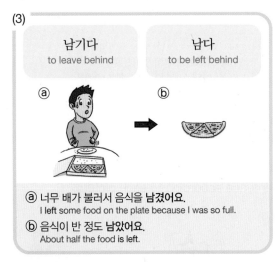

| 남기다
to leave behind | 남다
to be left behind |

ⓐ 너무 배가 불러서 음식을 **남겼어요**.
I left some food on the plate because I was so full.
ⓑ 음식이 반 정도 **남았어요**.
About half the food **is left**.

(4)

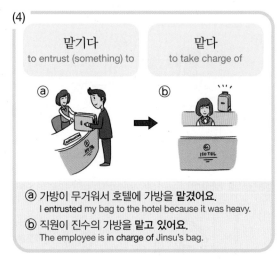

| 맡기다
to entrust (something) to | 맡다
to take charge of |

ⓐ 가방이 무거워서 호텔에 가방을 **맡겼어요**.
I entrusted my bag to the hotel because it was heavy.
ⓑ 직원이 진수의 가방을 **맡고** 있어요.
The employee is **in charge of** Jinsu's bag.

Pop Quiz! 1 Match the following to complete each sentence.

(1) 사람을 잘 믿어서 •
(2) 배불러서 •
(3) 빨리 가려고 •
(4) 잃어버리지 않으려고 •
(5) 나중에 여행 가려고 •
(6) 갑자기 일이 생겨서 •

• ⓐ 택시를 세웠어요.
• ⓑ 약속을 바꿨어요.
• ⓒ 음식을 남겼어요.
• ⓓ 친구가 잘 속아요.
• ⓔ 돈을 모으고 있어요.
• ⓕ 열쇠를 책상 서랍 안에 넣었어요.

(5)

세우다	서다
to make stand, stop	to stand, (for a vehicle) to stop

ⓐ 브레이크를 밟아서 차를 **세웠어요**.
I pressed the brake, and the car **stopped**.

ⓑ 차가 횡단보도 앞에서 **섰어요**.
The car **stopped** in front of the crosswalk.

(6)

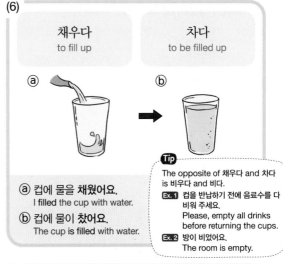

채우다	차다
to fill up	to be filled up

ⓐ 컵에 물을 **채웠어요**.
I filled the cup with water.

ⓑ 컵에 물이 **찼어요**.
The cup is filled with water.

> **Tip**
> The opposite of 채우다 and 차다 is 비우다 and 비다.
> **Ex. 1** 컵을 반납하기 전에 음료수를 다 비워 주세요.
> Please, empty all drinks before returning the cups.
> **Ex. 2** 방이 비었어요.
> The room is empty.

(7)

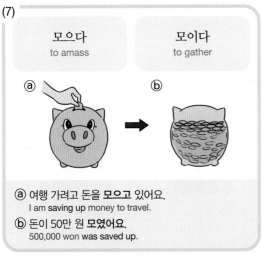

모으다	모이다
to amass	to gather

ⓐ 여행 가려고 돈을 **모으고** 있어요.
I am saving up money to travel.

ⓑ 돈이 50만 원 **모였어요**.
500,000 won **was saved up**.

(8)

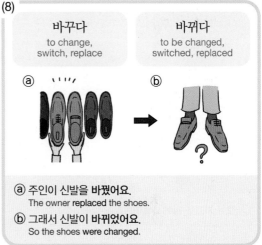

바꾸다	바뀌다
to change, switch, replace	to be changed, switched, replaced

ⓐ 주인이 신발을 **바꿨어요**.
The owner replaced the shoes.

ⓑ 그래서 신발이 **바뀌었어요**.
So the shoes were changed.

Pop Quiz! 2 Choose the correct answer to complete each sentence.

(1) 배가 불러서 음식을 (ⓐ 남을 / ⓑ 남길) 줄 알았는데 음식이 하나도 안 (ⓐ 남았어요 / ⓑ 남겼어요).

(2) 친구한테 일을 (ⓐ 맡았으니까 / ⓑ 맡겼으니까) 앞으로 친구가 제 일을 (ⓐ 맡을 / ⓑ 맡길) 거예요.

(3) 사람들이 거짓말로 나를 (ⓐ 속아도 / ⓑ 속여도) 나는 절대로 (ⓐ 속지 / ⓑ 속이지) 않을 거예요.

(4) 부모님이 내 결정을 (ⓐ 바뀌려고 / ⓑ 바꾸려고) 해도 내 결정은 (ⓐ 바뀌지 / ⓑ 바꾸지) 않았어요.

(5) 길에서 차를 (ⓐ 서려고 / ⓑ 세우려고) 했지만 차가 (ⓐ 서지 / ⓑ 세우지) 않았어요.

(6) 200㎖ 이상 물이 (ⓐ 차지 / ⓑ 채우지) 않게 그릇에 천천히 물을 (ⓐ 차세요 / ⓑ 채우세요).

(7) 같이 여행 가려고 사람을 (ⓐ 모았지만 / ⓑ 모였지만) 사람이 2명만 (ⓐ 모았어요 / ⓑ 모였어요).

(8) 저 사람한테 제 이름을 (ⓐ 알아 / ⓑ 알려) 줬으니까 이제 저 사람도 제 이름을 (ⓐ 알 / ⓑ 알릴) 거예요.

B The Pattern: 뜨리다 – 지다

Tip
When describing an action caused by an agent, the marker 을/를 is used with a transitive verb. When describing the result of an action, the marker 이/가 is used with an intransitive verb.

(1)

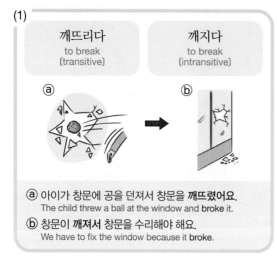

깨뜨리다	깨지다
to break (transitive)	to break (intransitive)

ⓐ 아이가 창문에 공을 던져서 창문을 **깨뜨렸어요**.
The child threw a ball at the window and broke it.

ⓑ 창문이 **깨져서** 창문을 수리해야 해요.
We have to fix the window because it broke.

(2)

부러뜨리다	부러지다
to snap (transitive)	to snap (intransitive)

ⓐ 불을 피울 때 나무를 작게 **부러뜨려서** 사용해요.
To make a fire, snap wood into small pieces to use.

ⓑ 여기에 나무가 **부러져** 있어요.
The wood is snapped here.

(3)

떨어뜨리다	떨어지다
to drop (transitive)	to drop (intransitive)

ⓐ 오늘 지갑을 길에서 **떨어뜨려서** 잃어버렸어요.
I dropped my wallet on the street today and lost it.

ⓑ 바닥에 **떨어진** 지갑을 못 봤어요.
I couldn't see the wallet that fell on the ground.

(4)

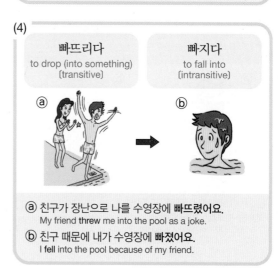

빠뜨리다	빠지다
to drop (into something) (transitive)	to fall into (intransitive)

ⓐ 친구가 장난으로 나를 수영장에 **빠뜨렸어요**.
My friend threw me into the pool as a joke.

ⓑ 친구 때문에 내가 수영장에 **빠졌어요**.
I fell into the pool because of my friend.

Pop Quiz! Complete each sentence according to each picture.

(1)

카메라 렌즈가 _____서 안 보여요.

(2)

실수로 안경다리를 _____서 쓸 수 없어요.

(3)

아이가 물에 _____. 도와주세요.

(4)

핸드폰을 _____서 핸드폰이 고장 났어요.

C The Pattern: 내다 – 나다

When Expressing Whether an Action Is Performed with Intent

(1)
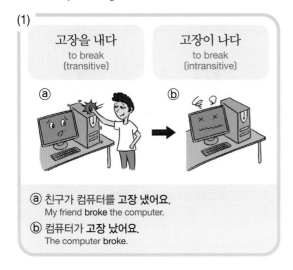

고장을 내다	고장이 나다
to break (transitive)	to break (intransitive)

ⓐ 친구가 컴퓨터를 **고장 냈어요.**
My friend **broke** the computer.
ⓑ 컴퓨터가 **고장 났어요.**
The computer **broke.**

(2)

사고를 내다	사고가 나다
to cause an accident	for an accident to happen

ⓐ 남자가 **사고를 냈어요.**
The man **caused an accident.**
ⓑ 자동차 **사고가 났어요.**
A car **accident happened.**

(3)
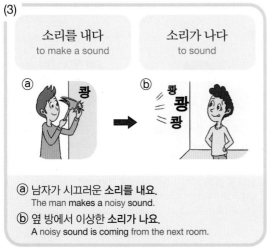

소리를 내다	소리가 나다
to make a sound	to sound

ⓐ 남자가 시끄러운 **소리를 내요.**
The man **makes a noisy sound.**
ⓑ 옆 방에서 이상한 **소리가 나요.**
A noisy **sound is coming** from the next room.

(4)
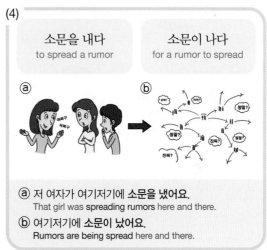

소문을 내다	소문이 나다
to spread a rumor	for a rumor to spread

ⓐ 저 여자가 여기저기에 **소문을 냈어요.**
That girl was **spreading rumors** here and there.
ⓑ 여기저기에 **소문이 났어요.**
Rumors are **being spread** here and there.

Pop Quiz! Choose the correct answer to complete each sentence.

(1) 아무도 없는 집에서 이상한 소리가 (ⓐ 나서 / ⓑ 내서) 무서워요.

(2) 제 동생이 스피커를 고장 (ⓐ 나서 / ⓑ 내서) 수리해야 해요.

(3) 이 가게의 빵이 맛있다고 소문이 (ⓐ 나서 / ⓑ 내서) 그 가게에 가 봤어요.

(4) 택시가 자동차하고 부딪쳤어요. 누가 사고를 (ⓐ 났어요 / ⓑ 냈어요)?

(5) 핸드폰이 고장 (ⓐ 나면 / ⓑ 내면) 서비스 센터에 가져오세요.

(6) 교통사고가 (ⓐ 난 / ⓑ 낸) 곳이 어디예요? 지금 가 볼게요.

(7) 밤늦게 시끄럽게 소리를 (ⓐ 나면 / ⓑ 내면) 안 돼요.

(8) 이 얘기는 비밀이니까 소문을 (ⓐ 나지 / ⓑ 내지) 마세요.

D Others

(1)

많이 먹다	살이 찌다
to eat a lot	to gain weight

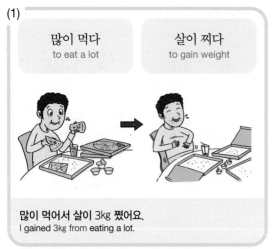

많이 먹어서 살이 3kg 쪘어요.
I gained 3kg from eating a lot.

(2)

살을 빼다	살이 빠지다
to lose weight (intentionally)	to lose weight (unintentionally)

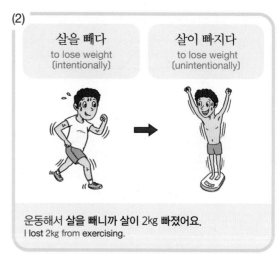

운동해서 살을 빼니까 살이 2kg 빠졌어요.
I lost 2kg from exercising.

(3)

스트레스를 받다	피곤하다
to become stressed	to be tired

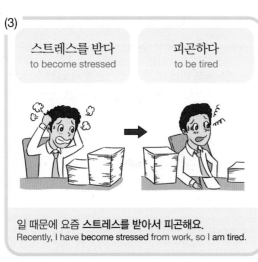

일 때문에 요즘 스트레스를 받아서 피곤해요.
Recently, I have become stressed from work, so I am tired.

(4)

담배를 피우다	병에 걸리다
to smoke cigarettes	to fall ill, get sick

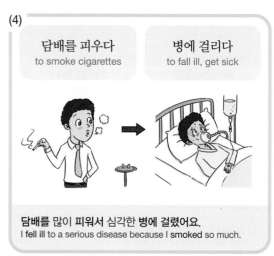

담배를 많이 피워서 심각한 병에 걸렸어요.
I fell ill to a serious disease because I smoked so much.

(5)

치료를 받다	병이 낫다
to receive treatment	to recover from an illness

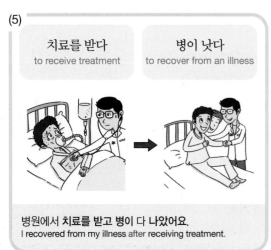

병원에서 치료를 받고 병이 다 나았어요.
I recovered from my illness after receiving treatment.

(6)

비를 맞다	옷이 젖다
to be caught in the rain	to become wet

비를 맞아서 옷이 다 젖었어요.
My clothes are all wet because I got rained on.

(7)

커피를 마시다	잠이 안 오다
to drink coffee	to not be able to fall asleep

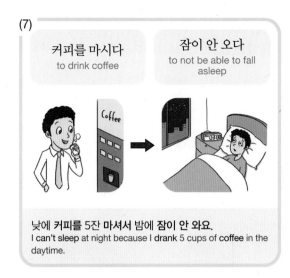

낮에 **커피를** 5잔 **마셔서** 밤에 **잠이 안 와요.**
I can't sleep at night because I drank 5 cups of coffee in the daytime.

(8)

술을 마시다	술에 취하다
to drink	to become drunk

술을 많이 **마셔서 술에 취했어요.**
I became drunk from drinking a lot.

(9)

급하게 먹다	체하다
to eat quickly	to get indigestion

밥을 **급하게 먹어서 체했어요.**
I got indigestion from eating fast.

(10)

공을 맞다	멍이 들다
to be hit by a ball	to be bruised

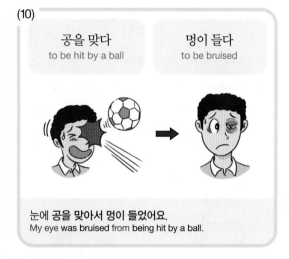

눈에 **공을 맞아서 멍이 들었어요.**
My eye was bruised from being hit by a ball.

Pop Quiz! Choose the correct answer to complete each sentence.

(1) 열심히 다이어트 했는데 (ⓐ 살을 안 뺐어요 / ⓑ 살이 안 빠져요).

(2) 체하지 않게 (ⓐ 천천히 밥을 드세요 / ⓑ 빨리 밥을 드세요).

(3) 비가 많이 와서 우산을 썼지만 (ⓐ 비를 맞았어요 / ⓑ 비를 안 맞았어요).

(4) 밤에 (ⓐ 잠을 안 자서 / ⓑ 잠이 안 와서) 3시까지 책을 읽었어요.

(5) (ⓐ 치료를 받으면 / ⓑ 스트레스를 받으면) 병이 나을 거예요.

(6) 살이 (ⓐ 쪄서 / ⓑ 빠져서) 작년에 산 옷이 전부 작아요.

Money-Related Verbs

Let's Learn!

Be careful!
Note the difference between 짜리 and 어치!
Ex. 1,000원짜리 빵을 5,000원어치 샀어요.
I bought 5,000 won worth of 1,000 won bread.

A Buying and Selling Items

(1)

팔다 to sell	사다 to buy

ⓐ 빵집에서 아침 7시부터 빵을 **팔아요**.
The bakery **sells** bread starting at 7 a.m.

ⓑ 저는 빵을 5,000원어치 **샀어요**.
I **bought** 5,000 won worth of bread.

(2)

팔리다 to be sold	매진되다 to be sold out for tickets

ⓐ 빵이 하나도 없어요. 다 **팔렸어요**.
There isn't even one loaf of bread. It's all **sold out**.

ⓑ 그 영화가 인기가 많아서 표가 **매진됐어요**.
Because that movie is so popular, all of the tickets are **sold out**.

(3)

할인하다 to provide a discount	값을 깎다 to cut the price, receive a discount

ⓐ 이 옷이 10만 원인데 **할인해서** 8만 원이에요.
This dress is originally priced at 100,000 won, but is currently **discounted** to 80,000 won.

ⓑ 옷을 살 때 2만 원 **깎았어요**.
I got a 20,000 won **discount** when I bought clothes.

(4)

무료 free (costs nothing)	공짜 free (gained without effort or money)

ⓐ 한국에서는 반찬이 **무료**예요.
Side dishes are **free** in Korea.

ⓑ 길에서 휴지를 **공짜**로 받았어요.
I got a **free** tissue on the street.

Tip
거스름돈 = 잔돈 change

Pop Quiz! Choose the correct answer to complete each sentence.

(1) 가게 주인이 물건을 (ⓐ 사고 / ⓑ 팔고), 손님이 물건을 (ⓐ 사요 / ⓑ 팔아요).

(2) 시장에서 과일을 만 원(ⓐ 어치 / ⓑ 짜리) 샀어요.

(3) 두부를 못 샀어요. 왜냐하면 두부가 다 (ⓐ 팔았어요 / ⓑ 팔렸어요).

(4) 콘서트 표를 못 샀어요. 왜냐하면 표가 다 (ⓐ 팔았어요 / ⓑ 매진됐어요).

(5) 지금 가게에서 에어컨을 10% (ⓐ 팔아서 / ⓑ 할인해서) 백만 원이에요.

(6) 삼겹살을 먹을 때 채소는 돈을 안 내도 돼요. 채소가 (ⓐ 무료예요 / ⓑ 안 팔려요).

Tip
• 월급: monthly pay or salary
• 연봉: the total salary received from the employer for one year

B One's Salary

(1)

돈을 벌다
to earn money

저는 20살 때부터 **돈을 벌기** 시작했어요.
I began **earning money** at the age of 20.

(2)

월급을 받다
to receive one's salary

회사에서 매달 25일에 **월급을 받아요**.
I receive **my salary** from the company on the 25th of every month.

(3)

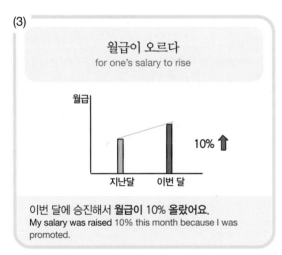

월급이 오르다
for one's salary to rise

이번 달에 승진해서 **월급이 10% 올랐어요.**
My salary was raised 10% this month because I was promoted.

(4)

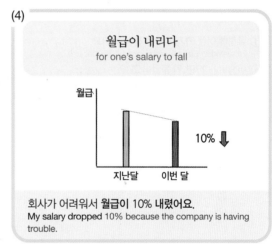

월급이 내리다
for one's salary to fall

회사가 어려워서 **월급이 10% 내렸어요.**
My salary dropped 10% because the company is having trouble.

① A 한 달에 얼마나 벌어요?
   How much do you make a month?

  B 500만 원 벌어요.
   I make 5,000,000 won a month.

② A 한 달에 월급을 얼마나 받아요?
   How much is your salary per month?

  B 500만 원 받아요.
   I receive 5,000,000 won.

③ A 월급이 얼마나 올랐어요?
   By how much did your salary rise?

  B 10% 올랐어요.
   It was raised 10%.

④ A 보너스를 얼마나 받아요?
   How much of a bonus do you receive?

  B 100% 받아요.
   I receive a 100% bonus.

Pop Quiz! Match the following to complete each sentence.

(1) 아르바이트를 해서 한 달에 •

(2) 이번에 일을 잘해서 보너스를 •

(3) 승진해서 이번 달부터 월급이 •

(4) 우리 회사는 월말에 월급을 •

• ⓐ 받았어요.

• ⓑ 조금 올랐어요.

• ⓒ 줘요.

• ⓓ 100만 원 벌어요.

C Money-Related Verbs

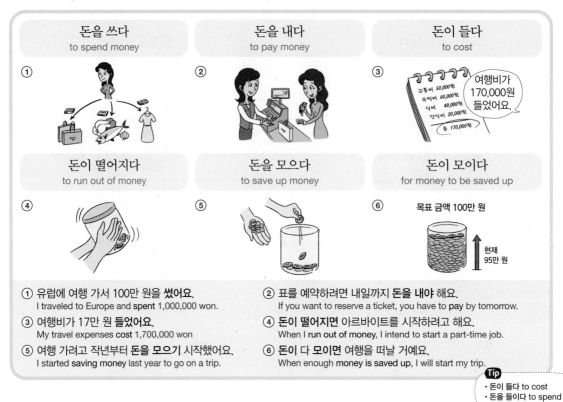

| 돈을 쓰다
to spend money | 돈을 내다
to pay money | 돈이 들다
to cost |
| 돈이 떨어지다
to run out of money | 돈을 모으다
to save up money | 돈이 모이다
for money to be saved up |

① 유럽에 여행 가서 100만 원을 **썼어요**.
I traveled to Europe and **spent** 1,000,000 won.

② 표를 예약하려면 내일까지 **돈을 내야** 해요.
If you want to reserve a ticket, you have to **pay** by tomorrow.

③ 여행비가 17만 원 **들었어요**.
My travel expenses **cost** 1,700,000 won

④ **돈이 떨어지면** 아르바이트를 시작하려고 해요.
When I **run out of money**, I intend to start a part-time job.

⑤ 여행 가려고 작년부터 **돈을 모으기** 시작했어요.
I started **saving money** last year to go on a trip.

⑥ **돈이 다 모이면** 여행을 떠날 거예요.
When enough **money is saved up**, I will start my trip.

Tip
- 돈이 들다 to cost
- 돈을 들이다 to spend

D Money-Related Nouns

＿＿비 expense		＿＿료 fee: when using another's object		＿＿세 tax, bill	
교통비	transportation fare	입장료	entrance fee	소득세	income tax
택시비	taxi fare	사용료	usage fee	재산세	property tax
식사비	meal price	수업료	tuition	주민세	residents' tax
숙박비	room charge	대여료	rental fee	소비세	consumption tax

Pop Quiz! Choose the correct answer in the box to complete each sentence.

| 내다 | 쓰다 | 들다 | 떨어지다 | 모으다 | 모이다 |

(1) 100만 원이 있었어요. 그런데 이번 달에 60만 원을 ＿＿＿＿＿＿. 그래서 40만 원이 남았어요.

(2) 지난번에 친구가 밥을 사 줬어요. 그래서 이번에는 같이 제가 식사비를 ＿＿＿＿＿려고 해요.

(3) 50만 원이 ＿＿＿＿＿면 그 돈으로 노트북을 사려고 해요.

(4) 지난주에 제주도에 여행 가서 돈을 다 썼어요. 그래서 지금 돈이 다 ＿＿＿＿＿.

(5) 제가 다음 주에 이사하려고 해요. 보통 한국에서 이사할 때 돈이 얼마나 ＿＿＿＿＿?

(6) 세계 여행을 가고 싶어서 돈을 ＿＿＿＿＿고 있어요. 이제 100만 원 돈이 모였어요.

E Borrowing and Returning Money

| 빌려주다 ↔ 빌리다 | 돌려주다 | 갚다 |
| to lend   to borrow | to return (something) | to repay |

교환하다
to exchange

환전하다
to exchange currency

① 남자가 여자에게 노트북을 **빌려줬어요**.
He **lent** her a laptop.

② 여자가 남자에게 노트북을 **빌렸어요**.
She **borrowed** a laptop from him.

③ 일주일 후에 여자가 남자에게 노트북을 **돌려줬어요**.
She **returned** the laptop to him after a week.

④ 일주일 후에 여자가 남자에게 돈을 **갚았어요**.
She **repaid** the money to him after a week.

⑤ 남자하고 여자가 책을 **교환했어요**.
He and she **exchanged** the book.

⑥ 남자가 미국 돈을 한국 돈으로 **환전했어요**.
He **exchanged** US dollar to Korean won.

Pop Quiz! Choose the correct answer to complete each sentence.

(1) 오늘 지갑을 집에 놓고 와서 친구한테 만 원을 (ⓐ 빌렸어요 / ⓑ 빌려줬어요).

(2) 동생한테서 빌린 카메라를 오늘 동생한테 (ⓐ 갚았어요 / ⓑ 돌려줬어요).

(3) 친구가 노트북이 필요하다고 해서 제 노트북을 (ⓐ 빌렸어요 / ⓑ 빌려줬어요).

(4) 열심히 돈을 벌어서 은행에서 빌린 돈을 빨리 (ⓐ 갚으려고 / ⓑ 돌려주려고) 해요.

(5) 빨간색 신발이 마음에 안 들어요. 그래서 빨간색 신발을 파란색 신발로 (ⓐ 교환했어요 / ⓑ 환전했어요).

(6) 오늘 은행에서 한국 돈을 일본 돈으로 (ⓐ 돌려줬어요 / ⓑ 환전했어요).

> **Tip**
> When expressing a change from A to B, use the marker (으)로 after B.
> **Ex. 1** 미국 돈을 한국 돈으로 환전했어요.
> I exchanged my American currency to Korean currency.
> **Ex. 2** 지하철 2호선에서 3호선으로 갈아 탔어요.
> I transferred from line 2 to line 3.
> **Ex. 3** 서울에서 부산으로 이사했어요.
> I moved from Seoul to Busan.

F Paying

계산하다
to pay

- When asked how one wishes to pay
  A 어떻게 **계산하시겠어요**? How would you like to pay?
  B 현금으로 **계산할게요**. I will pay in cash.
  카드로 **계산할게요**. I will pay by card.

- When using a credit card
  A 카드로 어떻게 **계산하시겠어요**? How would you like to pay by card?
  B 일시불로 **계산할게요**. I will pay in full.
  할부로 **계산할게요**. I will pay in installments.

Pop Quiz! Match the following to complete each conversation.

(1) 어떻게 계산하시겠어요? •

(2) 계산할게요. •

(3) 카드로 어떻게 해 드릴까요? •

(4) 여기 카드 돼요? •

• ⓐ 네, 전부 25,000원입니다.

• ⓑ 일시불로 해 주세요.

• ⓒ 현금으로 할게요.

• ⓓ 죄송합니다. 카드가 안 됩니다.

Verbs by Category

Unit 88

Let's Learn!

A Making Plans

Be careful!

Note how the verb is conjugated!
- –기로 결정하다 to decide to
- –기로 결심하다 to make up one's mind to

바라다	고민하다	믿다	결정하다 (= 정하다)
to wish, hope	to have trouble, agonize about	to believe	to decide

① 케빈은 한국 사람처럼 한국어를 잘하기를 **바랐어요**.
Kevin **hoped** to speak Korean like a Korean.

② 케빈은 공부하고 일 중에서 무엇을 할지 **고민했어요**.
Kevin **was having trouble** deciding whether to study or to work.

③ 케빈은 한국인 친구의 말을 **믿었어요**.
Kevin **believed** his Korean friends.

④ 결국 케빈은 공부를 하기로 **결정했어요**. (= **정했어요**.)
Kevin finally **decided** to study.

시작하다	미루다	결심하다	계획을 세우다
to begin	to delay	to make up one's mind	to make plans

⑤ 책으로 공부하기 **시작했어요**.
He **began** his studies with a book.

⑥ 하지만 케빈은 자꾸 공부를 **미뤘어요**.
However, Kevin kept **delaying** his studying.

⑦ 케빈은 내일부터 다시 공부하기로 **결심했어요**.
Kevin **made up his mind** to study again starting tomorrow.

⑧ 케빈은 어떻게 공부할지 **계획을 세웠어요**.
Kevin **made plans** on how he would study.

Be careful!

Note how the verb is conjugated!
- –기(를) 바라다 to hope, wish to
- –기 시작하다 to begin to

Pop Quiz! Choose the correct answer in the box to complete each sentence.

믿다	바라다	세우다	미루다	정하다	고민하다

(1) 하기 싫어도 오늘 일을 내일로 _____지 마세요.

(2) 요즘 여러 가지 문제 때문에 _____고 있어요.

(3) 방학 때 어디로 여행 갈지 아직 못 _____.

(4) 일을 시작하기 전에 자세히 계획을 _____는 편이에요.

(5) 제 친구가 거짓말을 자주 해서 그 친구의 말을 _____ 수 없어요.

(6) 부모님께서 항상 건강하시길 _____고 있어요.

B Describing One's Experiences

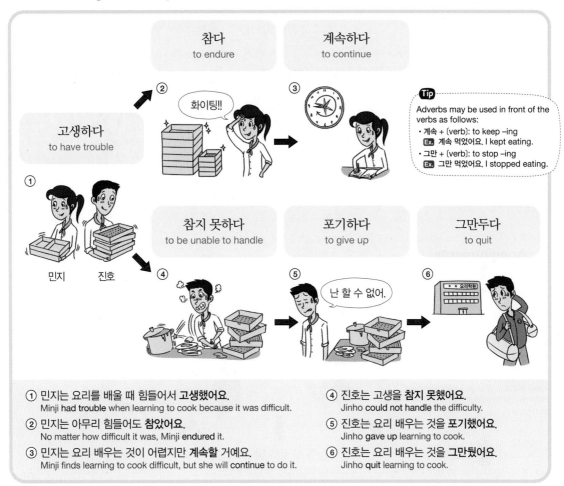

참다
to endure

계속하다
to continue

Tip
Adverbs may be used in front of the verbs as follows:
· 계속 + (verb): to keep –ing
Ex 계속 먹었어요. I kept eating.
· 그만 + (verb): to stop –ing
Ex 그만 먹었어요. I stopped eating.

고생하다
to have trouble

화이팅!!

참지 못하다
to be unable to handle

포기하다
to give up

그만두다
to quit

민지   진호

난 할 수 없어.

① 민지는 요리를 배울 때 힘들어서 **고생했어요**.
Minji **had trouble** when learning to cook because it was difficult.

② 민지는 아무리 힘들어도 **참았어요**.
No matter how difficult it was, Minji **endured** it.

③ 민지는 요리 배우는 것이 어렵지만 **계속할** 거예요.
Minji finds learning to cook difficult, but she will **continue** to do it.

④ 진호는 고생을 **참지 못했어요**.
Jinho **could not handle** the difficulty.

⑤ 진호는 요리 배우는 것을 **포기했어요**.
Jinho **gave up** learning to cook.

⑥ 진호는 요리 배우는 것을 **그만뒀어요**.
Jinho **quit** learning to cook.

Pop Quiz! Choose the correct answer in the box to complete each sentence.

| 고생하다 | 참다 | 포기하다 | 계속하다 | 그만두다 |

(1) A 김진수 씨가 왜 안 보여요?
　　B 김진수 씨가 어제 회사를 _____. 다른 사람이 새로 올 거예요.

(2) A 여행이 어땠어요?
　　B 배탈이 나서 _____. 진짜 힘들었어요.

(3) A 주사 맞기 싫어요.
　　B 아파도 조금만 _____세요. 주사를 맞아야 해요.

(4) A 태권도를 배우고 있는데 너무 어려워요.
　　B _____지 말고 끝까지 계속하세요. 제가 도와드릴게요.

(5) A 운동을 해도 효과가 없어요.
　　B 3개월 이상 _____면 효과가 있을 거예요.

C Promises

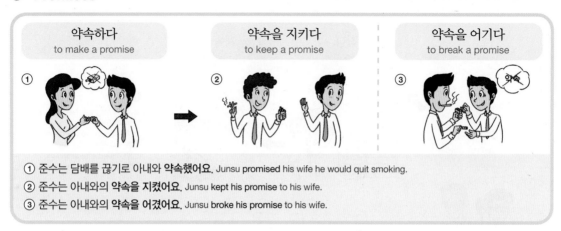

① 준수는 담배를 끊기로 아내와 **약속했어요.** Junsu **promised** his wife he would quit smoking.

② 준수는 아내와의 **약속을 지켰어요.** Junsu **kept his promise** to his wife.

③ 준수는 아내와의 **약속을 어겼어요.** Junsu **broke his promise** to his wife.

D Appointments

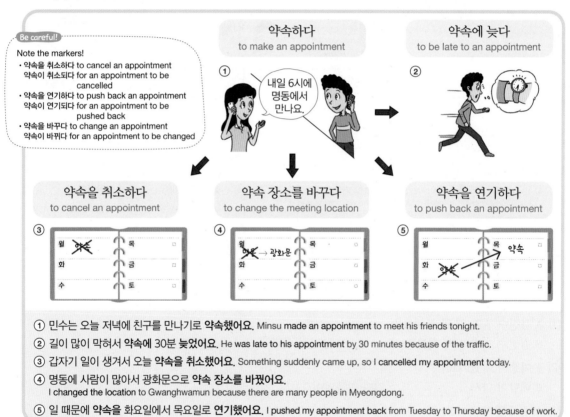

Be careful!

Note the markers!
- **약속을 취소하다** to cancel an appointment
  약속이 취소되다 for an appointment to be cancelled
- **약속을 연기하다** to push back an appointment
  약속이 연기되다 for an appointment to be pushed back
- **약속을 바꾸다** to change an appointment
  약속이 바뀌다 for an appointment to be changed

① 민수는 오늘 저녁에 친구를 만나기로 **약속했어요.** Minsu **made an appointment** to meet his friends tonight.

② 길이 많이 막혀서 **약속에** 30분 **늦었어요.** He **was late to his appointment** by 30 minutes because of the traffic.

③ 갑자기 일이 생겨서 오늘 **약속을 취소했어요.** Something suddenly came up, so I **cancelled my appointment** today.

④ 명동에 사람이 많아서 광화문으로 **약속 장소를 바꿨어요.**
I **changed the location** to Gwanghwamun because there are many people in Myeongdong.

⑤ 일 때문에 **약속을** 화요일에서 목요일로 **연기했어요.** I **pushed my appointment back** from Tuesday to Thursday because of work.

Pop Quiz! Choose the correct answer to complete each sentence.

(1) 진수는 약속하면 꼭 (ⓐ 지키니까 / ⓑ 어기니까) 친구들이 진수를 좋아해요.

(2) 민수가 갑자기 약속을 (ⓐ 바꿔어서 / ⓑ 바꿔서) 문제가 생겼어요.

(3) 2시 약속인데 2시 30분에 도착했어요. 약속 시간에 (ⓐ 늦었어요 / ⓑ 연기됐어요).

(4) 비가 많이 와서 오늘 약속이 (ⓐ 취소했어요 / ⓑ 취소됐어요).

E Sleep

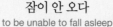

눕다	잠이 안 오다	잠이 오다
to lie down	to be unable to fall asleep	to feel sleepy

① 자려고 침대에 **누웠어요**.
I lay down on my bed to sleep.

② 하지만 저녁에 마신 커피 때문에 **잠이 안 왔어요**.
However, I couldn't fall asleep because of the coffee I drank at dinner.

③ 재미없는 책을 읽으니까 **잠이 왔어요**.
I became sleepy because I was reading a boring book.

졸리다	졸다	잠이 들다
to be sleepy	to nod off/doze off	to fall asleep

④ **졸려서** 하품했어요.
I yawned because I was sleepy.

⑤ 책을 읽으면서 **졸았어요**.
I nodded off while reading a book.

⑥ 책상 위에서 **잠이 들었어요**.
I fell asleep at the desk.

자다	꿈을 꾸다	잠을 깨다	일어나다
to sleep	to dream	to wake up	to get up

⑦ 책상 위에서 밤새 **잤어요**.
I slept at the desk all night.

⑧ 자는 동안 이상한 **꿈**을 **꾸었어요**.
While sleeping, I had a strange dream.

⑨ **잠을 깨** 보니까 책상 위였어요.
I woke up and realized I was asleep at the desk.

⑩ **일어나서** 다시 침대로 갔어요.
I got up and went to my bed.

Pop Quiz! Match the following to complete each sentence.

(1) 잠을 깼지만 •

(2) 잠을 자는 동안에 •

(3) 잠이 안 올 때에는 •

(4) 수업에서 졸지 않으려면 •

(5) 텔레비전을 보다가 •

• ⓐ 커피를 마시는 게 좋겠어요.

• ⓑ 소파에서 잠이 들었어요.

• ⓒ 그냥 침대에 누워 있었어요.

• ⓓ 따뜻한 물로 목욕하면 좋아요.

• ⓔ 꿈 속에서 돌아가신 할머니를 만났어요.

F Illness

(1)

진찰하다	진찰을 받다
to examine (a patient)	to go in for a checkup

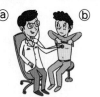

ⓐ 의사가 환자를 **진찰해요**.
The doctor **examined** the patient.

ⓑ 환자가 의사의 **진찰을 받아요**.
The patient **went in for a checkup** from the doctor.

(2)

치료하다	치료를 받다
to treat	to receive treatment

ⓐ 의사가 환자의 상처를 **치료해요**.
The doctor **treated** the patient's wound.

ⓑ 환자가 상처를 **치료 받아요**.
The patient's wound **was treated**.

(3)

입원하다	수술하다
to be hospitalized	to have an operation

ⓐ 사고가 나서 한 달 동안 병원에 **입원했어요**.
I had an accident and **was hospitalized** for a month.

ⓑ 암 때문에 다음 달에 **수술해야 해요**.
I have to **have an operation** next month because of my cancer.

(4)

주사를 놓다	주사를 맞다
to give a shot	to receive a shot

ⓐ 간호사가 환자에게 **주사를 놓아요**.
The nurse **gives a shot** to the patient.

ⓑ 환자가 어깨에 **주사를 맞아요**.
The patient **receives a shot** on the shoulder.

(5)

병에 걸리다	병이 낫다
to fall ill, get sick	to recover from an illness

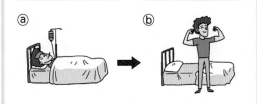

ⓐ 제가 불규칙한 생활 때문에 **병에 걸렸어요**.
I **got sick** because of my erratic life.

ⓑ 치료 받은 후에 **병이 다 나았어요**.
I fully **recovered from my illness** after receiving treatment.

Pop Quiz! Match the following with its corresponding verb to complete each sentence.

(1) 환자가 진찰을 •

(2) 환자가 주사를 •

(3) 환자가 입원을 •

(4) 환자가 병에 •

(5) 환자가 병이 •

• ⓐ 했어요

• ⓑ 맞았어요

• ⓒ 나았어요

• ⓓ 받았어요

• ⓔ 걸렸어요

G One's Car

(1)

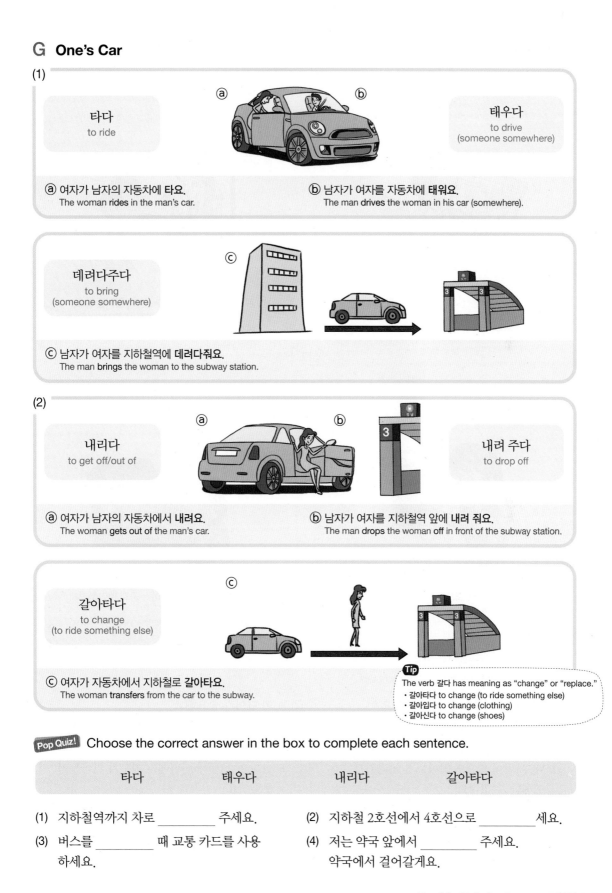

타다
to ride

태우다
to drive
(someone somewhere)

ⓐ 여자가 남자의 자동차에 **타요**.
The woman **rides** in the man's car.

ⓑ 남자가 여자를 자동차에 **태워요**.
The man **drives** the woman in his car (somewhere).

데려다주다
to bring
(someone somewhere)

ⓒ 남자가 여자를 지하철역에 **데려다줘요**.
The man **brings** the woman to the subway station.

(2)

내리다
to get off/out of

내려 주다
to drop off

ⓐ 여자가 남자의 자동차에서 **내려요**.
The woman **gets out of** the man's car.

ⓑ 남자가 여자를 지하철역 앞에 **내려 줘요**.
The man **drops** the woman **off** in front of the subway station.

갈아타다
to change
(to ride something else)

ⓒ 여자가 자동차에서 지하철로 **갈아타요**.
The woman **transfers** from the car to the subway.

> **Tip**
> The verb 갈다 has meaning as "change" or "replace."
> • 갈아타다 to change (to ride something else)
> • 갈아입다 to change (clothing)
> • 갈아신다 to change (shoes)

Pop Quiz! Choose the correct answer in the box to complete each sentence.

타다	태우다	내리다	갈아타다

(1) 지하철역까지 차로 _____ 주세요.

(2) 지하철 2호선에서 4호선으로 _____ 세요.

(3) 버스를 _____ 때 교통 카드를 사용하세요.

(4) 저는 약국 앞에서 _____ 주세요. 약국에서 걸어갈게요.

H 알다 + Verb

알아보다
to find out (from looking)

ⓐ 여행에 대한 정보는 인터넷으로 **알아보세요**.
Please **find out** information about the trip from the Internet.

알아듣다
to find out (from listening), to understand

> 강남에서 만나기로 했어요.

> 50%

ⓑ 한국 드라마를 보면 50% 정도 **알아들어요**.
When I watch Korean dramas, I can **understand** about 50%.

알다

알아두다
to keep in mind

ⓒ 이 음식은 건강에 좋으니까 꼭 **알아두세요**.
Please **keep in mind** that this food is good for your health.

알아차리다
to notice, become aware of, realize

ⓓ 영화의 마지막까지 범인이 누군지 **알아차리지** 못했어요.
I did not **realize** who the criminal was until the end of the movie.

Pop Quiz! Correct each underlined part.

(1) A 지금도 영화표를 살 수 있을까요?
 B 잠깐만요, 제가 <u>알아둘게요</u>.

(2) A 이 단어가 중요해요?
 B 그럼요, 시험에 나올 테니까 꼭 <u>알아차리세요</u>.

(3) A 한국 영화를 볼 때 자막이 필요해요?
 B 네, 자막이 없으면 <u>알아보기</u> 어려워서 이해할 수 없네요.

(4) A 거짓말한 것을 친구가 알고 있죠?
 B 아니요, 그런데 이번에는 친구가 <u>알아듣지</u> 못했어요.

Verbs with Similar Meanings

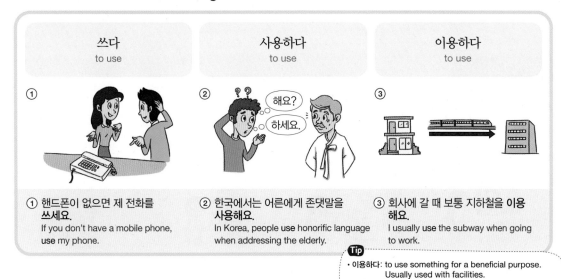

| 쓰다 to use | 사용하다 to use | 이용하다 to use |

① 핸드폰이 없으면 제 전화를 쓰세요.
If you don't have a mobile phone, use my phone.

② 한국에서는 어른에게 존댓말을 사용해요.
In Korea, people **use** honorific language when addressing the elderly.

③ 회사에 갈 때 보통 지하철을 **이용해요.**
I usually **use** the subway when going to work.

Tip
- 이용하다: to use something for a beneficial purpose. Usually used with facilities.
- 쓰다: to use an ingredient, material, tool, or method
- 사용하다: to use something for a set purpose or function

J Combining Verbs with 사다 and 하다

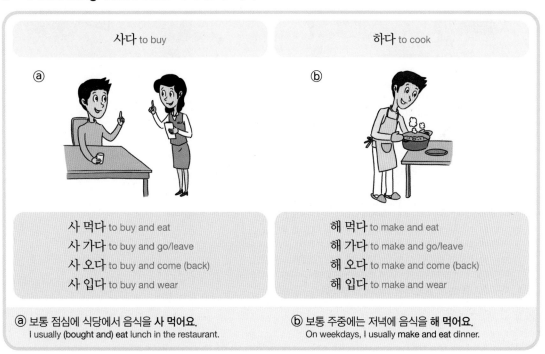

| 사다 to buy | 하다 to cook |

사 먹다 to buy and eat
사 가다 to buy and go/leave
사 오다 to buy and come (back)
사 입다 to buy and wear

해 먹다 to make and eat
해 가다 to make and go/leave
해 오다 to make and come (back)
해 입다 to make and wear

ⓐ 보통 점심에 식당에서 음식을 **사 먹어요.**
I usually (bought and) eat lunch in the restaurant.

ⓑ 보통 주중에는 저녁에 음식을 **해 먹어요.**
On weekdays, I usually **make and eat** dinner.

Pop Quiz! Choose the correct answer to complete each sentence.

(1) 한국어를 (ⓐ 사용 / ⓑ 이용)해서 말할 때 많이 신경 써야 해요.

(2) 내 친구는 요리를 못해서 밖에서 음식을 (ⓐ 사 먹어요 / ⓑ 해 먹어요).

(3) 요즘은 건강을 위해서 계단을 (ⓐ 쓰는 / ⓑ 이용하는) 사람이 많아요.

(4) 저는 옷을 잘 만드니까 제 옷을 직접 (ⓐ 사 입어요 / ⓑ 해 입어요).

Emotion Expressions

Unit 89

Let's Learn!

A Examples Using 되다

걱정되다 to be worried	안심되다 to be relieved	긴장되다 to be nervous	안정되다 to be calm
①	②	③	④

기대되다 to look forward to	후회되다 to regret	부담되다 to feel burdened	흥분되다 to be excited
⑤	⑥	⑦	⑧

① 밖에 나간 아이가 밤이 돼도 집에 안 들어와서 **걱정돼요**.
I am worried because my child went outside and hasn't come back yet even though it is dark.

② 아이가 어른과 같이 나갔다고 하니까 **안심돼요**.
I am relieved because I was told that my child left with an adult.

③ 처음 외국에 갔을 때 외국인과 말이 잘 안 통해서 **긴장됐어요**.
When I first went abroad, I was nervous because I had trouble communicating with people.

④ 연습을 많이 안 해서 긴장했지만 옆에 친구가 있어서 **안정됐어요**.
I was nervous because I did not practice a lot, but I became calm because my friend was next to me.

⑤ 다니고 싶었던 학교에 합격했어요. 대학 생활이 정말 **기대돼요**.
I was accepted to the school I wanted to attend. I'm really looking forward to college life.

⑥ 어제 친한 친구하고 작은 일로 싸웠는데 지금 너무 **후회돼요**.
Yesterday, I fought with my friend over something small, and now I regret it.

⑦ 저는 항상 돈이 부족한 학생이니까 비싼 해외 여행은 **부담돼요**.
Taking an expensive trip abroad is burdensome for me because I have always been a poor student.

⑧ 축구 경기를 할 때 **흥분돼서** 의자에 앉아서 볼 수 없어요.
When there is a soccer game, I can't just sit in my seat and watch because I get excited.

Pop Quiz! Match the following with its corresponding verb to complete each sentence.

(1) 내일 시험이 있는데 준비를 못 했어요. •   • ⓐ 긴장돼요.

(2) 내일 오랜만에 제주도 여행을 떠나요. •   • ⓑ 걱정돼요.

(3) 저에 대한 부모님의 기대가 너무 커요. •   • ⓒ 후회돼요.

(4) 시험공부를 했지만 시험 볼 때 가슴이 뛰어요. •   • ⓓ 안심돼요.

(5) 어렸을 때 공부를 열심히 했어야 했어요. •   • ⓔ 기대돼요.

(6) 감기가 다 나았어요. 이제 걱정 안 해도 돼요. •   • ⓕ 부담돼요.

B Verbs Expressing Emotions

사랑하다 to love	마음에 들다 to like	좋아하다 to like	싫어하다 to dislike

① ② ③ ④

실망하다 to be disappointed	만족하다 to be satisfied	당황하다 to be embarrassed, flustered	질투하다 to be envious

⑤ ⑥ ⑦ ⑧

① **사랑하는** 사람과 함께 지내고 싶어요. I want to spend time with someone I love.

② 이 옷이 제 **마음에 들어요.** I like these clothes.

③ 저는 맵지 않은 음식을 **좋아해요.** I like food that is not spicy.

④ 저는 닭고기가 들어간 음식을 **싫어해요.** I do not like food that has chicken in it.

⑤ 승진 발표에서 제가 떨어져서 **실망했어요.** I am disappointed that I didn't get promoted in the announcement.

⑥ 저는 이번 시험의 성적에 **만족해요.** I am satisfied with my score on this test.

⑦ 식당에서 음식을 먹은 후 계산할 때 지갑이 없어서 **당황했어요.**
When I went to pay for the meal at the restaurant after eating, I **was embarrassed** because I didn't have my wallet.

⑧ 너무 사이가 좋은 남녀를 **질투하는** 사람이 있어요. There are people who **are envious** of those who have good relationships.

> **Tip**
> 좋아하다 is not used with people or objects that one likes at first glance.
> Step 1: 마음에 들다 when one likes something at first glance
> Step 2: 좋아하다 when one likes something after encountering it several times
> Step 3: 정말 좋아하다 when one likes something very much

> **Be careful!**
> 당황하다 in the sense of being surprised and
> thus not knowing what to do is different
> from 놀라다 (to be surprised, startled).
> **Ex** 밖에서 갑자기 큰 소리가 나서 깜짝 놀랐어요.
> I was surprised when a loud noise
> suddenly came from outside.

Pop Quiz! Choose the correct answer in the box to complete each sentence.

만족하다	당황하다	사랑하다	실망하다	마음에 들다	질투하다

(1) 한국어 수업이 너무 재미있어요. 지금 수업에 _____고 있어요.

(2) 선생님이 항상 한 학생만 좋아해서 다른 학생들이 그 학생을 _____.

(3) 저 구두가 _____지만 돈이 부족해서 못 샀어요.

(4) _____는 사람과 결혼해서 영원히 함께 살고 싶어요.

(5) 한국 사람이 나이를 자꾸 물어봐서 처음에는 _____지만 지금은 익숙해졌어요.

(6) 맛있는 식당이라서 기대하고 갔는데 실제로 맛이 좋지 않아서 _____.

C Positive Emotions

행복하다
to be happy

기쁘다
to be glad, delighted (↔ to be sad)

즐겁다
to be enjoyable

반갑다
to be a pleasure
(used when encountering something that one has not seen or that one has hoped for for a long time)

① 좋아하는 사람과 함께 시간을 보내게 돼서 정말 **행복해요**.
I am very **happy** because I was able to spend time with someone I like.

③ 사람들과 얘기하면서 **즐거운** 시간을 보냈어요.
I had an **enjoyable** time chatting with people.

② 이번 시험에 합격해서 너무 **기뻐요**.
I am so **happy** because I did well on this test.

④ 오랜만에 진수 씨를 만나서 정말 **반가웠어요**.
It **was** very **nice** seeing Jinsu, whom I had not seen for a long time.

Pop Quiz! 1 Select the answer that does not fit to complete each sentence.

(1) 우리 집은 (ⓐ 기쁜 / ⓑ 행복한 / ⓒ 즐거운) 집이에요.

(2) 오랜만에 만나서 (ⓐ 기쁘게 / ⓑ 반갑게 / ⓒ 행복하게) 악수했어요.

(3) (ⓐ 반가운 / ⓑ 행복한 / ⓒ 즐거운) 시간을 보냈어요.

(4) 좋은 동료와 (ⓐ 즐겁게 / ⓑ 행복하게 / ⓒ 반갑게) 일하고 있어요.

Pop Quiz! 2 Choose the correct answer to complete each sentence.

(1) 승진 소식을 듣고 (ⓐ 기뻐서 / ⓑ 반가워서) 소리를 질렀어요.

(2) 어떤 일이든지 (ⓐ 반갑게 / ⓑ 즐겁게) 하면 덜 힘든 것 같아요.

(3) 친구와 놀이공원에 가서 (ⓐ 즐겁게 / ⓑ 기쁘게) 놀았어요.

(4) 오랫동안 가고 싶었던 여행을 하는 동안 (ⓐ 반가웠어요 / ⓑ 행복했어요).

D Negative Emotions

지루하다
to be bored

답답하다
to feel stifled, frustrated

②

싫증나다
to be sick of

③

또!

귀찮다
to be annoyed

④

① 남자 얘기를 듣는 게 너무 **지루해요**.
I am very **bored** listening to him.

③ 좋아하는 음식도 매일 먹으면 **싫증나요**.
Even food one likes will **get tiring** if eaten every day.

Tip

- (화/싫증/짜증 등)이/가 나다: These are verbs but describe moods like adjectives.
- (화/싫증/짜증 등)을/를 내다: These describe moods inferred from actions. For example, 화를 내다 may encompass yelling, throwing an object, or the reddening of one's face.
  Ex 화가 났지만 화를 내지 않았어요.
  I got angry but did not show it.

② 아무리 설명해도 친구가 내 말을 이해하지 못해요. 정말 **답답해요**.
No matter how much I explain, my friend cannot understand me. I feel frustrated.

④ 공부할 때 동생이 계속 질문해서 **귀찮아요**.
I'm annoyed because my brother keeps asking me questions when I study.

Be careful!

Note the slight differences in meaning!
- 심심하다: to be bored (when there is nothing to do)
  Ex 평일에는 바쁘지만 주말에는 약속이 없어서 심심해요.
  I am busy on weekdays, but on weekends I am bored because I have no obligations.
- 지루하다: to be boring (when a situation is dragged out for a long time)
  Ex 그 영화가 너무 지루해서 계속 하품만 했어요.
  The movie was so boring that I just kept yawning.

Pop Quiz! Choose the correct answer to complete each sentence.

(1) 선생님의 얘기가 너무 길어서 (ⓐ 지루해요 / ⓑ 귀찮아요).

(2) 매일 똑같은 옷을 입어야 하니 (ⓐ 귀찮아요 / ⓑ 싫증나요).

(3) 좁은 집에서 사는 것이 (ⓐ 지루해요 / ⓑ 답답해요).

(4) 매일 청소하기 (ⓐ 귀찮아서 / ⓑ 지루해서) 일주일에 한 번 청소해요.

E Similar Emotions

(1)

창피하다
to be embarrassed
(describes a feeling of losing face in front of others)

① 많은 사람들 앞에서 넘어졌을 때 정말 **창피했어요**.
I was so **embarrassed** because I fell in front of a lot of people.

부끄럽다
to be shy, embarrassed
(describes a feeling of being embarrassed at oneself
for doing something against one's conscience)

내가 왜 거짓말을 했을까?

② 거짓말을 한 내 자신이 **부끄러워요**.
I am **embarrassed** at myself for lying.

(2)

불쌍하다
to be pitiable
(describes someone in a pitiable or unfair situation)

① 혼자 동생들을 돌보는 아이가 **불쌍해요**.
These **pitiable** children have to take care of their little
siblings all alone.

안타깝다
to feel sorry, pitiful

② 불쌍한 아이 옆에서 도와줄 사람이 없는 상황이
안타까웠어요.
I **felt sorry** for the poor child who has no one to help her.

(3)

아쉽다
to be a shame (describes a feeling of wanting to do
more but unable to do so)

소문난 갈비

① 먹고 싶었던 음식이 다 떨어져서 먹을 수 없어요.
아쉬워요.
Since the food I wanted to eat ran out, I can't eat it. What
a **shame**.

아깝다
to be a waste (describes a feeling of wasting money,
time, or something with value)

② 어제 산 비싼 핸드폰을 오늘 잃어버렸어요.
돈이 **아까워요**.
I lost the expensive mobile phone that I bought yesterday.
It feels like a **waste** of money.

Pop Quiz! Choose the correct answer to complete each sentence.

(1) 한국어로 말할 때 많이 실수해서 (ⓐ 창피해요 / ⓑ 아까워요).

(2) (ⓐ 불쌍한 / ⓑ 아쉬운) 사람을 보면 누구나 도와주고 싶을 거예요.

(3) 전쟁에서 너무 많은 사람이 죽는 것을 보니 (ⓐ 아쉬웠어요 / ⓑ 안타까웠어요).

(4) 친한 친구와 같이 여행을 못 가서 (ⓐ 아쉬워요 / ⓑ 부끄러워요).

F Others

신나다	어색하다
to be excited	to be awkward

① ②

섭섭하다	짜증나다
to feel sad	to be annoyed

③ ④

속상하다	괴롭다
to be upset (describes a feeling of upset in the heart because of anger or worry)	to be stressed (describes a general feeling of uncomfortableness)

⑤ ⑥

① 야구 경기에서 우리 팀이 5:3으로 이겨서 정말 **신나요**.
I'm really **excited** that our team won 5-3 in the baseball game.

③ 오랫동안 같이 공부한 친구와 헤어질 때 **섭섭했어요**.
I **felt sad** when my friends whom I had studied with for a long time and I had to part.

⑤ 결승선 바로 앞에서 아이가 넘어져서 **속상했어요**.
I **was upset** because my child fell just in front of the finish line.

② 처음 만난 사람과 앉아 있을 때 분위기가 **어색해서** 불편해요.
I **feel awkward** sitting with someone I've met for the first time.

④ 도서관에서 어떤 사람이 계속 전화해서 **짜증났어요**.
I **was annoyed** at the library because someone kept talking on the phone.

⑥ 아침마다 사람들로 꽉 찬 버스 때문에 **괴로워요**.
I **am stressed** because the bus is full of people every morning.

Pop Quiz! Match the following with its corresponding emotion.

(1) 친구가 내 생일을 잊어버렸을 때 •   • ⓐ 신나요.

(2) 파티에서 빠른 음악과 춤이 나올 때 •   • ⓑ 어색해요.

(3) 잘 모르는 사람과 얘기할 때 •   • ⓒ 괴로워요.

(4) 싫어하는 상사 밑에서 일할 때 •   • ⓓ 섭섭해요.

Shopping Expressions

Unit 90

A Colors

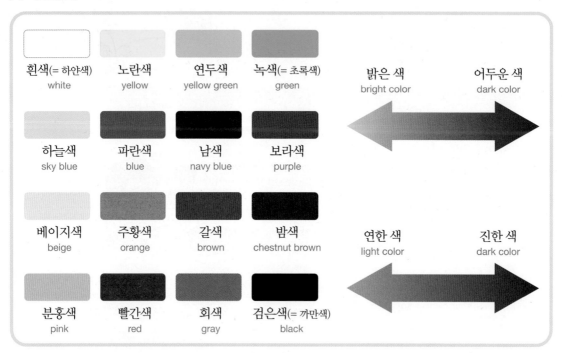

흰색(= 하얀색) white	노란색 yellow
연두색 yellow green	녹색(= 초록색) green

밝은 색
bright color → 어두운 색
dark color

하늘색 sky blue	파란색 blue
남색 navy blue	보라색 purple

베이지색 beige	주황색 orange
갈색 brown	밤색 chestnut brown

연한 색
light color → 진한 색
dark color

분홍색 pink	빨간색 red
회색 gray	검은색(= 까만색) black

Pop Quiz! 1 Match each picture with its corresponding color.

(1)   (2)   (3)   (4)   (5)

ⓐ 녹색   ⓑ 흰색   ⓒ 빨간색   ⓓ 보라색   ⓔ 노란색

Pop Quiz! 2 Choose the correct answer according to each picture.

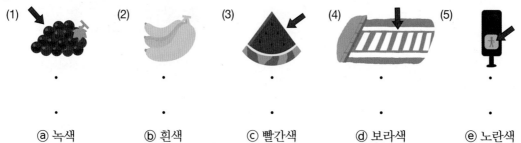

(1) A 무슨 색 모자를 썼어요?
B (ⓐ 녹색 / ⓑ 회색) 모자를 썼어요.

(2) A 무슨 색 바지를 샀어요?
B (ⓐ 파란색 / ⓑ 노란색) 바지를 샀어요.

(3) A 무슨 색 구두를 신었어요?
B (ⓐ 빨간색 / ⓑ 까만색) 구두를 신었어요.

(4) A 무슨 색 가방을 사고 싶어요?
B (ⓐ 흰색 / ⓑ 갈색) 가방을 사고 싶어요.

B Describing Objects: ＿＿＿ 거

(1) Colors

빨간 거	파란 거
red one	blue one
ⓐ	ⓑ

밝은 거	어두운 거
light one	dark one
ⓐ	ⓑ

(2) Sizes and Shapes

큰 거	작은 거
big one	small one
ⓐ	ⓑ

동그란 거	네모난 거	세모난 거
round one	rectangular one	triangular one
ⓐ	ⓑ	ⓒ

(3) Product Brand Names and Product Origins

현대 거	포드 거
Hyundai one	Ford one
ⓐ	ⓑ
HYUNDAI GRANDEUR	FORD TAURUS

국산 거	외제 거
domestic one	imported one
ⓐ	ⓑ

(4) Length of Use

새 거	오래된 거
new one	old one
ⓐ	ⓑ

100년 된 거	3년 된 거
100-year-old one	3-year-old one
ⓐ	ⓑ

> **Be careful!**
> The age of people is counted differently from that of objects.
> **Ex.** 30살 된 사람 30-year-old man
> 30년 된 차 30-year-old car

Pop Quiz! Choose the correct answer to complete each sentence.

(1) 너무 작아요. 더 (ⓐ 큰 거 / ⓑ 작은 거) 보여 주세요.

(2) 이 가방은 10년 전에 샀지만 깨끗해서 (ⓐ 새 거 / ⓑ 오래된 거) 같아요.

(3) 이 디자인이 저한테 잘 안 어울려요. (ⓐ 같은 거 / ⓑ 다른 거) 없어요?

(4) 네모난 모양의 열쇠고리가 마음에 안 들어요. (ⓐ 네모난 거 / ⓑ 동그란 거) 없어요?

C Pros and Cons of Products

(1)

디자인이 좋다
to have a nice design

ⓐ

품질이 좋다
to be of good quality

ⓑ

(2)
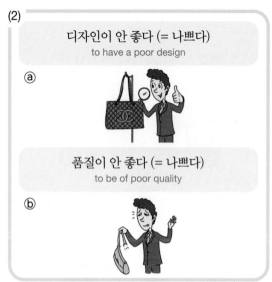

디자인이 안 좋다 (= 나쁘다)
to have a poor design

ⓐ

품질이 안 좋다 (= 나쁘다)
to be of poor quality

ⓑ

(3)

잘 어울리다
to suit well

ⓐ

잘 안 어울리다
to not suit well

ⓑ

(4)

잘 맞다
to fit well

ⓐ

잘 안 맞다
to not fit well

ⓑ

Pop Quiz! Choose the correct answer according to each picture.

(1)

옷의 (ⓐ 품질 / ⓑ 디자인)
이 안 좋아서 옷에 구멍이
났어요.

(2)

이 자동차는 옛날
(ⓐ 품질 / ⓑ 디자인)
이라서 인기가 없어요.

(3)

옷이 너무 커요. 저한테
(ⓐ 맞는 / ⓑ 안 맞는)
옷으로 바꾸고 싶어요.

(4)

저 옷은 저한테 잘
(ⓐ 어울려서 / ⓑ 안 어울려서)
사지 않을 거예요.

D Problems

| 단추가 떨어지다 for a button to fall off | 구멍이 나다 for a hole to appear on clothing | 가방 끈이 찢어지다 for a bag strap to rip | 바느질이 안 좋다 to be bad sewing |
| 옷이 줄어들다 for clothing to shrink | 옷이 늘어나다 for clothes to be stretched out | 물이 빠지다 for clothing's color to fade | 얼룩이 묻다 to get a stain |

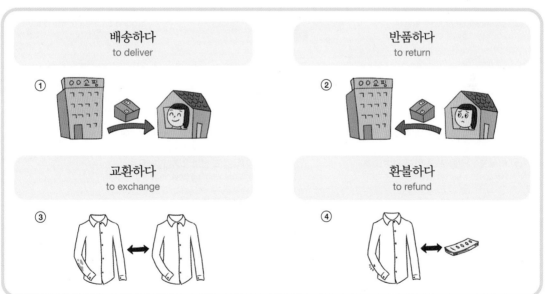

| 배송하다 to deliver | 반품하다 to return |
| 교환하다 to exchange | 환불하다 to refund |

Pop Quiz! Choose the correct answer to complete each sentence.

(1) 세탁한 후에 옷이 (ⓐ 줄어들었어요 / ⓑ 늘어났어요). 그래서 저한테 옷이 작아요.

(2) 단추가 (ⓐ 떨어졌어요 / ⓑ 찢어졌어요). 그래서 새 단추를 달아야 해요.

(3) 신발에 얼룩이 묻어서 다른 신발로 (ⓐ 교환하고 / ⓑ 환불하고) 싶어요.

(4) 인터넷으로 주문한 운동화가 마음에 안 들어서 운동화를 (ⓐ 배송하고 / ⓑ 반품하고) 싶어요.

Clothing Expressions

Unit 91

Let's Learn!

A The Verb "Wear"

(1) The verb "wear" differs depending on what is being worn.

① 쓰다
for items worn on the head or face
(hats, glasses, masks, etc.)

④ 끼다
for items that fit into a small space
(rings, gloves, contact lenses, etc.)

② 입다
for clothing that goes on the torso
or lower body (pants, skirts, shirts,
blouses, coats, etc.)

⑤ 하다
for accessories and other extra
items (necklaces, earrings,
scarves, ties, etc.)

③ 신다
for items worn on the feet
(dress shoes, sneakers, socks,
stockings, etc.)

⑥ 차다
for items that are wrapped
around an area of the body
(watches, belts, bracelets, etc.)

> **Be careful!**
> Do not use 바지를 입고 없어요!
> **Ex** 바지를 입고 있지 않아요. (O)
> I'm not wearing pants.

(2) Negatives are expressed in the following way.

① 여자는 바지를 **안 입고 있어요.**
The woman **is not wearing** pants.

② 여자는 바지를 **입고 있지 않아요.** (= 안 입고 있어요.)
The woman **is not wearing** pants.

③ **아무도** 안경을 쓰고 있지 **않아요.**
No one is wearing glasses.

④ 남자는 **아무것도** 신고 있지 **않아요.**
The man **is not wearing anything** (on his feet).

Pop Quiz! 1 Select the answer that uses a different verb.

(1) ⓐ 바지 ⓑ 잠옷 ⓒ 치마 ⓓ 양말

(2) ⓐ 모자 ⓑ 안경 ⓒ 마스크 ⓓ 콘택트렌즈

(3) ⓐ 목걸이 ⓑ 목도리 ⓒ 반지 ⓓ 귀걸이

(4) ⓐ 시계 ⓑ 장갑 ⓒ 벨트 ⓓ 팔찌

Pop Quiz! 2 Choose the correct answer according to the above picture.

(1) 여자는 모자를 (ⓐ 쓰고 있어요 / ⓑ 쓰고 있지 않아요).

(2) 여자는 장갑을 (ⓐ 끼고 있어요 / ⓑ 끼고 있지 않아요).

(3) 여자는 가방을 (ⓐ 들고 있어요 / ⓑ 들고 있지 않아요).

(4) 여자는 운동화를 (ⓐ 신고 있어요 / ⓑ 신고 있지 않아요).

B Using Different Verbs with the Same Item

(1) 넥타이

하다	①	매다	②
simply considers the tie as an accessory		emphasizes the motion of tying a tie	

(2) 안경

쓰다	①	끼다	②
considers the glasses as an item worn on the face		emphasizes the motion of placing the sides of the glasses on the ears	

(3) 우산

쓰다	①	들다	②
emphasizes the usage of the umbrella above one's head		emphasizes the holding of an umbrella (either carrying it or using it above one's head)	

(4) 가방

메다	①	들다	②	끌다	③
emphasizes the carrying of the bag on one's shoulders		emphasizes carrying the bag in one's hand by a strap		emphasizes pulling the bag (if it is a rolling bag)	

Pop Quiz! Choose the correct answer according to the picture.

(1) 남자가 왼손으로 여행 가방을 (ⓐ 들고 / ⓑ 끌고) 있어요.

(2) 남자가 어깨에 가방을 (ⓐ 메고 / ⓑ 끌고) 있어요.

(3) 남자가 우산을 (ⓐ 들고 / ⓑ 쓰고) 있어요.

(4) 남자가 넥타이를 (ⓐ 매고 있어요 / ⓑ 매고 있지 않아요).

(5) 남자가 모자를 머리에 (ⓐ 쓰고 있어요 / ⓑ 쓰고 있지 않아요).

(6) 남자가 선글라스를 손에 (ⓐ 들고 있어요 / ⓑ 들고 있지 않아요).

C Types of Clothing

(1) By Clothing Length

> **Tip**
> The 반 in 반바지 and 반팔 means "half."

반바지	긴 바지	반팔 셔츠 (= 반소매 셔츠)	긴팔 셔츠 (= 긴소매 셔츠)	민소매 셔츠
shorts	long pants	short-sleeved shirt	long-sleeved shirt	sleeveless shirt
①	②	③	④	⑤

(2) Referring to Clothing

> **Tip**
> 옷 and 복 both refer to all clothing, but 옷 is a native Korean word, and 복 is a Sino-Korean word.

If the compound noun is Sino-Korean, 복 is used.

수영복	운동복	한복	양복	교복	제복
swimsuit	sportswear	hanbok (traditional Korean clothing)	suit (for men)	school uniform	uniform

① ② ③ ④ ⑤ ⑥

If the compound noun is a native Korean word, 옷 is used.

잠옷	비옷	속옷
pajamas	raincoat	underwear

① ② ③

Pop Quiz! Choose the correct answer in the box to complete each sentence.

양복	잠옷	속옷	교복	비옷	운동복	반팔 옷	수영복

(1) 잘 때 _____을/를 입어요.

(2) 수영할 때 _____을/를 입어요.

(3) 운동할 때 _____을/를 입어요.

(4) 비가 올 때 _____을/를 입어요.

(5) 보통 더울 때 _____을/를 입어요.

(6) 보통 옷 안에 _____을/를 입어요.

(7) 회사에서 남자가 _____을/를 입어요.

(8) 학교에서 학생이 _____을/를 입어요.

D Verbs for the Removal of Clothing

(1) 벗다

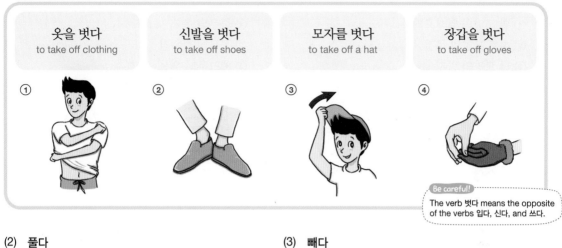

옷을 벗다	신발을 벗다	모자를 벗다	장갑을 벗다
to take off clothing	to take off shoes	to take off a hat	to take off gloves

Be careful!
The verb 벗다 means the opposite of the verbs 입다, 신다, and 쓰다.

(2) 풀다

(3) 빼다

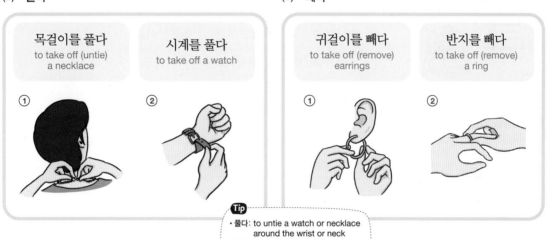

목걸이를 풀다	시계를 풀다	귀걸이를 빼다	반지를 빼다
to take off (untie) a necklace	to take off a watch	to take off (remove) earrings	to take off (remove) a ring

Tip
- 풀다: to untie a watch or necklace around the wrist or neck
- 빼다: to untie the earrings or rings on one's fingers, etc.

Pop Quiz! Write two verbs that can be used with each piece of clothing.

신다	차다	빼다	입다	풀다	하다	쓰다	벗다	끼다

(1) 치마 : _____ ↔ _____

(2) 시계 : _____ ↔ _____

(3) 구두 : _____ ↔ _____

(4) 장갑 : _____ ↔ _____

(5) 모자 : _____ ↔ _____

(6) 귀걸이 : _____ ↔ _____

(7) 목걸이 : _____ ↔ _____

(8) 목도리 : _____ ↔ _____

(9) 반지 : _____ ↔ _____

(10) 안경 : _____ ↔ _____

(11) 팔찌 : _____ ↔ _____

(12) 양말 : _____ ↔ _____

E Describing Shapes and Patterns

(1) Shapes

① 별 모양의 열쇠고리 star-shaped keychain
② 하트 모양의 목걸이 heart-shaped necklace
③ 달 모양의 반지 moon-shaped ring

(2) Patterns

① 줄무늬 옷 striped clothing
② 꽃무늬 손수건 flower-patterned handkerchief
③ 체크무늬 우산 checkered umbrella

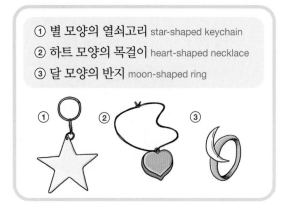

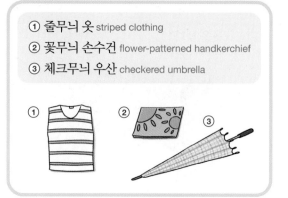

Pop Quiz! Choose the correct answer according to the pictures.

조카 선물을 샀어요. (1) (ⓐ 줄무늬 / ⓑ 체크무늬) 치마와

(2) (ⓐ 줄무늬 / ⓑ 체크무늬) 가방을 샀어요.

그리고 (3) (ⓐ 별 / ⓑ 달) 모양의 머리핀도 샀어요.

F Describing Materiales

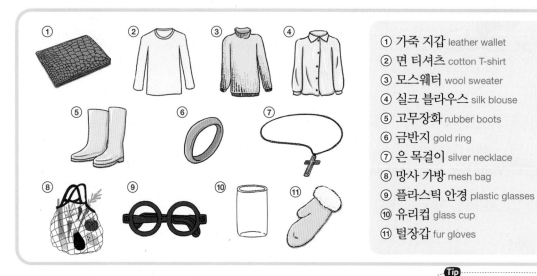

① 가죽 지갑 leather wallet
② 면 티셔츠 cotton T-shirt
③ 모스웨터 wool sweater
④ 실크 블라우스 silk blouse
⑤ 고무장화 rubber boots
⑥ 금반지 gold ring
⑦ 은 목걸이 silver necklace
⑧ 망사 가방 mesh bag
⑨ 플라스틱 안경 plastic glasses
⑩ 유리컵 glass cup
⑪ 털장갑 fur gloves

> **Tip**
> The marker is used for material.

Pop Quiz! Choose the correct answer according to the above pictures.

(1) 지갑이 _____ (으)로 만들어졌어요.

(2) 컵이 _____ (으)로 만들어졌어요.

(3) 반지가 _____ (으)로 만들어졌어요.

(4) 스웨터가 _____ (으)로 만들어졌어요.

(5) 목걸이가 _____ (으)로 만들어졌어요.

(6) 장화가 _____ (으)로 만들어졌어요.

(7) 장갑이 _____ (으)로 만들어졌어요.

(8) 티셔츠가 _____ (으)로 만들어졌어요.

G Items with Additional Pieces

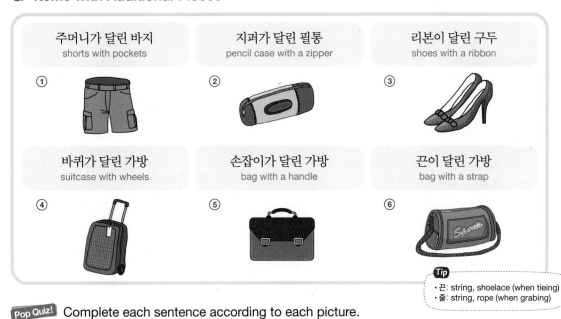

주머니가 달린 바지 shorts with pockets	지퍼가 달린 필통 pencil case with a zipper	리본이 달린 구두 shoes with a ribbon
①	②	③
바퀴가 달린 가방 suitcase with wheels	손잡이가 달린 가방 bag with a handle	끈이 달린 가방 bag with a strap
④	⑤	⑥

Tip
· 끈: string, shoelace (when tieing)
· 줄: string, rope (when grabing)

Pop Quiz! Complete each sentence according to each picture.

(1) _____ 이/가 달린 옷을 샀어요.

(2) _____ 이/가 달린 카메라가 들고 다니기 편해요.

(3) _____ 이/가 달린 화장품을 사고 싶어요.

H When Wearing Two for More Pieces of Clothing

① ②

① 청바지에 셔츠를 입고 있어요.
I am wearing jeans and a shirt.

② 선글라스에 수영복을 입고 있어요.
I am wearing sunglasses and a bathing suit.

Pop Quiz! Choose the correct answer according to each picture.

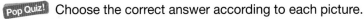

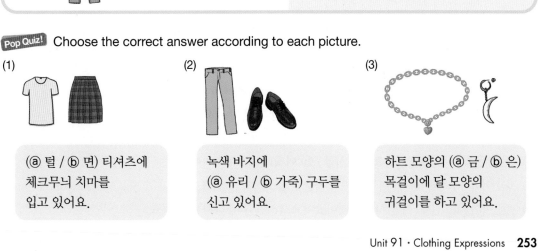

(1) (ⓐ 털 / ⓑ 면) 티셔츠에 체크무늬 치마를 입고 있어요.

(2) 녹색 바지에 (ⓐ 유리 / ⓑ 가죽) 구두를 신고 있어요.

(3) 하트 모양의 (ⓐ 금 / ⓑ 은) 목걸이에 달 모양의 귀걸이를 하고 있어요.

Time Expressions

Unit 92

Let's Learn!

A The Adverbs of Time

(1) 전에 vs. 아까 and 이따가 vs. 나중에

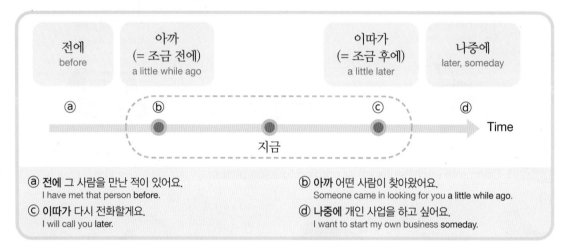

ⓐ 전에 그 사람을 만난 적이 있어요.
I have met that person before.
ⓒ 이따가 다시 전화할게요.
I will call you later.
ⓑ 아까 어떤 사람이 찾아왔어요.
Someone came in looking for you a little while ago.
ⓓ 나중에 개인 사업을 하고 싶어요.
I want to start my own business someday.

(2) 지금 vs. 이제

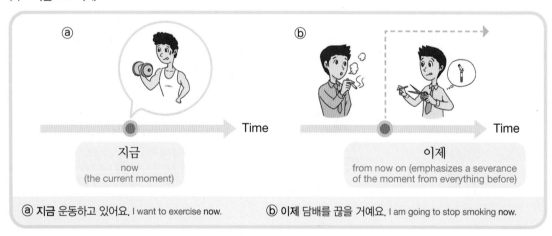

ⓐ 지금 운동하고 있어요. I want to exercise now. ⓑ 이제 담배를 끊을 거예요. I am going to stop smoking now.

Pop Quiz! 1 Choose the correct answer to complete each sentence.

(1) (ⓐ 지금 / ⓑ 이제) 샤워하고 있어서 전화를 받을 수 없어요.

(2) (ⓐ 아까 / ⓑ 전에) 부산에 가 본 적이 있지만 잘 기억 안 나요.

(3) 30분 후에 다시 올게요. (ⓐ 이따가 / ⓑ 나중에) 여기에서 만나요.

(4) 전에 돈을 너무 많이 썼어요. (ⓐ 지금 / ⓑ 이제) 돈을 아껴 써야 해요.

(5) (ⓐ 이따가 / ⓑ 나중에) 여행 가려고 지금 돈을 모으고 있어요.

(6) (ⓐ 아까 / ⓑ 전에) 어떤 사람이 찾아왔어요. 1시간 후에 다시 올 거예요.

(3) 방금 vs. 금방

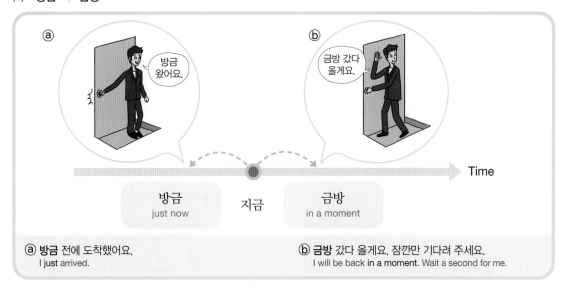

ⓐ **방금** 전에 도착했어요.
I just arrived.

ⓑ **금방** 갔다 올게요. 잠깐만 기다려 주세요.
I will be back **in a moment**. Wait a second for me.

(4) 곧 vs. 잠깐

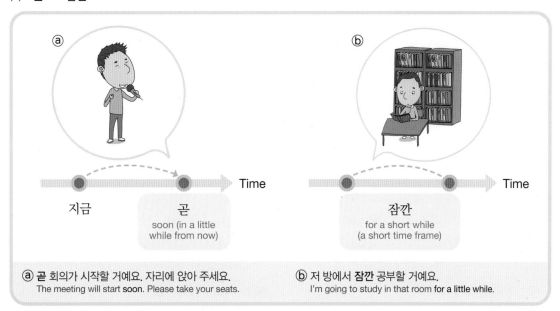

ⓐ **곧** 회의가 시작할 거예요. 자리에 앉아 주세요.
The meeting will start **soon**. Please take your seats.

ⓑ 저 방에서 **잠깐** 공부할 거예요.
I'm going to study in that room **for a little while**.

Pop Quiz! 2 Choose the correct answer to complete each sentence.

(1) 직원이 (ⓐ 방금 / ⓑ 금방) 올 거예요.

(2) 그 책을 (ⓐ 곧 / ⓑ 잠깐) 읽어서 무슨 내용인지 잘 모르겠어요.

(3) 저도 (ⓐ 방금 / ⓑ 금방) 전에 도착해서 오래 기다리지 않았어요.

(4) (ⓐ 곧 / ⓑ 잠깐) 겨울이 되니까 두꺼운 옷을 준비하세요.

(5) 보일러를 켜니까 방 안이 (ⓐ 방금 / ⓑ 금방) 따뜻해졌어요.

(6) (ⓐ 방금 / ⓑ 곧) 만든 음식이니까 식기 전에 드세요.

(5) 동안 vs. 만에

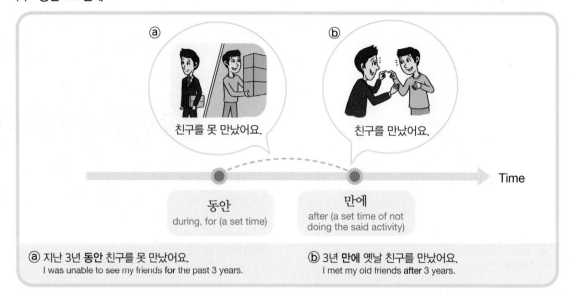

ⓐ 친구를 못 만났어요.

ⓑ 친구를 만났어요.

Time

동안
during, for (a set time)

만에
after (a set time of not doing the said activity)

ⓐ 지난 3년 **동안** 친구를 못 만났어요.
I was unable to see my friends **for** the past 3 years.

ⓑ 3년 **만에** 옛날 친구를 만났어요.
I met my old friends **after** 3 years.

Pop Quiz! 3 Choose the correct answer to complete each sentence.

(1) (ⓐ 오랫동안 / ⓑ 오랜만에) 못 만난 친구를 오늘 만나기로 했어요.

(2) 교통사고로 (ⓐ 한 달 동안 / ⓑ 한 달 만에) 병원에 입원했어요.

(3) (ⓐ 5년 동안 / ⓑ 5년 만에) 고향에 돌아가니까 기대돼요.

(4) (ⓐ 3시간 동안 / ⓑ 3시간 만에) 회의를 계속해서 좀 피곤해요.

(6) 동안 vs. 부터

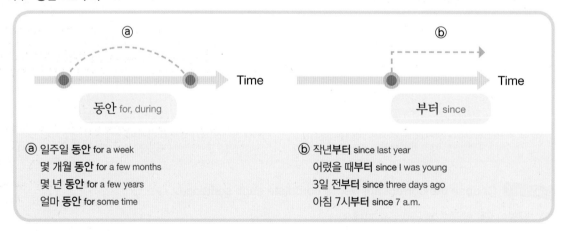

Time

동안 for, during

부터 since

Time

ⓐ 일주일 **동안** for a week
몇 개월 **동안** for a few months
몇 년 **동안** for a few years
얼마 **동안** for some time

ⓑ 작년**부터** since last year
어렸을 때**부터** since I was young
3일 전**부터** since three days ago
아침 7시**부터** since 7 a.m.

Pop Quiz! 4 Choose the correct answer to complete each sentence.

(1) (ⓐ 3일 동안 / ⓑ 3일 후부터) 시험을 준비했어요.

(2) (ⓐ 일주일 동안 / ⓑ 일주일 전부터) 세일이 시작했어요.

(3) (ⓐ 며칠 동안 / ⓑ 며칠 전부터) 고향에 돌아갈 거예요.

(4) (ⓐ 어렸을 때 동안 / ⓑ 어렸을 때부터) 태권도를 배웠어요.

B Before & After

(1) 전

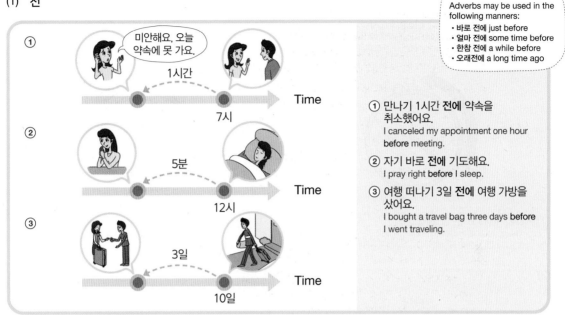

Tip
Adverbs may be used in the following manners:
• 바로 전에 just before
• 얼마 전에 some time before
• 한참 전에 a while before
• 오래전에 a long time ago

① 만나기 1시간 **전에** 약속을 취소했어요.
I canceled my appointment one hour **before** meeting.

② 자기 바로 **전에** 기도해요.
I pray right **before** I sleep.

③ 여행 떠나기 3일 **전에** 여행 가방을 샀어요.
I bought a travel bag three days **before** I went traveling.

(2) 후

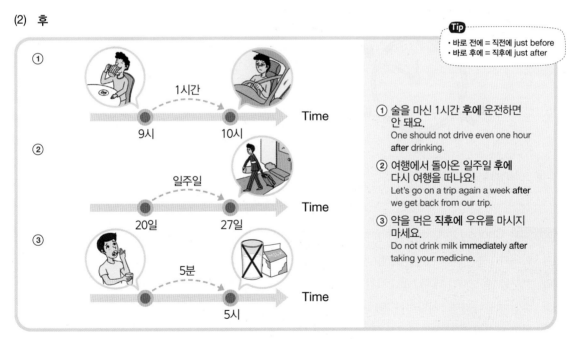

Tip
• 바로 전에 = 직전에 just before
• 바로 후에 = 직후에 just after

① 술을 마신 1시간 **후에** 운전하면 안 돼요.
One should not drive even one hour **after** drinking.

② 여행에서 돌아온 일주일 **후에** 다시 여행을 떠나요!
Let's go on a trip again a week **after** we get back from our trip.

③ 약을 먹은 **직후에** 우유를 마시지 마세요.
Do not drink milk **immediately after** taking your medicine.

Pop Quiz! Choose the correct answer to complete each sentence.

(1) 오늘 길이 많이 막혀서 (ⓐ 늦게 30분 / ⓑ 30분 늦게) 도착했어요.

(2) 회사에서 승진한 (ⓐ 직후에 / ⓑ 직전에) 제가 한턱냈어요.

(3) 서울에 오기 (ⓐ 5시 전에 / ⓑ 바로 전에) 비행기표를 샀어요.

(4) 영화가 시작하고 (ⓐ 30분 전에 / ⓑ 30분 후에) 영화관에 도착했어요.

Be careful!
Note the order!
• 아침 일찍 early in the morning
• 밤늦게 late at night
• 1시간 일찍 1 hour early
• 30분 늦게 30 minutes late

C Time

(1)

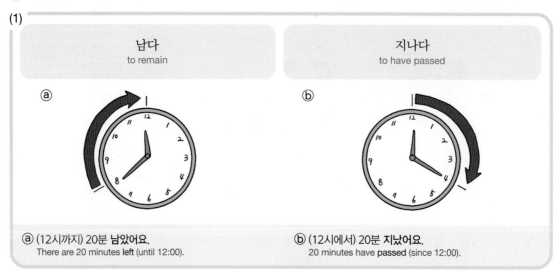

남다	지나다
to remain	to have passed

ⓐ (12시까지) 20분 **남았어요**.
There are 20 minutes **left** (until 12:00).

ⓑ (12시에서) 20분 **지났어요**.
20 minutes have **passed** (since 12:00).

(2)

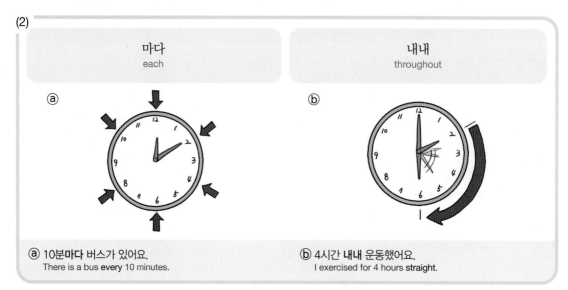

마다	내내
each	throughout

ⓐ 10분**마다** 버스가 있어요.
There is a bus **every** 10 minutes.

ⓑ 4시간 **내내** 운동했어요.
I exercised for 4 hours **straight**.

Pop Quiz! Choose the correct answer to complete each sentence.

(1) 회의가 1시간 (ⓐ 지났는데 / ⓑ 지냈는데) 음식이 아직도 준비 안 됐어요.

(2) 친구를 (ⓐ 2시간 내내 / ⓑ 2시간마다) 기다렸지만 아직도 안 와요.

(3) 수업이 끝나려면 1시간이나 (ⓐ 남았는데 / ⓑ 지났는데) 너무 졸려요.

(4) 친구가 평일에 시간이 없어서 (ⓐ 주말 내내 / ⓑ 주말마다) 저녁에 잠깐 친구를 만나요.

D When Spending Time

보내다 to spend time	지내다 to spend time (living, doing activities, etc.): similar in meaning to 생활하다 (to live life)

ⓐ 주말 잘 보내세요.

ⓑ 그동안 잘 지냈어요?

ⓐ 주말 잘 **보내세요**.
Have a good weekend.

ⓑ 작년에는 한국에서 잘 **지냈는데** 올해는 좀 힘들어요.
I **had a good time** last year in Korea, but this year is a little difficult.

Pop Quiz! 1 Choose the correct answer to complete each sentence.

(1) 한국 생활이 좋아요. 요즘 잘 (ⓐ 보내고 / ⓑ 지내고) 있어요.

(2) 우리 어머니는 저하고 친구처럼 (ⓐ 보내요 / ⓑ 지내요).

(3) 휴가를 가서 조용한 시간을 (ⓐ 보냈어요 / ⓑ 지냈어요).

(4) 전에는 직장 생활을 잘 못 (ⓐ 보냈지만 / ⓑ 지냈지만) 지금은 잘 지내요.

(5) 이번 추석은 가족과 함께 (ⓐ 보내려고 / ⓑ 지내려고) 해요.

(6) 회사 동료와 문제 없이 잘 (ⓐ 보내고 / ⓑ 지내고) 있어요.

> **Tip**
> 지내다 means not only "to spend time (with someone)" but also "to be in a relationship (with someone)."
> **Ex. 1** 나는 우리 반 친구들과 잘 지내고 있어요.
> I am having a good time with my classmates.
> **Ex. 2** 사장님은 우리하고 가족처럼 지내고 있어요.
> The president (of the company) treats us like family.

Pop Quiz! 2 Complete each conversation.

(1) A 주말 잘 _____?
  B 네, 친구하고 재미있게 보냈어요.

(2) A 동생하고 어떻게 _____?
  B 사이좋게 지내요.

(3) A 그동안 잘 _____?
  B 네, 덕분에 잘 지냈어요.

(4) A 휴가 때 보통 어떻게 시간을 _____?
  B 여행 가거나 집에서 쉬어요.

Pop Quiz! 3 Match the following with its corresponding message.

(1) 금요일 저녁에 헤어지는 친구에게 •

(2) 친구와 사이가 안 좋은 친구에게 •

(3) 휴가 때 헤어지는 친구에게 •

(4) 한국에 유학 온 친구에게 •

• ⓐ 휴가 잘 보내세요.

• ⓑ 주말 잘 보내세요.

• ⓒ 한국에서 잘 지내세요.

• ⓓ 친구와 잘 지내세요.

Quantity Expressions

Unit 93

Let's Learn!

A Expressing Scores

(1) Scores

0점 (read as 영점 or 빵점)	100점 (read as 백 점 or 만 점)

①

②

① 이번 시험을 못 봤어요. 0점 받았어요.
I did poorly on this test. I got a 0.

② 이번 시험을 잘 봤어요. 100점 받았어요.
I did well on this test. I got a 100.

(2) Reading Decimals

① **3 5 . 3 5**
삼십오 ↑ 삼 오
점

② **0 . 5**
영 ↑ 오
점

③ **0 . 0 1**
영 ↑ 영 일
점

> The digits after the decimal point are read one digit at a time.

> If there is a 0 before (or after) the decimal place, it is read 영, not 공.

(3) Game Scores

3:1 (삼 대 일)	1:1 (일 대 일)	0:2 (영 대 이)

①
3 : 1

②
1 : 1

③
0 : 2

① 축구 경기에서 우리 팀이 3:1로 이겼어요.
Our team won the soccer game 3 to 1.

② 한국하고 일본이 축구 경기에서 1:1로 비겼어요.
Korea and Japan tied 1 to 1 in the soccer game.

③ 테니스 경기에서 제가 0:2로 졌어요.
I lost the tennis game 0 to 2.

> **Tip**
> The marker (으)로 is used to indicate game scores.

Pop Quiz! Correct each underlined part.

(1) **3 : 0**
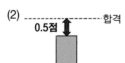
어제 야구 경기에서 삼 대 <u>공</u>으로 이겼어요.

(2) 0.5점 ↕ ------ 합격
시험에서 <u>공 점 오 점</u> 부족해서 떨어졌어요.

(3) **210점**

스케이트 경기에서 <u>이백일십 점</u> 받았어요.

(4) **2 : 2**

축구 경기에서 <u>두 대 두</u>로 비겼어요.

B Ratios

(1) Fractions

$\dfrac{1}{2}$ 이분의 일
(이 분의 일) half

$\dfrac{3}{4}$ 사분의 삼
(사 분의 삼) three-fourths

① 우리 반 사람들의 **1/3**이 일본 사람이에요.
1/3 of our classmates are Japanese.

② 옆 반 사람들의 **20%**가 미국 사람이에요.
20% of the class next door is American.

Tip
% is read as 퍼센트 but in everyday speech is normally read as 프로.

(2) 전체 (Whole) vs. 부분 (Part)

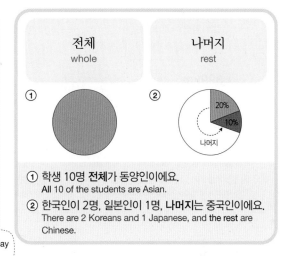

전체
whole

나머지
rest

① 학생 10명 **전체**가 동양인이에요.
All 10 of the students are Asian.

② 한국인이 2명, 일본인이 1명, **나머지**는 중국인이에요.
There are 2 Koreans and 1 Japanese, and **the rest** are Chinese.

(3) 전부 vs. 대부분 vs. 절반 vs. 일부

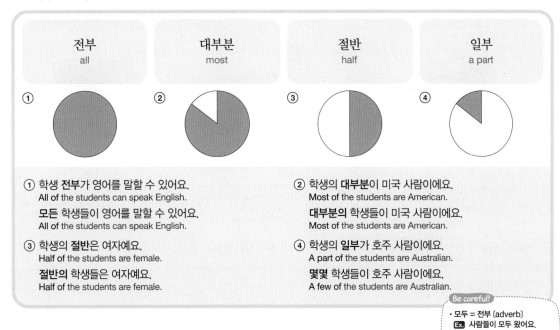

전부
all

대부분
most

절반
half

일부
a part

① 학생 **전부**가 영어를 말할 수 있어요.
All of the students can speak English.
모든 학생들이 영어를 말할 수 있어요.
All of the students can speak English.

③ 학생의 **절반**은 여자예요.
Half of the students are female.
절반의 학생들은 여자예요.
Half of the students are female.

② 학생의 **대부분**이 미국 사람이에요.
Most of the students are American.
대부분의 학생들이 미국 사람이에요.
Most of the students are American.

④ 학생의 **일부**가 호주 사람이에요.
A part of the students are Australian.
몇몇 학생들이 호주 사람이에요.
A few of the students are Australian.

Be careful!
• 모두 = 전부 (adverb)
Ex. 사람들이 모두 왔어요.
Everyone came.
• 모든 (determiner)
Ex. 모든 사람들이 왔어요.
All of the people came.

Pop Quiz! Choose the correct answer based on each given percentage.

(1) 100% → 회사 사람들 (ⓐ 전체 / ⓑ 부분)이/가 한국인이에요.

(2) 80% → (ⓐ 모든 / ⓑ 대부분)의 학생들이 한자를 알아요.

(3) 10% → 학생들의 (ⓐ 일부 / ⓑ 절반)만 아르바이트를 해요.

(4) 25% → 네 사람이 피자 하나를 (ⓐ 일분의 사 / ⓑ 사분의 일)씩 먹었어요.

(5) 20% → 제 친구의 (ⓐ 일분의 오 / ⓑ 오분의 일)이/가 결혼 안 했어요.

C Length and Distance

Tip
Inches are only used for clothing. Miles, yards, and feet are not used.
- 1 inch = 2.54 centimeters
- 1 mile = 1.6 kilometers
- 1 yard = 0.91 meter
- 1 foot = 0.3048 meter

1 km	1 m	1 cm
킬로(미터) = 1,000m	미터 = 100cm	센티(미터) = 10mm 밀리(미터)

①  399km
서울 ------ 부산

② 10m

③ 176cm

④ 280mm

① 서울에서 부산까지 **399km**예요.
It is 399 **kilometers** from Seoul to Busan.

③ 이 남자의 키는 **176cm**예요.
This man's height is 176 **centimeters**.

② 주유소가 약국에서 **10m** 떨어져 있어요.
A gas station is located **10 meters** from the pharmacy.

④ 이 운동화는 **280mm**예요.
These sneakers are 280 **millimeters** long.

Tip
In colloquial speech, they are often shortened to:
- km (킬로미터): 10km (킬로)
- kg (킬로그램): 50kg (킬로)
- cm (센티미터): 10cm (센티)
- mm (밀리미터): 240mm (밀리)
- ㎖ (밀리리터): 200㎖ (밀리)

D Weight

1 t	1 kg	1 g
톤 = 1,000kg	킬로(그램) = 1,000g	그램 = 1,000mg 밀리그램

①

② −3kg

③

① 우리 아파트에서 일주일에 **1톤**의 쓰레기가 나와요.
There is **1 ton** of trash a week from our apartment.

③ 한국에서는 고기 **600g**씩 포장해서 팔아요.
In Korea, meat is packaged and sold in **600g** portions.

② 운동해서 **3kg** 뺐어요.
I lost **3kg** from exercising.

Tip
Ounces, pounds, and gallons are not used in Korea.
- 1 ounce = 28.3g
- 1 pound = 453g

Tip
In everyday speech, km and kg are both read as 킬로 or 키로 and are distinguished by context.

E Volume

Tip
In everyday speech, ㎖ and mg are both read as 밀리 or 미리 and are distinguished by context.

1 ℓ
1리터 = 1,000밀리(리터)

①

② MILK 250㎖

① 하루에 물 **1ℓ**를 마셔야 해요.
One should drink **1ℓ** of water a day.

② 저는 매일 우유 **250㎖**를 마셔요.
I drink **250㎖** of milk a day.

F Width

1 km²
(제곱 킬로미터)

저는 **1㎢** 정도의 땅을 갖고 있어요.
I have approximately **1㎢** of land.

Pop Quiz! 1 Select the incorrect answer.

(1) ⓐ 10km → 십 킬로

ⓑ 150㎖ → 백오십 리터

ⓒ 80kg → 팔십 킬로

ⓓ 90㎡ → 구십 제곱미터

(2) ⓐ 15mm → 십오 밀리

ⓑ 150㎖ → 백오십 밀리

ⓒ 300g → 삼백 밀리

ⓓ 30cm → 삼십 센티

Pop Quiz! 2 Choose the correct answer according to each picture.

(1)

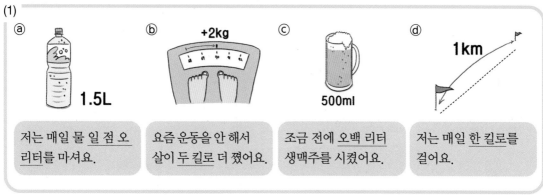

ⓐ 저는 매일 물 일 점 오 리터를 마셔요.

ⓑ 요즘 운동을 안 해서 살이 두 킬로 더 쪘어요.

ⓒ 조금 전에 오백 리터 생맥주를 시켰어요.

ⓓ 저는 매일 한 킬로를 걸어요.

(2)

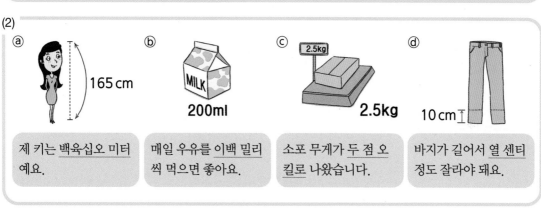

ⓐ 제 키는 백육십오 미터 예요.

ⓑ 매일 우유를 이백 밀리 씩 먹으면 좋아요.

ⓒ 소포 무게가 두 점 오 킬로 나왔습니다.

ⓓ 바지가 길어서 열 센티 정도 잘라야 돼요.

Pop Quiz! 3 Match each question with its corresponding answer.

(1) 몸무게가 몇 킬로예요?　　　•

(2) 키가 몇 센티예요?　　　•

(3) 집에서 회사까지 몇 킬로예요?　•

(4) 우유가 몇 리터예요?　　　•

(5) 발이 몇 밀리예요?　　　•

•　ⓐ 183cm예요.

•　ⓑ 1,000㎖예요.

•　ⓒ 78kg예요.

•　ⓓ 10km쯤 돼요.

•　ⓔ 255mm예요.

Location Expressions

Unit 94

Let's Learn!

A Describing Location in a Photograph

(1) Rows

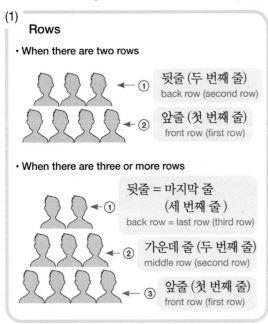

- When there are two rows

뒷줄 (두 번째 줄)
back row (second row) — ①

앞줄 (첫 번째 줄)
front row (first row) — ②

- When there are three or more rows

뒷줄 = 마지막 줄
(세 번째 줄)
back row = last row (third row) — ①

가운데 줄 (두 번째 줄)
middle row (second row) — ②

앞줄 (첫 번째 줄)
front row (first row) — ③

(2) Describing location in the same row

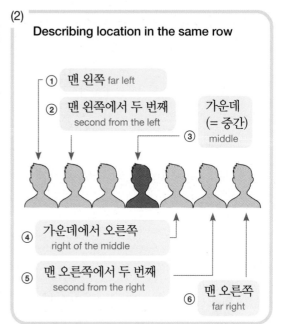

① 맨 왼쪽 far left

② 맨 왼쪽에서 두 번째
second from the left

가운데
(= 중간)
middle ③

④ 가운데에서 오른쪽
right of the middle

⑤ 맨 오른쪽에서 두 번째
second from the right

맨 오른쪽
far right ⑥

(3) Describing a Specific Location

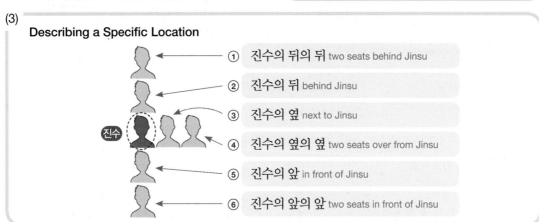

① 진수의 뒤의 뒤 two seats behind Jinsu

② 진수의 뒤 behind Jinsu

③ 진수의 옆 next to Jinsu

④ 진수의 옆의 옆 two seats over from Jinsu

⑤ 진수의 앞 in front of Jinsu

⑥ 진수의 앞의 앞 two seats in front of Jinsu

진수

(4) Spaces

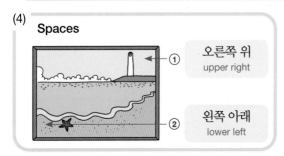

오른쪽 위
upper right — ①

왼쪽 아래
lower left — ②

(5) Face (flat side)

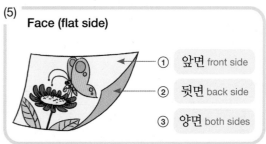

① 앞면 front side

② 뒷면 back side

③ 양면 both sides

Pop Quiz! 1 Read the following and write each family relationship term that corresponds to the photo.

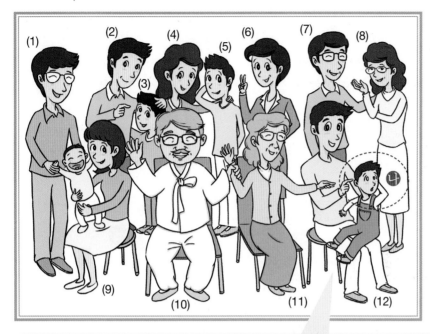

(1) _____
(2) _____
(3) _____
(4) _____
(5) _____
(6) _____
(7) _____
(8) _____
(9) _____
(10) _____
(11) _____
(12) _____

저는 사진의 맨 오른쪽에 앉아 있는 막내 삼촌의 무릎에 앉아 있어요. 막내 삼촌 바로 뒤에는 큰아버지가 서 있어요. 뒷줄의 오른쪽에서 두 번째 사람이에요. 뒷줄의 맨 오른쪽에 큰어머니가 서 있어요. 큰아버지 바로 옆에 있어요. 막내 삼촌 옆에는 할머니가 앉아 있어요. 그 옆에는 할아버지도 앉아 있어요.

할아버지와 할머니 사이에 큰형이 서 있어요. 큰형의 오른쪽에 있는 여자가 고모예요. 고모는 큰형과 큰아버지 사이에 서 있어요. 어머니는 할아버지 바로 뒤에 서 있어요. 어머니 옆에는 아버지가 있어요. 아버지와 어머니 사이에 작은형이 서 있어요.

뒷줄에서 맨 왼쪽에 있는 사람이 작은아버지예요. 아버지 옆에 서 있어요. 작은아버지와 아버지 사이에 작은어머니가 앉아 있어요. 사촌 동생을 안고 있어요.

Pop Quiz! 2 Complete each conversation according to the above picture.

(1) A 어떤 분이 _____ 예요/이에요?

   B 뒷줄의 맨 왼쪽에서 두 번째 서 있는 분이에요.

(2) A _____ 이/가 어디에 있어요?

   B 뒷줄의 맨 오른쪽에서 세 번째 서 있어요.

(3) A 할머니와 할아버지 사이에 서 있는 사람이 누구예요?

   B _____ 예요/이에요.

(4) A 앞줄의 맨 왼쪽에 아기를 안고 있는 사람이 누구예요?

   B _____ 예요/이에요.

B 주위 vs. 주변 vs. 근처

(1)

① 달이 지구 **주위**를 돌고 있어요.
The moon rotates **around** the Earth.

② **주위**를 둘러보세요.
Look **around** you.

③ 사람들이 가수 **주위**를 둘러쌌어요.
People **surrounded** the singer.

(2)

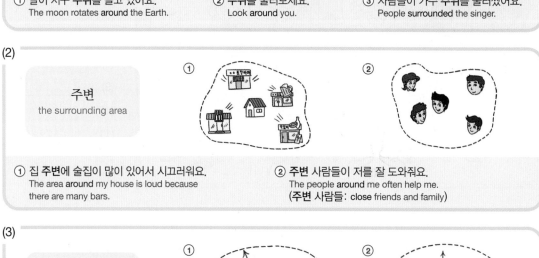

① 집 **주변**에 술집이 많이 있어서 시끄러워요.
The area **around** my house is loud because
there are many bars.

② **주변** 사람들이 저를 잘 도와줘요.
The people **around** me often help me.
(**주변** 사람들: **close** friends and family)

(3)

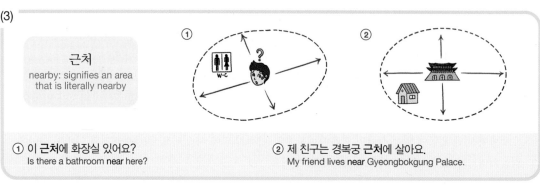

근처
nearby: signifies an area
that is literally nearby

① 이 **근처**에 화장실 있어요?
Is there a bathroom **near** here?

② 제 친구는 경복궁 **근처**에 살아요.
My friend lives **near** Gyeongbokgung Palace.

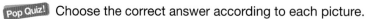

Pop Quiz! Choose the correct answer according to each picture.

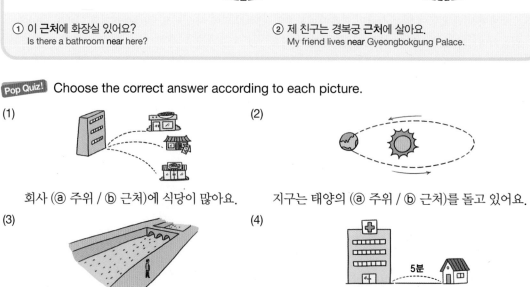

(1)
회사 (ⓐ 주위 / ⓑ 근처)에 식당이 많아요.

(2)
지구는 태양의 (ⓐ 주위 / ⓑ 근처)를 돌고 있어요.

(3)
한강 (ⓐ 주변 / ⓑ 주위)을/를 산책했어요.

(4)
병원이 너무 멀어서 그 (ⓐ 주위 / ⓑ 근처)로 이사
갔어요.

C Directions

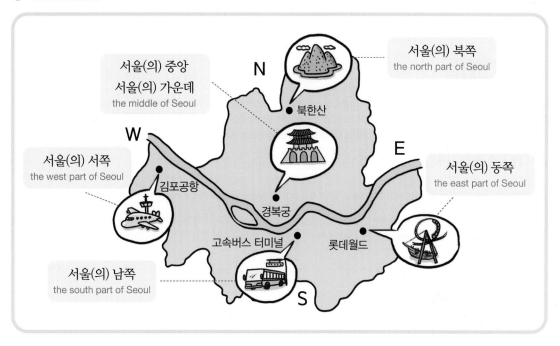

Pop Quiz! 1 Complete each sentence according to each map.

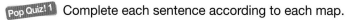

(1) 제주도는 한국의 _____ 에 있어요.

(2) 인천은 서울의 _____ 에 있어요.

(3) 경복궁은 서울의 _____ 에 있어요.

(4) 북한산은 서울의 _____ 에 있어요.

Pop Quiz! 2 Write O for the correct answer or X for the incorrect one according to the map.

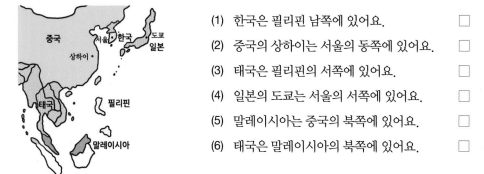

(1) 한국은 필리핀 남쪽에 있어요. ☐

(2) 중국의 상하이는 서울의 동쪽에 있어요. ☐

(3) 태국은 필리핀의 서쪽에 있어요. ☐

(4) 일본의 도쿄는 서울의 서쪽에 있어요. ☐

(5) 말레이시아는 중국의 북쪽에 있어요. ☐

(6) 태국은 말레이시아의 북쪽에 있어요. ☐

Markers

Let's Learn!

In Korean, the markers indicate subjects, objects, and adverbs in a sentence, and have a similar function to indicating time and place in English prepositions. However, remember that Korean markers are used after nouns, unlike English prepositions.

A The Subject Marker 이/가

Use 가 with subject ending in a vowel and 이 with subject ending in a consonant.

① 폴 씨가 호주 사람이에요. Paul is Australian.　② 선생님이 한국 사람이에요. The teacher is Korean.

③ 길에 사람들이 많아요. There are many people on the street.　④ 집에 동생이 있어요. My younger sibling is at home.

⑤ 친구가 1층에 있어요. My friend is on the first floor.

> The marker 이/가 are used with descriptive verbs like 있다 or 없다.

B The Object Marker 을/를

Use 를 with object ending in a vowel and 을 with object ending in a consonant.

① 커피를 좋아해요. I like coffee.　② 물을 마셔요. I drink water.

> **Be careful!**
> Note the markers!
> · 좋아하다 to like
>   Ex 커피를 좋아해요. I like coffee.
> · 좋다 to be good
>   Ex 커피가 좋아요. Coffee is good.

C The Marker 은/는

Noun ending with vowels take 는, and those ending with consonants take 은.

(1) Topic marker: Similar to indicating emphasis with a gesture

　① 저는 폴이에요. I am Paul.　② 선생님은 한국 사람이에요. The teacher is Korean.

(2) To stress contrast

비빔밥하고 불고기를 좋아해요. 그런데 김치는 안 좋아해요.
I like bibimbap and bulgogi. But I don't like kimchi.

(3) To compare two or more topics

사과는 2,000원이에요. 배는 3,000원이에요. Apples are 2,000 won. Pears are 3,000 won.

(4) Placed after a topic one wish to stress

　A 머리가 아파요. My head hurts.
　B 약은 먹었어요? Did you take any medicine?

Pop Quiz! 1 Choose the correct marker.

(1) 친구(ⓐ 이 / ⓑ 가) 미국 사람이에요.　(2) 병원 전화번호(ⓐ 을 / ⓑ 를) 몰라요.

(3) 제 이름(ⓐ 은 / ⓑ 는) 김진수입니다.　(4) 선생님(ⓐ 이 / ⓑ 가) 사무실에 없어요.

Pop Quiz! 2 Write O for the correct marker or X for the incorrect one.

(1) 이를 닦을 때 치약을 필요해요. ☐　(2) 오늘 날씨가 정말 좋아요. ☐

(3) 저는 진수 아버지 얼굴이 알아요. ☐　(4) 요즘 일을 많아서 힘들어요. ☐

(5) 저는 커피가 정말 좋아해요. ☐　(6) 저는 자동차가 없어요. ☐

D The Time Marker 에

(1) The marker 에 is used regardless of whether the time noun ends with a vowel or a consonant.

3시에 만나요. Let's meet at 3:00.

(2) In a sentence with multiple time nouns, the marker 에 is used only after the final one.

다음 주 금요일 저녁 7시에 만나요. (O) Let's meet next Friday at 7 p.m.
다음 주에 금요일에 저녁 7시에 만나요. (X)

> **Be careful!**
> The marker 에 is not used after 오늘,
> 어제, or 내일 as they are adverbs.
> **Ex.** 내일 만나요. (O) See you tomorrow.
>   내일에 만나요. (X)

E The Markers 에 and 에서

(1) The Destination Marker 에 (with movement verbs)
The marker 에 also marks direction toward a destination. It is usually used with 가다/오다, 도착하다, and similar movement verbs.

① 지금 은행에 가요. I'm going to the bank now.
② 8시에 부산에 도착해요. I arrive in Busan at 8:00.

(2) The Place Marker 에
The place marker 에 indicates the existence or continuing state of an object in a location. It is usually used with 있다/없다 and stative verbs.

① 화장실에 아무도 없어요. There is no one in the bathroom.
② 길에 사람이 많아요. There are many people on the street.

(3) The Place Marker 에서
The marker 에서 indicates action in a location. It is usually used with action verbs.

① 회사에서 일해요. I work at a company.
② 이따가 공원에서 만나요! See you at the park.

(4) The Marker 에서 for Starting Point
The marker 에서 also marks a location as a starting point.

① 저는 미국에서 왔어요. I came from America.
② 우리 집은 회사에서 멀어요. The company is far from our house.

Pop Quiz! 1 Complete each sentence with the appropriate markers.

(1) 보통 / 아침 / 8시 / 회사 / 가요.

(2) 밤 / 11시 / 길 / 사람 / 없어요.

(3) 올해 / 6월 / 박물관 / 일했어요.

(4) 다음 달 / 15일 / 고향 / 돌아갈 거예요.

(5) 오늘 / 오후 / 2시 / 친구 / 만나요.

(6) 토요일 / 저녁 / 6시 / 공원 / 입구 / 봐요.

Pop Quiz! 2 Correct each underlined part.

(1) <u>시장에서</u> 사람들이 많이 있어요.

(2) 일요일에 <u>사무실에서</u> 아무도 없어요.

(3) <u>다음 주에 금요일에</u> 집에서 쉬어요.

(4) 3시간 후에 <u>부산에서</u> 도착할 거예요.

(5) <u>내일에 오후 3시에</u> 여행 갈 거예요.

(6) 오늘 저녁 7시에 <u>일본에서</u> 여행 가요.

F   한테, 에게, and 에 vs. 한테서, 에게서, and 에서

In Korean, different markers are used depending on whether the object of the sentence is a person or an object, along with the verbs like 주다(give) or 받다(receive). Additionally, the same person uses different markers depending on the language settings is formal or informal.

(1) 한테, 에게 vs. 에

- The Marker 한테 to (somebody) (informal)
  폴이 친구한테 전화해요. Paul calls his friends.

- The Marker 에게 to (somebody) (formal)
  제가 동료에게 이메일을 보냈습니다. I sent an email to my colleague.

- The Marker 에 to (an organization or similar body) (formal, informal)
  회사에 전화해서 30분 동안 얘기했어요. I called the company and talked for 30 minutes.

(2) 한테서, 에게서 vs. 에서

> **Tip**
> 한테서 and 에게서 may be substituted with 한테 and 에게, respectively.

- The Marker 한테서 from (somebody) (informal)
  진수가 친구한테서(= 친구한테) 선물을 받았어요. Jinsu received a present from a friend.

- The Marker 에게서 from (somebody) (formal)
  저는 사장님에게서(= 사장님에게) 이메일을 받았습니다. I received an email from the president (of the company).

- The Marker 에서 from (an organization or similar body) (formal, informal)
  병원에서 전화가 와서 깜짝 놀랐어요. I was startled because I received a call from the hospital.

(3) 한테, 에게서 vs. 에

- The Marker 에게/한테 for (somebody)
  ① 한자는 미국 사람에게 너무 어려워요. Chinese characters are very difficult for Americans.
  ② 담배는 아이들한테 나쁜 영향을 줘요. Cigarettes have bad effects on children.

- The Marker 에 for (something)
  ① 스트레스는 건강에 안 좋아요. Stress is bad for one's health.
  ② 드라마는 듣기 공부에 도움이 돼요. Drama is helpful for listening.

> **Be careful!**
> The marker used differs depending on whether the indirect object is a person or an object.
> **Ex** 한국 문화에 관심이 있어요.
> I am interested in Korean culture.
> 한국 배우에게 관심이 있어요.
> I am interested in Korean actors.

Pop Quiz! Choose the correct marker.

(1) 형이 동생(ⓐ 에게 / ⓑ 에) 선물을 줬어요.

(2) 담배와 술은 건강(ⓐ 에게 / ⓑ 에) 안 좋아요.

(3) 이 편지는 형(ⓐ 한테서 / ⓑ 에서) 받았어요.

(4) 회사(ⓐ 에게서 / ⓑ 에서) 서류가 왔어요.

(5) 질문이 있으면 친구(ⓐ 한테 / ⓑ 한테서) 물어보세요.

(6) 사람이 다치면 119(ⓐ 에게 / ⓑ 에) 전화하세요.

(7) 조금 전에 대학(ⓐ 에게서 / ⓑ 에서) 연락 왔어요.

(8) 이 옷은 저(ⓐ 에게 / ⓑ 에) 잘 안 어울려요.

(9) 저는 한국 역사(ⓐ 에게 / ⓑ 에) 관심이 많아요.

(10) 친구(ⓐ 에게서 / ⓑ 에서) 이메일을 받고 답장했어요.

G The Markers 에서, 부터, and 까지

(1) Using the markers 에서 and 까지
집**에서** 회사**까지** 시간이 얼마나 걸려요? How long does it take to go **from** home **to** the office?

(2) Using the markers 부터 and 까지
1시**부터** 2시**까지** 점심시간이에요. Lunchtime is **from** 1:00 **to** 2:00.

(3) Using the marker 까지
5시**까지** 일을 끝낼게요. I will finish my work **by** 5:00.

(4) Using the marker 까지
어제 새벽 2시**까지** 공부했어요. Yesterday, I studied **until** 2 in the morning.

Pop Quiz! 1 Complete each sentence according to each picture.

(1)

(2)

(3)

(4)

(1) 화요일_____ 금요일 _____ 출장을 가요.

(2) 서울_____ 도쿄 _____ 비행기로 2시간 걸려요.

(3) 한국에서는 6월 _____ 8월_____ 여름이에요.

(4) 사무실은 이 빌딩 3층 _____ 6층_____ 예요.

Pop Quiz! 2 Choose the correct answer in the box to complete each sentence.

부터	에서	까지

(1) 축제는 10월_____ 시작해요.

(2) 이 일은 금요일_____ 끝내야 해요.

(3) 서울_____ 제주도까지 여행하고 싶어요.

(4) 문제는 3번에서 5번_____ 푸세요.

(5) 인천공항_____ 서울 시내까지 1시간 걸려요.

(6) 한국에서는 8살_____ 초등학교에 다녀요.

(7) 어제 시작한 이 영화는 다음 주_____ 계속할 거예요.

(8) 이 일은 처음_____ 문제가 있었어요.

(9) 걱정 마세요. 제가 끝_____ 열심히 하겠습니다.

(10) 아침 9시_____ 여기로 오세요.

H 하고 vs. 와/과 vs. (이)랑

(1) with (somebody)

- **The Marker 하고 with (somebody) (informal)**
  친구**하고** 점심을 먹어요. I have lunch **with** my friend.
  주말에 가족**하고** 여행 갔어요. I went on a weekend trip **with** my family.

- **The Marker 와/과 with (somebody) (formal)**
  동료**와** 회의를 했습니다. I had a meeting **with** my colleagues.
  내일 사장님**과** 같이 출장 갑니다. I'm going on a business trip **with** my boss tomorrow.

- **The Marker (이)랑 with (somebody) (casual)**
  친구**랑** 같이 한국어를 공부해요. I study Korean **with** my friend.
  선생님**이랑** 한국 문화에 대해 얘기했어요. I talked **with** my teacher about Korean culture.

(2) and (between nouns)

- **The Marker 하고 and (informal)**
  아침에 라면**하고** 물을 샀어요. I bought ramyeon **and** water in the morning.
  동생**하고** 저는 같은 학교에 다녀요. My brother **and** I attend the same school.

- **The Marker 와/과 and (formal)**
  서류**와** 노트북이 책상 위에 있습니다. The documents **and** laptop are on the desk.
  사장님**과** 직원들은 이번 제품에 대해 회의를 했습니다.
  The boss **and** the staff had a meeting about this product.

- **The Marker (이)랑 and (casual)**
  어제 모자**랑** 가방을 샀어요. I bought a hat **and** a bag yesterday.
  한국 음악**이랑** 영화를 진짜 좋아해요. I really like Korean music **and** movies.

I The Possessive Marker 의

Tip
In everyday speech, 의 is usually omitted.
Ex 선생님의 안경 → 선생님 안경

The possessive marker 의 is similar to the English possessives.
① 이것은 아버지**의** 가방이에요. This is my father's bag. (= This bag belongs to my father.)
② 그 사람**의** 이름을 잊어버렸어요. I forgot his name. (= I forgot the name of that person.)

Pop Quiz! Choose the correct marker.

(1) 저녁에 저는 가족(ⓐ 이 / ⓑ 과) 식사합니다.

(2) 동료(ⓐ 가 / ⓑ 와) 제가 같이 발표했습니다.

(3) 저(ⓐ 랑 / ⓑ 는) 친구는 취미가 같아요.

(4) 동생은 아버지(ⓐ 에서 / ⓑ 하고) 닮았어요.

(5) 한국 음식(ⓐ 을 / ⓑ 이랑) 중국 음식을 만들 거예요.

(6) 동생(ⓐ 은 / ⓑ 과) 친구는 이름이 비슷합니다.

(7) 이것은 친구(ⓐ 가 / ⓑ 의) 책이에요.

J The Marker (으)로

Nouns ending in vowels or ㄹ take 로 while those ending in consonants take 으로.

(direction)	사거리에서 왼쪽으로 가세요. Go left at the intersection.
(direction of change)	미국 돈을 한국 돈으로 바꿔 주세요. Please exchange my US dollars for Korean won.
(material)	불고기는 소고기로 만들어요. Bulgogi is made from beef.
(means)	저는 사촌과 영어로 말해요. I speak English with my cousin.
(reason)	저 여자는 교통사고로 다리를 다쳤어요. The woman injured her leg in a car accident.

Pop Quiz! Write O for the correct marker or X for the incorrect one.

(1) 신촌으로 이사하려고 해요. ☐ (2) 이 음식은 돼지 고기로 만들었어요. ☐

(3) 회사에 갈 때 지하철로 타세요. ☐ (4) 이번 사고로 많은 사람이 다쳤어요. ☐

(5) 신호등에서 왼쪽으로 가세요. ☐ (6) 지하철 2호선에서 3호선에 갈아타세요. ☐

(7) 검은색을 흰색에 바꿔 주세요. ☐ (8) 사거리에서 오른쪽으로 가면 왼쪽으로 있어요. ☐

K The Markers 도 and 만

(1) The Marker 도 also, even: When using the markers 도 or 만 with a subject or object, the subject and object markers can be omitted.
   ① 동생이 음악을 좋아해요. 저도 음악을 좋아해요. My younger sibling likes music. I also like music.
   ② 저는 영화를 좋아해요. 저는 연극도 좋아해요. I like movies. I also like plays.

   Other markers, however, must be used together with the marker 도 as well.
   ③ 저는 동생에게 편지를 보냈어요. 저는 친구에게도 편지를 보냈어요.
   I sent a letter to my younger sibling. I also sent a letter to my friend.
   ④ 동생은 회사에서 양복을 입어요. 동생은 집에서도 양복을 입어요.
   My younger sibling wears a suit to work. He even wears it at home.

(2) The Marker 만 only: When the marker 만 is used with a subject or object, the subject and object markers are omitted.
   ① 동생만 시간이 없어요. Only my younger sibling has no time.
   ② 저는 한국 음식 중에서 김치만 못 먹어요. Among Korean food, I can only not eat kimchi.

   Other markers, however, must be used together with the marker 만 as well.
   ③ 그 사람이 저에게만 책을 빌려줬어요. He/She lent a book only to me.
   ④ 저는 집에서만 인터넷을 해요. I use the Internet only at home.

Pop Quiz! Choose the correct answer.

(1) 주말에 쉬지 못했어요. 일도 하고 (ⓐ 청소도 / ⓑ 청소만) 했어요.

(2) 친구가 다른 사람한테 화를 내지 않아요. (ⓐ 나한테도 / ⓑ 나한테만) 화를 내요.

(3) 저는 집에서 청바지를 입어요. 그리고 (ⓐ 회사에서도 / ⓑ 회사에서만) 청바지를 입어요.

(4) 너무 피곤해서 아무것도 못 하고 하루 종일 (ⓐ 잠도 / ⓑ 잠만) 잤어요.

(5) 반찬을 먹을 때에는 고기만 먹지 말고 (ⓐ 채소도 / ⓑ 채소만) 먹어야 돼요.

L Honorific Markers

In the honorific speech, not only are verbs inflected differently but also different markers are used.

	The Subject Marker 이/가	The Object Marker 을/를	The Marker 은/는
		Same for normal and honorific speech!	
Normal	동생이 신문을 읽어요. My younger sibling reads the newspaper.	제가 동생을 도와줘요. I help my younger sibling.	동생은 회사원이에요. My younger sibling works at a company.
Honorific	아버지께서 신문을 읽으세요. My father reads the newspaper.	제가 아버지를 도와드려요. I help my father.	아버지께서는 공무원이세요. My father is a government official.
	한테/에게	한테서/에게서	한테는
Normal	저는 친구에게 전화해요. I call my friend.	저는 친구에게서 선물을 받았어요. I received a gift from my friend.	친구한테는 선물을 못 줬어요. I was unable to give my friend a gift.
Honorific	저는 부모님께 전화 드려요. I call my parents.	저는 부모님께 선물을 받았어요. I received a gift from my parents.	선생님께는 선물을 못 드렸어요. I was unable to give my teacher a gift.

Be careful!
For an honored subject's body parts, the verb is still inflected honorifically, but no honorific marker is used.
Ex 아버지 손께서 크세요. (X)
아버지 손이 크세요. (O)
My father's hands are big.

Pop Quiz! 1 Choose the most appropriate answer.

(1) 할아버지(ⓐ 가 / ⓑ 께서) 아직도 일하세요.

(2) 할머니 다리(ⓐ 가 / ⓑ 께서) 아프세요.

(3) 지금 친구(ⓐ 에게 / ⓑ 께) 전화를 할 거예요.

(4) 동생(ⓐ 은 / ⓑ 께서는) 대학교에 다녀요.

(5) 어제 할머니(ⓐ 에게 / ⓑ 께) 선물을 드렸어요.

(6) 저는 어머니(ⓐ 께 / ⓑ 께서) 전화를 받았어요.

(7) 아버지(ⓐ 는 / ⓑ 께서는) 변호사세요.

(8) 아이가 어른(ⓐ 께 / ⓑ 께서) 인사를 드려요.

Pop Quiz! 2 Correct each underlined marker with its honorific marker.

(1) 우리 할아버지는 요리사세요. ➡

(2) 사람들이 할아버지가 만든 음식을 아주 좋아해요. ➡

(3) 요즘 할아버지에게 스마트폰 사용법을 가르쳐 드려요. ➡

(4) 그래도 할아버지가 건강하시니까 계속 일하실 거예요. ➡

(5) 어제는 할아버지에게 과자를 선물 받아서 정말 기분이 좋았어요. ➡

M Other Markers

(1) The Marker (이)나 or [between nouns]
  ① 커피나 차 드시겠어요? Would you like to drink coffee or tea?
  ② 토요일이나 일요일에 놀러 오세요. Come and play on Saturday or Sunday.

(2) The Marker 에 per
  ① 하루에 두 번 지하철을 타요. I ride the subway two times per day.
  ② 사과가 한 개에 2,000원이에요. It's 2,000 won per apple.

(3) The Marker 마다 each, every
  ① 일요일마다 친구를 만나요. I meet my friends every Sunday.
  ② 사람마다 생각이 달라요. Each person thinks differently.

(4) The Marker 보다 than
  ① 내가 형보다 키가 더 커요. I am taller than my older brother.
  ② 서울이 제주도보다 날씨가 더 추워요. Seoul is colder than Jeju Island.

(5) The Marker 처럼 like
  ① 4월인데 여름처럼 날씨가 더워요. It is still April but the weather is hot like summer.
  ② 그 여자는 아이처럼 웃어요. That girl laughs like a child.

> **Be careful!**
> Depending on what is being modified, the way it is used can vary in the following ways.
> **Ex. 1** 이 음식은 초콜릿처럼 달아요.
> This food is sweet like chocolate.
> **Ex. 2** 저는 초콜릿 같은 것을 좋아해요.
> I like desserts that are similar to chocolate.

N Suffixes

The following are suffixes that look similar to the markers you have just learned. However, these are only used on specific nouns.

(1) The Suffix 씩 each: used after quantity nouns
  ① 매일 한 시간씩 운동해요. I exercise for an hour every day.
  ② 한 사람이 만 원씩 돈을 냈어요. Everyone paid 10,000 won each.

(2) The Suffix 짜리 worth, amount, year-old: used after numbers, quantities, and prices
  ① 열 살짜리 아이가 혼자 밥을 해 먹어요. The 10-year-old child makes food for himself.
  ② 제주도에서 십만 원짜리 방에서 묵었어요. I stayed in a room for 100,000 won on Jeju Island.

(3) The Suffix 끼리 with each other, among themselves: used after plural nouns
  ① 남자는 남자끼리 여자는 여자끼리 따로 버스를 탔어요.
  The men took a separate bus with men and women took a separate bus with women.
  ② 같은 반끼리 놀러 갔어요. We went to have fun as a class.

Pop Quiz! Choose the correct marker in the box to complete each sentence.

에	처럼	마다	보다	(이)나	씩

(1) 저는 어머니하고 친구_____ 지내요.

(2) 일주일_____ 한 번 친구를 만나요.

(3) 사람_____ 취미가 달라요.

(4) 저한테 바지가 치마_____ 더 잘 어울려요.

(5) 사과하고 귤을 3개_____ 샀어요.

(6) 저는 시간이 있을 때 영화_____ 드라마를 봐요.

Unit 96 Interrogatives

Let's Learn!

A Person

(1) 누가 Who

- Used when asking for the subject of a sentence predicate
  ① 누가 사무실에 있어요? Who is in the office?   ② 누가 운동해요? Who is exercising?

> Be careful!
> 누구가 (X)

(2) 누구 Who, Whom, Whose

① Who: used to ask for someone's identity or name with the verb 이다(예요)
  이분이 **누구예요**? Who is this person?

② Who, Whom: used to ask about the object of a sentence with markers like 을/를, 하고, or 한테
  - Used with the object marker 를
    누구를 좋아해요? Who do you like?
  - Used with the marker 하고(with)
    누구하고 식사해요? Who do you eat with?
  - Used with the marker 한테(to)
    누구한테 전화해요? Who are you calling?
  - Used with the marker 한테서(from)
    누구한테서 한국어를 배워요? Who do you learn Korean from?

③ Whose: used to ask for the possessor of something, usually about ownership or relationships
  이 가방이 **누구** 거예요? Whose bag is this?
  진수 씨가 **누구** 동생이에요? Whose brother is Jinsu?

Pop Quiz! Choose the correct answer in the box to complete each sentence.

| 누가 | 누구 | 누구를 | 누구한테 | 누구하고 | 누구한테서 |

(1) A _____ 여행을 가요?
    B 가족하고 여행을 가요.

(2) A 이 책이 _____ 거예요?
    B 선생님 거예요.

(3) A 제가 _____ 전화할까요?
    B 선생님한테 전화해 주세요.

(4) A _____ 제일 먼저 집에 들어와요?
    B 동생이 제일 먼저 집에 들어와요.

(5) A 어제 _____ 만났어요?
    B 회사 동료를 만났어요.

(6) A _____ 그 얘기를 들었어요?
    B 반 친구한테서 들었어요.

B Things

(1) 뭐 / 무엇 What

- Used to ask for the identity or nature of something with the verb 이다(예요)
  이름이 **뭐예요**? What is your name?
  이번 회의 주제가 **무엇입니까**? What is the topic of today's meeting?

- Used to ask about the object of a sentence
  오늘 오후에 **뭐** 해요? What are you doing this afternoon?
  회의에서 보통 **무엇을** 합니까? What do you usually do in meeting?

- Used to ask about something as the subject of the sentence with the subject marker 이/가
  뭐가 제일 어려워요? What is the most difficult?
  면접 때 **무엇이** 중요합니까? What is important at a job interview?

(2) 무슨 What kind of

- Used to inquire about "what kind" or "what type" of something
  무슨 영화를 좋아해요? What kind of movies do you like?

(3) 어느 Which

- Used when selecting or choosing among a range of possibilities or options
  어느 나라 사람이에요? Which nationality are you?

(4) 어떤 What kind of, Which, What

- Used to inquire about the attributes or state of a person or object, and is related to 어떻게 (how)
  그 사람이 **어떤** 옷을 입었어요? What kind of clothing was that person wearing?

- Used when choosing among a range of possibilities
  이 중에서 **어떤** 것이 제일 마음에 들어요? Among these, which one do you like the most?

Pop Quiz! Choose the correct answer to complete the each conversation.

(1) A (ⓐ 무슨 / ⓑ 어느) 나라에 여행 가요?
    B 아프리카에 가고 싶어요.

(2) A 이 중에서 (ⓐ 어떤 / ⓑ 무슨) 가방이 마음에 들어요?
    B 왼쪽에 있는 가방이 마음에 들어요.

(3) A (ⓐ 어떤 / ⓑ 무슨) 집에 살고 싶어요?
    B 정원이 있는 집에서 살고 싶어요.

(4) A (ⓐ 무슨 / ⓑ 어느) 선생님이 박 선생님이에요?
    B 갈색 옷을 입은 분이에요.

(5) A (ⓐ 무슨 / ⓑ 어느) 일로 부산에 가요?
    B 출장으로 부산에 가요.

(6) A (ⓐ 어떤 / ⓑ 무슨) 사람을 좋아해요?
    B 솔직한 사람을 좋아해요.

C Time

(1) 언제 When

- Used to ask about the time with the verb 이다(예요)
  생일이 **언제예요?** When is your birthday?

- Used to ask about the time with other verbs (note that the time marker 에 is unnecessary)
  언제 사무실에 가요? When are you going to the office?

- Used to ask about the time as the subject of the sentence with the subject marker 가
  언제가 제일 좋아요? When is best?

(2) 며칠 What day, What date

- Used to ask about a specific date with the verb 이다(이에요)
  오늘이 **며칠이에요?** What day is it today?

- Used to ask about a specific date with other verbs (the time marker 에 is needed)
  며칠에 여행 가요? What day are you going traveling?

(3) 몇 시 What time

- Used to ask about the time of day with the verb 이다(예요)
  지금 **몇 시예요?** What time is it now?

- Used to ask about the time with other verbs (the time marker 에 is needed)
  몇 시에 운동해요? What time do you exercise?

(4) 무슨 요일 What day of the week

- Used to ask about the day of the week with the verb 이다(이에요)
  오늘이 **무슨 요일이에요?**
  What day of the week is today?

- Used to ask about the day of the week with other verbs (the time marker 에 is needed)
  무슨 요일에 영화를 봐요?
  What day of the week do you watch movies?

D Place

(1) 어디 Where

- Used to ask about the location or place of something/someone with the verb 이다(예요)
  집이 **어디예요?** Where is your house?

- Used to ask about the location or place of something/someone with the verbs 있어요/없어요, and 가요/와요 (the marker 에 is needed)
  어디에 가요? Where are you going?

- Used to ask about the location or place of something/someone with other action verbs (the place marker 에서 is needed)
  어디에서 친구를 만나요?
  Where are you meeting your friend?

Pop Quiz! Choose the correct answer.

(1) 학교가 (ⓐ 언제 / ⓑ 누가) 시작해요?

(2) 오늘이 (ⓐ 언제예요 / ⓑ 며칠이에요)?

(3) 축제가 토요일부터 (ⓐ 어디까지 / ⓑ 며칠까지) 해요?

(4) 밥 먹으러 (ⓐ 어디에 / ⓑ 어디에서) 가요?

(5) 금요일 (ⓐ 몇 시에 / ⓑ 무슨 요일에) 만나요?

(6) 1시에 배가 출발해요. (ⓐ 몇 시까지 / ⓑ 몇 시간까지) 가야 해요?

E 몇 + (counter)

(1) **How many: used with a counting noun to ask about quantity, and native Korean numbers are used in the answer**

- Used with the counter 개 for things
  가방이 **몇** 개 있어요? How many bags are there?

- Used with the counter 명 for people
  사람이 **몇** 명 있어요? How many people are there?

- Used with the counter 분 for people in honorific language
  할머니가 **몇** 분 계세요? How many old ladies are there?

- Used with the counter 번 for time frequency
  제주도에 **몇** 번 가 봤어요?
  How many times have you been to Jeju Island?

- Used with the counter 장 for sheets of flat, thin objects
  표를 **몇** 장 샀어요? How many tickets did you buy?

- Used with the counter 달 for months
  몇 달 전에 여기 왔어요?
  How many months ago did you come here?

- Used with the counter 살 for years old for stating the age of a person
  이 아이가 **몇** 살이에요? How old is this child?

(2) **What: used to ask about reading the number, and Sino-Korean numbers are used in the answer**

- Used to ask about a specific number
  전화번호가 **몇** 번이에요?
  What is your phone number?

- Used with the counter 년 for the age of objects
  이 건물이 **몇** 년에 만들어졌어요?
  In what year was this building built?

Pop Quiz! 1 Match each question with its corresponding answer.

(1) 가족이 몇 명이에요? •
(2) 나이가 몇 살이에요? •
(3) 생일이 며칠이에요? •
(4) 가방이 몇 개예요? •
(5) 전화번호가 몇 번이에요? •

• ⓐ 3월 31일이에요.
• ⓑ 010-1234-5678이에요.
• ⓒ 두 개예요.
• ⓓ 서른 살이에요.
• ⓔ 다섯 명이에요.

Pop Quiz! 2 Complete each conversation according to each picture.

(1)
A 우산 _____ 가져 왔어요?
B 우산 3개 가져왔어요.

(2)
A 아이들이 _____ 있어요?
B 2명 있어요.

(3)
A 커피 _____ 마셨 어요?
B 커피 2잔 마셨어요.

(4)
A 표 _____ 샀어요?
B 표 4장 샀어요.

(5)
A _____에 살아요?
B 10층에 살아요.

(6)
A _____에 있어요?
B 304호에 있어요.

F Others

(1) 얼마 How much

- Used to ask about the price of something with the verb 이다(예요)
  이게 **얼마예요**? How much is this?

(2) 얼마나 How long, How much, How tall

- Used to inquire about the quantity or degree of state
  시간이 **얼마나** 걸려요? How much time does it take?
  돈이 **얼마나** 들어요? How much is it?
  키가 **얼마나** 돼요? How tall are you?

- Used with adverbs to ask about frequency of the act
  얼마나 자주 운동해요? How often do you exercise?
  얼마나 많이 단어를 알아요? How many words do you know?
  얼마나 오래 회의를 해요? How long is the meeting?
  얼마나 일찍 가야 해요? How early do you have to go?

(3) 얼마 동안 How long

- Used to ask about the time duration
  얼마 동안 한국에 살았어요?
  How long have you lived in Korea?

  얼마 동안 기다렸어요? How long did you wait?

(4) 어떻게 How

- Used to ask about a state or quality
  어떻게 집에 가요? How do you go home?

  어떻게 알았어요? How did you know?

(5) 왜 Why

- Used to ask about the reason of the act
  왜 한국어를 공부해요? Why are you studying Korean?

  왜 예약 안 했어요? Why didn't you make a reservation?

Pop Quiz! Choose the correct answer to complete each conversation.

(1) A 컴퓨터가 (ⓐ 왜 / ⓑ 얼마나) 고장 났어요?
    B 제가 바닥에 떨어뜨렸어요.

(2) A 회사까지 시간이 (ⓐ 어떻게 / ⓑ 얼마나) 걸려요?
    B 30분쯤 걸려요.

(3) A 그 얘기를 (ⓐ 왜 / ⓑ 어떻게) 알았어요?
    B 친구한테서 들었어요.

(4) A 한국 사람에 대해 (ⓐ 어떻게 / ⓑ 얼마나) 생각해요?
    B 마음이 따뜻해요.

G Review

(1) The structure of questions with the verbs 이다

> • The interrogative words (뭐, 누구, 언제, 어디, 얼마, 며칠) are used with the verb 이다(to be) at the end of a sentence when asking a question.
> 취미가 **뭐예요**? What is your hobby?
> 저분이 **누구예요**? Who is that person?
> 직장이 **어디예요**? Where is your office?
> 휴가가 **언제예요**? When is your vacation?
> 입장료가 **얼마예요**? How much is the entrance fee?
>
> • The interrogative words (뭐, 누구, 언제, 어디) are used with the subject marker as the subject of a sentence.
> 가방에 **뭐가** 있어요? What is in the bag?
> **누가** 노래해요? Who is singing?
> **언제가** 편해요? When is a good time?
> **어디가** 제일 마음에 들어요? Where do you like the most?

(2) Two meanings of 몇
몇 can be used in both questions and answers, but has different meanings.

> • 몇(How many) is used to ask about counting a noun in question.
> A 사람들이 **몇 명** 왔어요? How many people came?
> B **몇 명** 왔어요. A few people came.
>
> • 몇(some, a few) is used to indicate a vague number.
> A 제주도에 **몇 번** 가 봤어요? How many times have you gone to Jeju Island?
> B **몇 번** 가 봤어요. I have gone a few times.

Pop Quiz! 1 Select the answer that does not fit to complete each question.

(1)
ⓐ 이름 ☐   이/가 뭐예요?
ⓑ 취미 ☐
ⓒ 나이 ☐

(2)
ⓐ 집 ☐   이/가 어디예요?
ⓑ 직업 ☐
ⓒ 학교 ☐

(3)
ⓐ 내일 ☐   이/가 언제예요?
ⓑ 휴가 ☐
ⓒ 회의 ☐

Pop Quiz! 2 Choose the correct answer in the box to complete each conversation.

어디예요	언제예요	누구예요	얼마예요

(1) A 직장이 _____?
    B 은행이에요.

(2) A 부장님이 _____?
    B 저분이에요.

(3) A 모임이 _____?
    B 3시예요.

(4) A 이게 _____?
    B 3만 원이에요.

Adverbs

Let's Learn!

A Adjective Stem + –게 ➡ Adverb

Many adverbs are formed by adding –게 to adjective stems.
① 예쁘 + –게: 아이가 옷을 **예쁘게** 입었어요. The child dressed **prettily**.
② 깨끗하 + –게: 제가 손을 **깨끗하게** 씻었어요. I washed my hands **thoroughly**.
③ 쉽 + –게: 문제를 **쉽게** 생각하세요. Think about the problem **easily**.

B Other Adverb Forms

(1)

아직
still, not yet

아직 일이 안 끝났어요.
Work has not finished **yet**.

(2)

벌써
already

지금 11시인데 **벌써** 점심을 먹었어요?
It is 11:00, but you **already** ate lunch?

(3)

점점
gradually

11월에 날씨가 **점점** 추워져요.
It **gradually** gets colder in November.

(4)

서로
reciprocally

두 사람은 **서로** 사랑했어요.
The two people loved **each other**.

(5)

갑자기
suddenly

갑자기 비가 와서 옷이 젖었어요.
My clothes got wet because it **suddenly** started to rain.

(6)

직접
on one's own

직접 만든 음식이 더 맛있어요.
Food made **by oneself** is more delicious.

(7)

계속
continuously

5일 동안 **계속** 눈이 왔어요.
It snowed **continuously** for 5 days.

(8)

그만
to stop (doing something), enough

밤이니까 **그만** 먹는 게 좋아요.
It is good **to stop** eating since it is midnight.

(9)

몰래
secretly

아들이 부모님 **몰래** 밖으로 나가요.
The boy is **secretly** going out without his parents knowing.

(10)

우연히
coincidentally

옛날 친구를 길에서 **우연히** 만났어요.
I **coincidentally** met my childhood friend on the street.

(11)

실수로
accidentally

다른 사람의 발을 **실수로** 밟았어요.
I **accidentally** stepped on someone's foot.

(12)

일부러
on purpose

동생이 미워서 **일부러** 동생 컵을 깨뜨렸어요.
I **purposely** broke my younger sibling's cup because I hate her.

(13)

억지로
forcibly

배가 불렀지만 밥을 **억지로** 다 먹었어요.
I was full, but I **forced** myself to finish my food.

(14)

급히
hastily

갑자기 친구들이 오니까 **급히** 청소했어요.
I cleaned up **in a rush** because my friends suddenly came.

(15)

겨우
barely

뛰어가서 회의 시작 전에 **겨우** 사무실에 도착했어요.
I ran and **barely** made it to my office before the meeting.

C Contextual Adverbs

① 중요한 시험이라서 **열심히** 시험 준비를 했어요.
I diligently prepared for the test because it was an important one.

③ 시험이 한 달 후에 있지만 **미리** 준비하는 것이 마음이 편해요.
My test is one month from now, but preparing in advance will make me more comfortable.

⑤ 학교에 수업은 없지만 심심해서 **그냥** 왔어요.
I had no class, but I just came because I was bored.

⑦ 한국 음식이 맵다고 들었는데 먹어 보니까 **역시** 매워요.
I heard that Korean food was spicy, but when I tried it, it was indeed spicy.

⑨ 제주도가 따뜻하다고 생각했지만 **실제로** 가 보니까 추웠어요.
I thought Jeju Island was warm, but when I went, it was actually cold.

⑪ 소고기가 없어서 소고기 **대신에** 돼지고기를 넣었어요.
I added pork instead of beef because there was no beef.

⑬ 다른 사람에게 부탁하지 말고 **스스로** 문제를 해결하세요.
Do not ask someone else, but solve the problem by yourself.

② 이번 시험에 떨어졌지만, 내년에 **다시** 시험을 볼 거예요.
I failed this test, but I will try again next year.

④ 한국 음식을 좋아하는데, **특히** 불고기를 좋아해요.
I like Korean food, especially bulgogi.

⑥ 이번 휴가 때 **원래** 여행 가려고 했는데 계획이 취소됐어요.
I was originally going to travel on vacation, but my plans were cancelled.

⑧ 이 구두는 **새로** 샀으니까 이걸 신고 산에 갈 수 없어요.
I can't wear these shoes to climb the mountain since they are newly bought.

⑩ 잘못한 사람이 **당연히** 그 문제를 책임져야 해요.
Of course, it is a matter of fact that the person who did wrong must take responsibility for the problem.

⑫ 30분 후에 제가 치울게요. 제 물건은 **그대로** 두세요.
I will clear it in 30 minutes. Just leave my stuff as is for now.

⑭ 힘든 운동은 **오히려** 건강에 안 좋아요.
On the contrary, tough exercise is not good for your health.

D Adverbs with Two Meanings

(1) 쭉

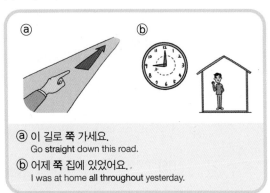

ⓐ 이 길로 **쭉** 가세요.
Go straight down this road.

ⓑ 어제 **쭉** 집에 있었어요.
I was at home all throughout yesterday.

(2) 바로

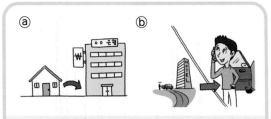

ⓐ 우리 집 **바로** 옆에 은행이 있어요.
There is a bank just next to our house.

ⓑ 호텔에 가면 **바로** 전화해 주세요.
Call me as soon as you get to the hotel.

(3) 중간에

ⓐ 학교와 집 **중간에** 서점이 있어요.
There is a bookstore in between school and my house.

ⓑ 전화가 와서 회의 **중간에** 잠깐 나왔어요.
I left for a moment in the middle of the meeting because I got a phone call.

(4) 마지막에

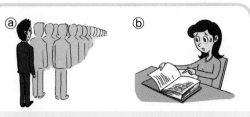

ⓐ 왼쪽 줄의 **마지막에** 서 있어요.
I am standing at the back of the line.

ⓑ 책이 처음에는 재미있었는데 **마지막에**는 재미없었어요.
The book was interesting at first but was boring in the end.

Pop Quiz! 1 Choose the correct answer.

(1) 포기하지 마세요. (ⓐ 아직 / ⓑ 벌써) 늦지 않았어요.

(2) 일이 끝나는 대로 (ⓐ 바로 / ⓑ 직접) 퇴근할 거예요.

(3) 얘기를 못 들었는데 (ⓐ 역시 / ⓑ 다시) 말씀해 주시겠어요?

(4) 참을 수 없어서 수업 (ⓐ 중간에 / ⓑ 쭉) 화장실에 갔다 왔어요.

(5) 그 사람은 (ⓐ 실수로 / ⓑ 열심히) 일해서 3년 후에 집을 샀어요.

(6) 정말 친한 친구끼리는 문제가 생기면 (ⓐ 서로 / ⓑ 새로) 도와줘요.

Pop Quiz! 2 Complete each conversation by using –게 with the correct answer in the box.

편하다	두껍다	시끄럽다	사이좋다

(1) A 오늘 날씨가 추워요.
    B 네, 옷을 _____ 입어야겠어요.

(2) A 방 친구하고 어떻게 지내요?
    B 마음이 잘 맞아서 _____ 지내요.

(3) A 친구 집에서 어떻게 지냈어요?
    B 방이 넓어서 _____ 지냈어요.

(4) A 왜 음악을 안 들어요?
    B 아기가 자니까 _____ 하면 안 돼요.

Pop Quiz! 3 Complete each sentence with the correct answer in the box by matching the letter with the picture.

새로	그만	겨우	갑자기	억지로	우연히

(1) ☐ 길에서 _____ 돈을 주웠어요.

(2) ☐ 집이 너무 오래돼서 _____ 집을 지었어요.

(3) ☐ 71점을 맞아서 시험에 _____ 합격했어요.

(4) ☐ 남자의 농담이 재미없었지만 _____ 웃었어요.

(5) ☐ 운전할 때 아이가 _____ 뛰어들어서 깜짝 놀랐어요.

(6) ☐ 눈이 너무 많이 와서 힘들어요. 이제 눈이 _____ 왔으면 좋겠어요.

E Indicating Extent

(1)

아주 (= 매우) very	① 그 여자가 **아주** 예뻐요. That girl is **very** pretty.
꽤 rather	② 그 여자가 **꽤** 예뻐요. That girl is **rather** pretty.
조금 (= 좀) a little, sort of	③ 그 여자가 **조금** 예뻐요. That girl is **sort of** pretty.

(2)

가장 (= 제일) the most	① 월요일이 **가장** 바빠요. I am **busiest** of Monday.
더 more	② 어제보다 오늘이 **더** 추워요. Today is **colder** than yesterday.
훨씬 even more	③ 이게 **훨씬** 더 맛있어요. This is **much** tastier.
덜 less	④ 이 과일은 **덜** 익었어요. This fruit is **less** ripe.

(3)

아주 very (positive), more than average	① 시험 문제가 **아주** 쉬웠어요. The test questions were **very** easy. ② **아주** 많이 먹었어요. I ate **a lot**.
너무 so/too (negative), beyond a limit	③ 시험 문제가 **너무** 쉬웠어요. The test questions were **too** easy. ④ **너무** 많이 먹었어요. I ate **too** much.

Pop Quiz! Choose the correct answer.

(1) 러시아에 여행 갔는데 생각보다 (ⓐ 가장 / ⓑ 훨씬) 추워서 많이 고생했어요.

(2) 약을 먹으니까 (ⓐ 더 / ⓑ 덜) 아팠어요. 이제 감기가 다 나았어요.

(3) 이 음식은 (ⓐ 너무 / ⓑ 조금) 매워서 매운 음식을 잘 먹는 저도 먹을 수 없었어요.

(4) 저 아이가 우리 반에서 가수처럼 (ⓐ 조금 / ⓑ 제일) 노래를 잘해요.

F Indicating Frequency

100%	항상 (= 언제나) always	① 나는 아침마다 **항상** 커피 한 잔을 마셔요. I **always** drink a cup of coffee every morning.
90%	보통 usually	② 금요일 저녁에는 **보통** 친구들을 만나요. I **usually** see my friends on Friday nights.
70%~	자주 often	③ 저는 무역 회사에 다녀서 **자주** 출장 가요. I **often** go on business trips because I work at a trade company.
40%	가끔/때때로 sometimes	④ 영화를 좋아하지만 시간이 없어서 **가끔** 극장에 가요. I like movies, but because I do not have time, I only go to movie theaters **sometimes**.
~20%	별로 + (negative) usually not, rarely	⑤ 고기를 좋아하지 않아서 **별로** 먹지 않아요. I don't like meat, so I **rarely** eat it.
0%	전혀 + (negative) never	⑥ 너무 바빠서 **전혀** 운동하지 않아요. I **never** exercise because I am too busy.

Pop Quiz! Choose the correct answer in the box to complete each sentence.

항상	보통	자주	가끔	별로	전혀

(1) 여행을 자주 못 가지만 _____ 가요. 일 년에 세 번쯤 가요.

(2) 자동차가 _____ 고장 나서 서비스 센터에 일주일에 한 번 가야 해요.

(3) _____ 저녁을 사 먹지만 주말에는 집에서 저녁을 해 먹어요.

(4) 진수는 부지런해서 _____ 일찍 나와요. 전혀 늦지 않아요.

G Indicating the Progress of an Event or Action

0%	하나도 (= 전혀) + (negative) not at all	A 밥이 얼마나 됐어? How far are you into making the food?
~20%	조금 a little	B ① **하나도** 안 됐어. I have **not** started yet.
50%	반 halfway	② **조금**밖에 안 됐어. I just started.
80%~	거의 almost	③ **반**쯤 됐어. I am **halfway** done.
90%	거의 다 almost completely	④ **거의** 됐어. I am **almost** done.
100%	다 completely	⑤ **거의 다** 됐어. I am **almost completely** done.
		⑥ **다** 됐어. I am finished.

Pop Quiz! Choose the correct answer.

(1) 집에 (ⓐ 거의 / ⓑ 전혀) 왔어요. 조금만 더 가면 돼요.

(2) 책을 (ⓐ 다 / ⓑ 반) 읽었어요. 50% 더 읽어야 해요.

(3) 숙제가 (ⓐ 다 / ⓑ 조금) 끝났어요. 이제 숙제가 없어요.

(4) 저녁 준비가 (ⓐ 조금 / ⓑ 하나도) 안 됐어요. 오늘 외식해요.

H 든지 vs. 아무 - 나

(1)

누구든지 whoever	① 하고 싶은 사람은 **누구든지** 말씀하세요. Whoever wants to do it, speak up.
뭐든지 = 무엇이든지 whatever	② 질문이 있으면 **뭐든지** 물어보세요. Ask whatever you would like.
언제든지 whenever	③ 시간이 있을 때 **언제든지** 오세요. Come whenever you have time.
어디든지 wherever	④ 당신이 가는 곳이라면 **어디든지** 갈게요. I will go wherever you go.

(2)

아무나 anyone	① 여기에 **아무나** 들어가지 못해요. Not anyone can enter here.
아무거나 anything	② 저는 **아무거나** 먹을 수 있어요. I can eat anything.
아무 때나 anytime	③ **아무 때나** 전화하면 안 돼요. You cannot call anytime you want.
아무 데나 anywhere	④ 밤에 혼자 **아무 데나** 가지 마세요. Do not go anywhere alone at night.

Pop Quiz! Choose the correct answer to complete each sentence.

(1) 저는 항상 사무실에 있으니까 (ⓐ 어디든지 / ⓑ 언제든지) 오세요.

(2) 다리가 너무 아픈데 (ⓐ 아무 때나 / ⓑ 아무 데나) 앉으면 안 돼요? 저기 어때요?

(3) 저는 (ⓐ 뭐든지 / ⓑ 누구든지) 괜찮으니까 먹고 싶은 음식을 말해 보세요.

I Expressing Uncertainty

(1) The following are the same as the forms you have learned, but the meanings are different.

| 뭐 (= 뭔가) something | 누가 (= 누군가) someone | 어디 (= 어딘가) somewhere | 언제 (= 언젠가) some time |

① A **뭐** 먹었어요? What did you eat?
  B 아까 **뭐** 먹었어요.
    I just ate something.

③ A **어디** 가요? Where are you going?
  B **어디** 가니까 내일 얘기해요.
    Let's talk tomorrow because I am going somewhere.

② A **누가** 전화했어? Who called you?
  B **누가** 전화했는데 이름이 생각 안 나요.
    Someone called me, but I cannot remember her name.

④ A **언제** 우리 집에 올 수 있어요?
    When can you come to my house?
  B **언제** 갈게요. I will go some time.

(2) 몇 is used to indicate vagueness in quantity. When 몇 is used in a positive sentence, it means "a few." When 몇 is used with a negative sentence, it means "only a few."

① A 중국에 **몇 번** 여행 갔어요?
    How many times have you traveled to China?
  B 중국에 **몇 번** 여행 못 갔어요.
    I haven't been able to travel to China several times.

② A 교실에 사람이 **몇 명** 있어요?
    How many people are there in the classroom?
  B 교실에 사람이 **몇 명** 없어요.
    There are only a few people in class.

Pop Quiz! Match the following to complete each sentence.

(1) 요즘 일이 많아서 •
(2) 지금 배고프면 •
(3) 누가 찾아왔는데 •
(4) 언제 시간이 있으면 •

• ⓐ 얼굴이 생각 안 나요.
• ⓑ 인도에 가 보고 싶어요.
• ⓒ 뭐 먹고 오세요.
• ⓓ 며칠 못 갔어요.

J Referring to Multiple Objects

(1) When Referring to Two or More Objects

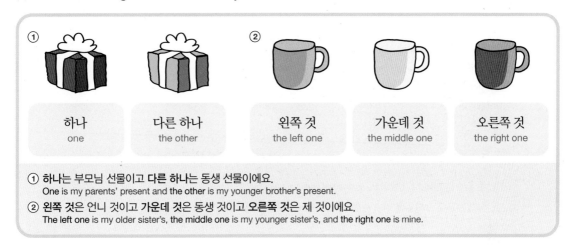

① 하나는 부모님 선물이고 **다른 하나는** 동생 선물이에요.
One is my parents' present and the other is my younger brother's present.
② **왼쪽 것은** 언니 것이고 **가운데 것은** 동생 것이고 **오른쪽 것은** 제 것이에요.
The left one is my older sister's, the middle one is my younger sister's, and the right one is mine.

(2) When Speaking about Order

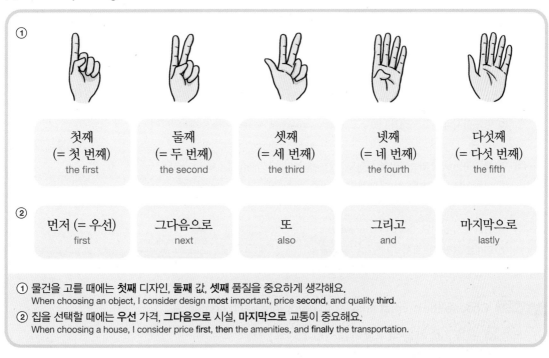

① 물건을 고를 때에는 **첫째** 디자인, **둘째** 값, **셋째** 품질을 중요하게 생각해요.
When choosing an object, I consider design most important, price second, and quality third.
② 집을 선택할 때에는 **우선** 가격, **그다음으로** 시설, **마지막으로** 교통이 중요해요.
When choosing a house, I consider price first, then the amenities, and finally the transportation.

Pop Quiz! Choose the correct answer in the box.

첫째	가운데	마지막으로	다른 하나는

(1) 먼저 청소를 하고 또 설거지를 한 다음에 _____ 빨래해요.

(2) 왼쪽 것은 한국 차이고, _____ 것은 일본 차이고, 오른쪽 것은 독일 차예요.

(3) 결혼하고 싶은 사람을 찾을 때 _____ 성격, 둘째 외모, 셋째 경제력이 중요해요.

(4) 한국어를 공부할 때 두 가지가 중요한데, 하나는 책이고 _____ 한국인 친구예요.

K Adverbs That Are Often Confused

(1)

Refers to a specific length of time	Refers to a recurrent length of time
주말 **내내** all weekend	**매일** every day
일주일 **내내** all week	**매주** every week
한달 **내내** all month	**매달** every month
일년 **내내** all year	**매년** every year
밤새 all night	밤마다 every night
하루 종일 all day	주말마다 every weekend

   ⓐ 지난주 일주일 **내내** 비가 왔어요. It rained **all week** last week.

   ⓑ 지난달에는 **매주** 토요일에 비가 왔어요. Last month, it rained **every** Saturday.

(2) ⓐ **아마** 선생님은 사무실에 있을 거예요. **Maybe** the teacher is in her office.

   ⓑ **혹시** 선생님을 못 봤어요? Have you seen the teacher **by any chance**?

(3) ⓐ 3년 전에 한국에 **처음** 왔어요. I came to Korea **for the first time** three years ago.

   ⓑ 영화가 **처음에** 너무 지루했어요. The movie was boring **at first**.

(4) ⓐ **마지막으로** 여러분께 감사의 말씀을 드립니다. **Finally,** we would like to give thanks to everyone.

   ⓑ 영화 **마지막에** 그 노래가 나왔어요. A song came on **at the end** of the movie.

(5) ⓐ 제 친구는 **항상** 약속에 늦게 나와요. My friend **always** comes late to appointments.

   ⓑ 이 메일을 보면 **꼭** (= **반드시**) 연락해 주세요. **Definitely** contact me when you send the mail.

(6) ⓐ **전혀** 늦지 않아요. That person is **never** late.

   ⓑ **절대로** 거짓말을 하지 마세요. Do not **ever** lie.

Tip
전혀 and 절대로 are
used with negatives.

Pop Quiz! 1 Choose the correct answer to complete each sentence.

(1) 오늘 (ⓐ 처음 / ⓑ 처음에) 호랑이를 직접 봤어요.

(2) 밤에 단 음식을 (ⓐ 전혀 / ⓑ 절대로) 먹지 마세요.

(3) 어제 (ⓐ 밤새 / ⓑ 밤마다) 책을 읽어서 지금 졸려요.

(4) (ⓐ 아마 / ⓑ 혹시) 선생님 전화번호를 알면 가르쳐 주세요.

(5) 이 책은 (ⓐ 처음 / ⓑ 처음에) 재미있었는데 중간부터 재미없어요.

(6) 질문은 나중에 회의 (ⓐ 마지막에 / ⓑ 마지막으로) 받겠습니다.

(7) ⓐ 영화를 좋아하니까 **자주** 극장에 가요. I **often** go to the movie theater because I like movies.

ⓑ 오래된 자동차라서 **자꾸** 고장 나요. The car **constantly** breaks because it is old.

(8) ⓐ 친구가 없어서 오늘 **혼자** 밥을 먹었어요. I ate **alone** today because my friend was not here.

ⓑ 이민 가려고 **스스로** 회사를 그만두었어요. I quit the company **myself** because I intend to immigrate.

(9) ⓐ 잘 못 들었는데 **다시** 말씀해 주시겠어요? I couldn't hear you. Could you say that **again**?

ⓑ 이 세탁기가 **또** 고장 났어요. This washing machine broke **again**.

> **Tip**
> • 다시: indicates redoing of an action.
> • 또: indicates repetition of an action.
>   Usually carries a negative connotation.

(10) ⓐ 사고 **때문에** 회사에 지각했어요. I was late to work **because of** an accident.

ⓑ 선생님 **덕분에** 한국어를 재미있게 공부했어요. **Thanks to** my teacher, I had fun learning Korean.

(11) ⓐ 직원이 9명이니까 사장님을 **포함해서** 모두 10명이에요. There are ten workers **including** the president.

ⓑ 직원이 9명이니까 사장님을 **빼고** 9명이에요. There are nine workers **excluding** the president.

(12) ⓐ 한국 요리가 쉬울 줄 알았는데 **실제로** 해 보니까 어려워요.
I thought cooking Korean food would be easy, but after trying it, I realized it was **actually** hard.

ⓑ 제가 그만둔다고 해서 놀랐어요? **사실은** 농담이에요. Are you shocked because I said I quit? **Actually**, I was joking.

(13) ⓐ **아무리** 밥을 먹어도 배고파요. I am still hungry **even though** I already ate.

ⓑ **얼마나** 밥을 많이 먹었는지 잘 수 없어요. I ate **so much that** I can't sleep.

(14) ⓐ 일이 **아직** 안 끝났어요. The work is not finished **yet**.

ⓑ 벌써 11시인데 동생이 **아직도** 안 일어났어요. It's already 11 o'clock, but he's **still** not awake.

Pop Quiz! 2 Choose the correct answer to complete each sentence.

(1) 시험 (ⓐ 때문에 / ⓑ 덕분에) 어젯밤에 자지 못했어요.

(2) 친구가 밤늦게 (ⓐ 자주 / ⓑ 자꾸) 전화해서 귀찮아요.

(3) 아까 많이 먹었는데 (ⓐ 다시 / ⓑ 또) 먹어요?

(4) 저는 고기를 안 먹으니까 고기 (ⓐ 포함해서 / ⓑ 빼고) 주세요.

(5) 아이가 자기 잘못을 (ⓐ 혼자 / ⓑ 스스로) 말할 때까지 기다리려고 해요.

(6) 김치가 매워 보였는데 (ⓐ 실제로 / ⓑ 사실은) 먹어 보니까 안 매워요.

(7) (ⓐ 아무리 / ⓑ 얼마나) 돈이 많아도 행복을 살 수 없어요.

(8) 10분 후에 회의가 시작하는데 (ⓐ 아직 / ⓑ 아직도) 회의 자료를 만들고 있어요.

Unit 98

Conjunctive Adverbs

Let's Learn!

A Common Conjunctive Adverbs

The following are used to connect two sentences.

다음 달에 유럽에 여행 갈 거예요. I am going to Europe next month.	① 그리고 홍콩에 갈 거예요. And I will also go to Hong Kong. ② 그러면 유럽에 있는 친구를 만날 수 있을 거예요. So I will be able to see my European friends. ③ 그런데 지금 표가 없어서 아직 표를 못 샀어요. However, I haven't bought a ticket yet because there are no tickets right now. ④ 그래서 이번 달에 호텔을 예약하려고 해요. So I plan to reserve a hotel this month. ⑤ 그래도 다음 달 10일까지 일을 끝낼 거예요. Nevertheless, I will finish my work by the 10th of next month. ⑥ 왜냐하면 다음 달 중순에 2주 동안 휴가예요. This is because I have a two-week vacation in the middle of next month. ⑦ 예를 들면 프랑스, 독일, 스페인에 갈 거예요. For example, I will go to France, Germany, and Spain. ⑧ 그렇지 않으면 올해 여행 갈 수 없을 거예요. If not, I will not be able to travel this year.

Pop Quiz! 1 Choose the correct answer in the box.

그리고	그러면	그래도	그래서	왜냐하면	그렇지 않으면

(1) 오늘 시간이 없어요. _____ 오늘 만날 수 없어요.

(2) 담배를 끊으세요. _____ 건강이 좋아질 거예요.

(3) 지금 배가 너무 고파요. _____ 오늘 아침을 못 먹었어요.

(4) 저는 낮에는 회사에 다녀요. _____ 밤에는 학원에 다녀요.

(5) 운동을 시작하세요. _____ 나중에 후회할 거예요.

(6) 이 음식은 조금 매워요. _____ 맛있어요.

Pop Quiz! 2 Match each sentence with its following sentence.

(1) 한국어를 열심히 공부해요.   •   • ⓐ 그런데 돈이 없어서 살 수 없어요.

(2) 마음에 드는 옷이 있어요.   •   • ⓑ 그래서 보통 주말에 혼자 집에 있어요.

(3) 이 식당은 분위기가 좋아요.   •   • ⓒ 그렇지 않으면 친구가 많이 기다릴 거예요.

(4) 친구들이 요즘 많이 바빠요.   •   • ⓓ 그리고 음식도 정말 맛있어요.

(5) 내일 비가 많이 올 거예요.   •   • ⓔ 왜냐하면 한국 회사에서 일하고 싶어요.

(6) 약속에 늦으면 미리 전화하세요. •   • ⓕ 그래도 꼭 여행을 떠날 거예요.

B Conjunctive Adverbs with Multiple Meanings

(1) 그리고

In speech, 그리고 is also pronounced 그리구.

> ① **(and)** 저는 한국 음식을 좋아해요. **그리고** 한국 영화도 좋아해요.
> I like Korean food. **And** I like Korean movies, too.
>
> ② **(and then)** 저녁에 운동했어요. **그리고** 샤워했어요.
> I exercised at night. **And then** I showered.

(2) 그런데

In speech, 그런데 is also pronounced 근데.

> ① **(but)** 제 동생은 일찍 자고 일찍 일어나요. **그런데** 저는 늦게 자고 늦게 일어나요.
> My younger sibling goes to sleep early and wakes up early. **But** I go to sleep late and wake up late.
>
> ② **(by the way)** 우리 같이 밥 먹어요. **그런데** 그 얘기 들었어요?
> Let's eat. **By the way**, did you hear?

C Conjunctive Adverbs with Similar Meanings but Different Forms

(1) 하지만 / 그렇지만 / 그러나
(but/however)

> ① **(but)** 이 식당은 음식이 맛있어요. **하지만** 너무 비싸요.
> This restaurant's food tastes good. **But**, it is too expensive. (used in informal, everyday speech)
>
> ② **(however)** 날씨가 너무 덥습니다. **그렇지만** 참아야 합니다.
> The weather is very hot. **However**, I must endure it.
>
> ③ **(however)** 생활이 힘듭니다. **그러나** 포기할 수 없습니다.
> Life is tough. **However**, I cannot give up.

(2) 그래서 / 그러니까 / 따라서 / 그러므로
(so/therefore)

> ① **(so)** 어제 감기에 걸렸어요. **그래서** 아무것도 못 했어요.
> I got sick, **so** I cannot do anything.
>
> ② **(so)** 이 일은 혼자 하기 어려워요. **그러니까** 다른 사람하고 같이 하세요.
> This job is hard to do alone, **so** do it with someone else.
>
> ③ **(consequently)** 이번 달에 집 수리를 했습니다. **따라서** 이번 달에 쓸 돈이 부족할 것입니다.
> I had my house repaired this month. **Consequently**, I will have little money to use this month.
>
> ④ **(therefore)** 누구나 화를 내는 사람을 싫어합니다. **그러므로** 화가 나도 참아야 합니다.
> Everyone dislikes people who get angry easily. **Therefore**, even if I become angry, I must restrain myself.

(3) 그러면 / 그럼
(then/if so)

> ① **(then)** 공포 영화를 안 좋아해요? **그러면** 코미디 영화는 어때요?
> Don't you like horror movies? **Then** how about a comedy movie?
>
> ② **(if so)** 이 음악을 들어 봐. **그럼** 기분이 좋아질 거야.
> Listen to this song. **If you do**, you will feel better. (used in everyday speech)

(4) 아니면 / 또는
(or)

> ① **(or)** 같이 사무실에 갈래요? **아니면** 여기에서 기다릴래요?
> Do you want to go to the office together? **Or** do you want to wait here?
>
> ② **(or)** 주말에 집안일을 해요. **또는** 책을 읽어요.
> I do housework on weekends. **Or** I read books.

Pop Quiz! Choose the correct answer.

(1) 친구하고 만났어요. (ⓐ 그리고 / ⓑ 하지만) 같이 식사했어요.

(2) 시간이 있을 때 책을 읽어요. (ⓐ 그렇지만 / ⓑ 또는) 운동해요.

(3) 오늘 같이 커피 마셔요. (ⓐ 그런데 / ⓑ 그러나) 진수는 어디 있어요?

(4) 같이 영화 보러 갈까요? (ⓐ 그래서 / ⓑ 아니면) 식사하러 갈까요?

(5) 옷을 두껍게 입으세요. (ⓐ 그러면 / ⓑ 아니면) 감기에 걸리지 않을 거예요.

(6) 일을 미리 끝내세요. (ⓐ 그러면 / ⓑ 그렇지 않으면) 5시까지 다 못 끝낼 거예요.

D Conjunctive Adverbs That Are Frequently Confused

(1) 그런데 vs. 그래도

그래도 means "even so" and is used when the second sentence is an unexpected result.

ⓐ 저 식당 음식은 맛없어요. **그런데** 값이 너무 비싸요.
That restaurant's food does not taste good. **But** the price is expensive.

ⓑ 저 식당 음식은 맛없어요. **그래도** 오늘 저기에 갈 거예요. (≠ 그런데)
That restaurant's food does not taste good. **Even so,** I am going to go there today.

(2) 그래서 vs. 그러니까

그러니까 is used when it is the second sentence that is emphasized, such as when it is a proposition or an imperative.

ⓐ 밖에 비가 와요. **그래서** 밖에 안 나가요.
It is raining outside. **So** I am not going outside.

ⓑ 밖에 비가 와요. **그러니까** 우산을 가져가세요.
(≠ 그래서)
It is raining outside. **So** take an umbrella with you.

(3) 그래서 vs. 왜냐하면

그래서 is written between a cause and an effect whereas 왜냐하면 is written between an effect and a cause.

ⓐ 이번 시험을 잘 못 봤어요. **그래서** 부모님이 화가 났어요.
I did poorly on this test. **So** my parents got angry.

ⓑ 이번 시험을 잘 못 봤어요. **왜냐하면** 시험공부를 많이 못 했어요.
I did poorly on this test. **Because** I was unable to study a lot.

(4) 그래서 vs. 그러면

그래서 is used when the first sentence is the reason for the second sentence. 그러면 is used when the first sentence is the condition for the second sentence.

ⓐ 머리가 아파요. **그래서** 병원에 가려고 해요.
My head hurts. **So** I intend to go to the hospital.

ⓑ 머리가 아파요? **그러면** 병원에 가세요.
Your head hurts? **If so,** go to the hospital.

Pop Quiz! 1 Choose the correct answer.

(1) 오늘 친구들과 약속이 있어요? (ⓐ 그래서 / ⓑ 그러면) 내일 만나요.

(2) 시간이 많이 있어요. (ⓐ 그래서 / ⓑ 그러니까) 천천히 갔다 오세요.

(3) 날씨가 추워요. (ⓐ 그래서 / ⓑ 왜냐하면) 두꺼운 옷을 입어요.

(4) 내년에도 바쁠 거예요. (ⓐ 그런데 / ⓑ 그래도) 한국어를 공부할 거예요.

Pop Quiz! 2 Select the incorrect answer.

(1) 아버지가 건강이 안 좋아요.
　ⓐ 그래서 병원에 다녀요.
　ⓑ 그리고 운동을 좋아해요.
　ⓒ 그래도 가끔 술을 마셔요.

(2) 지금 단 음식을 먹고 싶어요.
　ⓐ 그래도 다이어트 때문에 참아야 해요.
　ⓑ 그렇지만 단 음식을 사러 백화점에 왔어요.
　ⓒ 예를 들면 초콜릿이나 케이크를 먹고 싶어요.

(3) 이번 주말에 같이 등산 갈까요?
　ⓐ 아니면 시내를 구경하러 갈까요?
　ⓑ 그러면 이번 주말에 날씨가 좋아요.
　ⓒ 그렇지 않으면 다음에는 같이 못 갈 거예요.

(4) 이제부터 운동을 시작해야겠어요.
　ⓐ 왜냐하면 살이 너무 쪘어요.
　ⓑ 그러면 운동을 하러 헬스장에 갔어요.
　ⓒ 하지만 어떤 운동이 좋을지 모르겠어요.

E Different Forms of "and" and "or"

How "and" and "or" are translated into Korean differs depending on the context.

	and	or
Between nouns	하고 아침에 빵하고 우유를 먹었어요. I ate bread **and** drank milk in the morning.	(이)나 식사 후에 커피나 차를 마셔요. After eating, I drink coffee **or** tea.
Between verbs	–고 아침을 먹고 이를 닦아요. I eat breakfast **and then** brush my teeth.	–거나 주말에 책을 읽거나 영화를 봐요. I read books **or** watch movies on weekends.
Between sentences	그리고 아침을 먹어요. 그리고 이를 닦아요. I eat breakfast, **and then** I brush my teeth.	또는 주말에 책을 읽어요. 또는 영화를 봐요. I read books on weekends. **Or** I watch movies.

Pop Quiz! 1 Rephrase each sentence by correcting each underlined part.

(1) 저는 커피를 마셔요. <u>그리고 저는 주스를</u> 마셔요. → 저는 _____를 마셔요.

(2) 휴가 때 집에서 <u>쉬어요. 또는</u> 친구를 만나요. → 휴가 때 집에서 _____ 친구를 만나요.

(3) 친구하고 전화 <u>통화해요. 그리고</u> 잠이 들었어요. → 친구하고 전화 _____ 잠이 들었어요.

(4) 주말에 <u>소설을 읽어요. 또는 잡지를</u> 읽어요. → 주말에 _____를 읽어요.

Pop Quiz! 2 Choose the correct answers to complete each paragraph.

그래서	하지만	예를 들면	왜냐하면

저는 한국 문화에 관심이 많이 있어요. (1) _____ 태권도, 탈춤, 도자기에 관심이 많아요. 이번 달부터 태권도를 배우기 시작했어요. 처음에는 태권도를 배울 때 많이 힘들었어요. (2) _____ 태권도 선생님이 너무 빨리 말해요. (3) _____ 선생님의 말을 알아듣기 어려웠어요. (4) _____ 지금은 익숙해져서 괜찮아요.

그리고	그래도	그래서	그런데

저는 한국 음식을 좋아해요. (5) _____ 점심 식사로 비빔밥이나 김밥을 자주 먹어요. (6) _____ 저녁 식사는 친구하고 같이 불고기를 먹어요. 저는 일본 요리를 잘해요. (7) _____ 한국 요리는 못해요. 요리 방법이 조금 복잡해요. (8) _____ 한국 요리를 좋아하니까 배우고 싶어요.

Adjectives

Let's Learn!

A Opposite Adjectives

(1)

충분하다	부족하다
to be enough, sufficient	to be insufficient

ⓐ   ⓑ

ⓐ 음식을 10인분 준비했는데 사람이 3명 왔어요.
음식이 **충분해요**.
We ordered ten orders of the food, and three people came. There is **enough** food.

ⓑ 음식을 10인분 준비했는데 사람이 19명 왔어요.
음식이 **부족해요**.
We ordered ten orders of the food, but nineteen people came. There **is not enough** food.

(2)

간단하다	복잡하다
to be simple	to be complicated

ⓐ   ⓑ

ⓐ **간단한** 지도를 보면 길을 쉽게 찾을 수 있어요.
If you look at a **simple** map, you will be able to easily find your way.

ⓑ **복잡한** 지도를 보면 길을 찾기 어려워요.
It's hard to find the way when you look at a **complicated** map.

(3)

평범하다	특별하다
to be ordinary	to be special

ⓐ   ⓑ

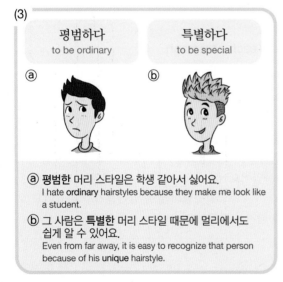

ⓐ **평범한** 머리 스타일은 학생 같아서 싫어요.
I hate **ordinary** hairstyles because they make me look like a student.

ⓑ 그 사람은 **특별한** 머리 스타일 때문에 멀리에서도 쉽게 알 수 있어요.
Even from far away, it is easy to recognize that person because of his **unique** hairstyle.

(4)

익숙하다	서투르다
to be used to	to be amateur, clumsy

ⓐ   ⓑ

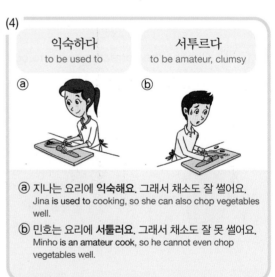

ⓐ 지나는 요리에 **익숙해요**. 그래서 채소도 잘 썰어요.
Jina **is used to** cooking, so she can also chop vegetables well.

ⓑ 민호는 요리에 **서툴러요**. 그래서 채소도 잘 못 썰어요.
Minho **is an amateur** cook, so he cannot even chop vegetables well.

Pop Quiz! Choose the correct answer to complete each sentence.

(1) 음식을 5인분만 준비했는데 사람이 10명이 와서 음식이 (ⓐ 충분했어요 / ⓑ 부족했어요).

(2) 문법을 너무 짧고 (ⓐ 간단하게 / ⓑ 복잡하게) 설명해서 이해가 안 돼요. 설명이 더 필요해요.

(3) 제 친구는 성격이 (ⓐ 평범해서 / ⓑ 특별해서) 다른 사람들하고 쉽게 친해지기 어려워요.

(4) 제 친구는 고치는 것에 (ⓐ 익숙해서 / ⓑ 서툴러서) 어떤 것이 고장 나도 쉽게 고쳐요.

B Phrasal Adjectives

In Korean, there is an adjective phrase made up of phrases, and the marker 이/가 is still used in the adjective phrase.

(1)

인기가 있다 ↔ 인기가 없다 to be popular to be unpopular	관심이 있다 ↔ 관심이 없다 to be interested to not be interested

ⓐ 이 가수는 **인기가 있어요**.
This singer is popular.

ⓑ 이 가수는 **인기가 없어요**.
This singer is unpopular.

ⓒ 저 사람은 도자기에 **관심이 있어요**.
That person is interested in pottery.

ⓓ 저 사람은 도자기에 **관심이 없어요**.
That person is not interested in pottery.

(2)

예의가 있다 ↔ 예의가 없다 to be polite to be impolite	나이가 많다 ↔ 나이가 적다 to be old to be young

ⓐ 진수는 **예의가 있어요**.
Jinsu is polite.

ⓑ 민규는 **예의가 없어요**.
Mingyu is impolite.

ⓒ 할머니는 **나이가 많아요**.
My grandmother is old.

ⓓ 딸은 **나이가 적어요**.
My daughter is young.

(3)

힘이 세다 ↔ 힘이 없다 to be strong to be weak	키가 크다 ↔ 키가 작다 to be tall to be short

ⓐ 저 사람은 **힘이 세요**.
That person is strong.

ⓑ 저 사람은 **힘이 없어요**.
That person is weak.

ⓒ 이 남자는 **키가 커요**.
That man is tall.

ⓓ 이 남자는 **키가 작아요**.
That man is short.

(4)

운이 좋다 ↔ 운이 나쁘다 to be lucky to be unlucky	도움이 되다 ↔ 도움이 안 되다 to be helpful to be unhelpful

ⓐ 이 남자는 **운이 좋아요**.
That man is lucky.

ⓑ 이 남자는 **운이 나빠요**.
That man is unlucky.

ⓒ 드라마가 한국어 발음 연습에 **도움이 돼요**.
Drama is helpful for pronunciation practice.

ⓓ 쓰기 숙제가 한국어 발음 연습에 **도움이 안 돼요**.
Writing practice is not helpful for pronunciation practice.

C 에 좋다 vs. 에 나쁘다

건강에 좋다 to be good for one's health

① 운동이 **건강에 좋아요**.
Exercise is good for one's health.

② 휴식이 **건강에 좋아요**.
Rest is good for one's health.

③ 채소가 **건강에 좋아요**.
Vegetables are good for one's health.

건강에 나쁘다 to be bad for one's health

① 담배가 **건강에 나빠요**.
Cigarettes are bad for one's health.

② 스트레스가 **건강에 나빠요**.
Stress is bad for one's health.

③ 패스트푸드가 **건강에 나빠요**.
Fast food is bad for one's health.

D Others

중요하다
to be important

소중하다
to be precious, cherished
(of personal importance)

심하다
to be serious, extreme

①

②

③

우울하다
to be depressed

궁금하다
to be curious

미끄럽다
to be slippery

④

⑤

⑥

① 건강을 위해서 운동이 **중요해요**.
A workout is important for your health.

② 이 반지는 어머니한테서 받은 **소중한** 반지예요.
This ring is a cherished ring that I received from my mother.

③ 부상이 **심해서** 운동할 수 없어요.
I can't exercise because the injury is serious.

④ 비가 오는 날은 기분이 **우울해요**.
I feel depressed on rainy days.

⑤ 그 여자가 요즘 어떻게 지내는지 **궁금해요**.
I am curious how that girl has been lately.

⑥ 바닥이 **미끄러워서** 넘어졌어요.
I fell because the floor was slippery.

Pop Quiz! Choose the correct answer to complete each sentence.

(1) 친구와 약속한 것을 잘 지키는 것이 (ⓐ 중요해요 / ⓑ 중요하지 않아요).

(2) 제 동생은 장난이 (ⓐ 심해서 / ⓑ 심하지 않아서) 항상 문제가 생겨요.

(3) 저는 역사에 관심이 없으니까 역사 이야기가 (ⓐ 궁금해요 / ⓑ 궁금하지 않아요).

(4) 겨울에 길이 (ⓐ 미끄러우면 / ⓑ 미끄럽지 않으면) 위험해요.

(5) 저에게 (ⓐ 소중한 / ⓑ 소중하지 않은) 물건은 청소할 때 버려요.

(6) 기분이 (ⓐ 우울하면 / ⓑ 우울하지 않으면) 아무것도 하고 싶지 않아요.

E Two Ways to Use Adjectives

Note that in Korean, unlike in English, ending forms or noun modifiers are added to adjectives.

(1) When the adjective is a predicate, it is used with a sentence ending like –아/어요 at the end of the sentence.

English (be verb + adjective)   : The weather **is good**.
Korean (adjective stem + –아/어요) : 날씨가 **좋아요**. (← 좋 + –아요)

(2) When the adjective modifies a noun, noun modifier –(으)ㄴ is attached to the stem, and it is used before the noun.

English (adjective + noun)   : **good** weather
Korean (adjective stem + –(은)ㄴ) : **좋은** 날씨 (← 좋다 + –은 + 날씨)

	Adjectives	As a predicate	As a noun modifier
(1)	유명하다 to be famous	김치가 **유명해요**. (유명하 + –여요) Kimchi is famous.	**유명한** 김치 (유명하 + –ㄴ) famous kimchi
(2)	같다 to be the same	이름이 **같아요**. (같 + –아요) The name is the same.	**같은** 이름 (같 + –은) the same name
(3)	맛있다 to be delicious	음식이 **맛있어요**. (맛있 + –어요) The food is delicious.	**맛있는** 음식 (맛있 + –는) delicious food
(4)	바쁘다 to be busy	일이 **바빠요**. (바쁘 + –아요) Work is busy.	**바쁜** 일 (바쁘 + –ㄴ) busy work
(5)	길다 to be long	머리가 **길어요**. (길 + –어요) My hair is long.	**긴** 머리 (길 + –ㄴ) long hair
(6)	맵다 to be spicy	음식이 **매워요**. (맵 + –어요) The food is spicy.	**매운** 음식 (맵 + –은) spicy food
(7)	다르다 to be different	성격이 **달라요**. (다르 + –아요) Their personalities are different.	**다른** 성격 (다르 + –ㄴ) different personalities

Pop Quiz! Choose the correct answer in the box to complete each sentence.

아름답다	힘들다	게으르다	젊다	이상하다	필요하다

(1) 동생이 너무 _____서 방 청소를 하나도 안 해요.

(2) 부산에 갔는데 바다 경치가 정말 _____.

(3) 여권을 만들 때 _____ 서류는 여기에 다 있어요.

(4) 너무 _____ 운동은 건강에 도움이 안 돼요.

(5) 발음이 _____면 알아듣기 어려워요.

(6) _____ 사람이 나이 많은 사람보다 경험이 부족해요.

> **Be careful!**
> In Korean, 필요하다(to need/to be needed) is an adjective. Therefore, marker 이/가 must be used with the subject in front.
> **Ex.** 신분증이 필요해요. An ID card is needed.

Nouns

Unit 100

Let's Learn!

A Noun Roots of 하다 Verbs

Verb		Noun		Verb		Noun	
사랑하다 to love		사랑 love		경험하다 to experience		경험 experience	
걱정하다 to worry		걱정 worry		실망하다 to be disappointed		실망 disappointment	
준비하다 to prepare	➡	준비 preparation		후회하다 to regret	➡	후회 regret	
생각하다 to think		생각 thought		성공하다 to succeed		성공 success	
기억하다 to remember		기억 memory		실패하다 to fail		실패 failure	

Pop Quiz! Choose the correct answer in the box to complete each sentence.

준비	걱정	기억	사랑

(1) 진수는 비싼 학비 때문에 _____이/가 많아요.

(2) 민호는 지금 _____에 빠져서 아무것도 못 해요.

(3) 일찍 시험 _____을/를 끝낸 사람은 밤새 공부하지 않아요.

(4) 어렸을 때 부모님과 바닷가에 간 것이 지금도 _____에 남아요.

B Verb Stem + 기 ➡ Noun

Verb	Noun	Verb	Noun
말하다 to speak	말하기 speaking (말하 + 기)	쓰다 to write	쓰기 writing (쓰 + 기)
듣다 to listen, hear	듣기 listening (듣 + 기)	걷다 to walk	걷기 walking (걷 + 기)
읽다 to read	읽기 reading (읽 + 기)	달리다 to run	달리기 running (달리 + 기)

Pop Quiz! Choose the correct answer according to each picture.

(1)

(ⓐ 걷기 / ⓑ 달리기)
가 건강에 좋아요.

(2)

(ⓐ 걷기 / ⓑ 달리기)
에 자신이 있어요.

(3)

(ⓐ 쓰기 / ⓑ 말하기)
를 좋아해서 매일 일
기를 써요.

(4)

매일 드라마를 보면
(ⓐ 듣기 / ⓑ 쓰기)가
좋아져요.

C Adjective Stem + (으)ㅁ ➡ Noun

(으)ㅁ expresses a feeling or state. It is similar to the English suffix "-ness."

Adjective	Noun	Adjective	Noun
기쁘다 to be happy	기쁨 happiness (기쁘 + ㅁ)	고맙다 to be thankful	고마움 thanks (고맙 + 음)
슬프다 to be sad	슬픔 sadness (슬프 + ㅁ)	무섭다 to be scared	무서움 scariness (무섭 + 음)
아프다 to be sick, to hurt	아픔 pain (아프 + ㅁ)	즐겁다 to be enjoyable	즐거움 joy (즐겁 + 음)
배고프다 to be hungry	배고픔 hunger (배고프 + ㅁ)	아쉽다 to be a shame	아쉬움 frustration, want (아쉽 + 음)

Pop Quiz! Fill in each blank with the noun by conjugating each given adjective.

(1) (아프다 ➡   )을 참고 이기면 곧 병이 나을 거예요.

(2) 나이 어린 아이들이 (배고프다 ➡   )을 참기 어려워요.

(3) 내 옆에서 나를 도와준 친구에게 (고맙다 ➡   )을 느껴요.

(4) 할머니께서 돌아가셔서 가족이 (슬프다 ➡   )에 빠졌어요.

D Verb Stem + (으)ㅁ ➡ Noun

(으)ㅁ expresses completed or concrete acts as a conjugated noun by using a verb.

Verb	Noun	Verb	Noun
자다 to sleep	잠 sleep (자 + ㅁ)	죽다 to die	죽음 death (죽 + 음)
(꿈을) 꾸다 to dream	꿈 dream (꾸 + ㅁ)	느끼다 to feel	느낌 feeling (느끼 + ㅁ)
(춤을) 추다 to dance	춤 dance (추 + ㅁ)	바라다 to wish	바람 wish (바라 + ㅁ)
웃다 to laugh	웃음 laugh (웃 + 음)	믿다 to believe	믿음 belief (믿 + 음)
울다 to cry	울음 crying (울 + 음)	싸우다 to fight	싸움 fight (싸우 + ㅁ)
걷다 to walk	걸음 step (걷 + 음)	모이다 to gather	모임 gathering (모이 + ㅁ)

Pop Quiz! Fill in each blank with the noun by conjugating each given verb.

(1) (추다 ➡   )보다 노래가 더 자신이 있어요.

(2) 어젯밤에 (꾸다 ➡   )에서 돌아가신 할아버지를 봤어요.

(3) 연말에는 (모이다 ➡   )이 많아서 집에 늦게 들어가요.

(4) (싸우다 ➡   )에서 진 아이가 결국 울기 시작했어요.

(5) 그 영화를 보고 (죽다 ➡   )에 대해서 생각하게 됐어요.

(6) 교통사고 이후에 그 여자는 (웃다 ➡   )을 잃어버렸어요.

E Verb Stem + 개 ➡ Noun

개 makes nouns for tools related to the verb stem.

Verb	Noun	Verb	Noun
지우다 to erase	지우개 eraser (지우 + 개)	가리다 to cover (in order to hide)	가리개 cover, shield (가리 + 개)
베다 to use (a pillow)	베개 pillow (베 + 개)	싸다 to wrap	싸개 wrapper (싸 + 개)
덮다 to cover	덮개 cover (덮 + 개)	따다 to open (a bottle)	따개 opener (따 + 개)

Pop Quiz! Match each verb with its noun and the corresponding picture.

(1) 지우다 •   • ① 베개 •   • ⓐ

(2) 베다 •   • ② 덮개 •   • ⓑ

(3) 덮다 •   • ③ 지우개 •   • ⓒ

F Adjective Stem + –(으)ㄴ + 이 ➡ Noun

Nouns ending with 이 often refer to humans.

Adjective	Noun
늙다 to be old	늙은이 old person (늙 + –은 + 이)
젊다 to be young	젊은이 young person (adult) (젊 + –은 + 이)
어리다 to be (very) young	어린이 child (어리 + –ㄴ + 이)

> **Tip**
> Do not use 늙은이 or 어린이 to address someone. Use the appropriate title based on your relationship to the person you are addressing. If the person is younger than you, you may use their name, but if they are older than you, use their proper title.

Pop Quiz! Match each picture with the related words.

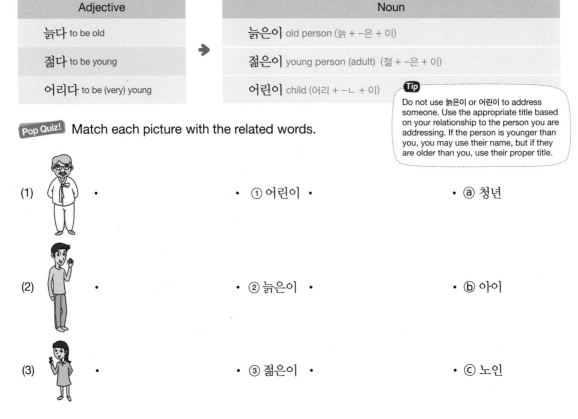

(1) •   • ① 어린이 •   • ⓐ 청년

(2) •   • ② 늙은이 •   • ⓑ 아이

(3) •   • ③ 젊은이 •   • ⓒ 노인

G Proper Nouns

In Korean, the Sino-Korean form of a word can often provide clues to its proper noun meaning.

(1) If the general noun is a native Korean word, it is typically converted to the Sino-Korean equivalent when forming proper nouns.

General Noun (Native Korean)		Example
바다 sea	__해	동해, 서해, 남해
다리 bridge	__교	잠수교, 금천교, 양화교
섬 island	__도	제주도, 여의도, 거제도, 강화도
절 temple	__사	불국사, 해인사, 부석사, 내소사
길 road	__로	종로, 을지로, 대학로, 퇴계로

(2) If the general noun is a single-syllable Sino-Korean word, it remains unchanged when forming proper nouns.

General Noun (Sino-Korean)		Example
산 mountain	__산	남산, 북한산, 설악산, 한라산
강 river	__강	한강, 남한강, 낙동강, 금강
문 door, gate	__문	동대문, 서대문, 광화문, 독립문
궁 palace	__궁	경복궁, 창덕궁, 창경궁, 덕수궁
탕 soup	__탕	설렁탕, 곰탕, 매운탕, 갈비탕

(3) If the general noun is a multi-syllable Sino-Korean word, only one syllable is typically used in the proper noun.

General Noun (Multisyllabic Sino-Korean)		Example
도시 city	__시	서울시, 부산시, 대전시, 광주시
대학 college	__대	고려대, 서강대, 서울대, 연세대

Pop Quiz! Choose the correct answer for each underlined Sino-Korean noun.

(1) 감자탕을 오늘 처음 봤어요.
   ⓐ 채소　　ⓑ 사탕　　ⓒ 뜨거운 음식

(2) 울산시에 갔다 왔어요.
   ⓐ 시내　　ⓑ 도시　　ⓒ 시간

(3) 부산대에서 수업을 들어요.
   ⓐ 군대　　ⓑ 대학　　ⓒ 바다

(4) 통도사에 갔다 왔어요.
   ⓐ 절　　ⓑ 회사　　ⓒ 사진관

H Honorific

Some nouns have honorific equivalents for referring to a person of greater age or higher status.

Normal
이름 name
나이 age
말 speech
밥 rice, food
집 house
생일 birthday

Honorific
성함 name
연세 age
말씀 speech
진지 rice, food
댁 house
생신 birthday

Pop Quiz! 1 Match each question with the one that has the same meaning.

(1) 이름이 뭐예요? •   • ⓐ 댁이 어디세요?

(2) 몇 살이에요? •   • ⓑ 진지 드셨어요?

(3) 집이 어디예요? •   • ⓒ 말씀 들었어요?

(4) 밥 먹었어요? •   • ⓓ 성함이 어떻게 되세요?

(5) 생일이 며칠이에요? •   • ⓔ 연세가 어떻게 되세요?

(6) 말 들었어요? •   • ⓕ 생신이 며칠이세요?

Pop Quiz! 2 Complete each sentence with the correct answer by using the honorific.

(1) 친구의 이름은 알지만 선생님 _____ 은/는 잊어버렸어요.

(2) 할머니께 _____ 을/를 차려 드리고 우리도 밥을 먹었어요.

(3) 우리 아버지 _____ 와/과 제 생일이 같은 날짜예요.

(4) 우리 할아버지께서는 _____ 이/가 많으시지만 건강하세요.

(5) 사장님의 _____ 을/를 듣고 직원들이 힘을 냈어요.

(6) 급한 일이 있는데 선생님께서 사무실에 안 계셔서 선생님 _____ 에 찾아뵈었어요.

Humble

Some nouns have humble equivalents that are used when speaking to someone of greater age of higher status.

Normal

Humble   Honorific

Normal
나 I
우리 we
말 speech

Humble
저 I
저희 we
말씀 speech

> **Tip**
>
> 말씀 can refer to both the statements made by the other person that need to be acknowledged or countered, as well as one's own humble speech aimed at elevating the other person's status.
>
> **Ex.** (honorific) 지금부터 사장님 말씀이 있겠습니다.
> Now, the president of the company will give his speech.
>
> (humble) 말씀 드릴 게 있는데요.
> I have something to tell you.

Pop Quiz! Complete the paragraph with the correct answers by using humble form.

나는 오늘 동료들하고 부산으로 출장 갈 거야.
출장에서 돌아와서 내가 전화할게.
그리고 우리 회사 근처에서 만나면 출장에
대해 말해 줄게.

(1) _____ 오늘 동료들하고 부산으로
출장 갈 거예요. 출장에서 돌아와서
(2) _____ 전화 드릴게요. 그리고
(3) _____ 회사 근처에서 만나면
출장에 대해 (4) _____ 드릴게요.

Appendix

Answers

Part ①

Unit 01 Reading Numbers 1

Vocabulary

2   (1) ⓔ   (2) ⓕ   (3) ⓑ   (4) ⓒ

     (5) ⓐ   (6) ⓓ   (7) ⓖ

Activity 2

     (1) X   (2) O   (3) X   (4) X

     (5) O   (6) X   (7) X   (8) O

     (9) X

Unit 02 Reading Numbers 2

Vocabulary

2   (1) ⓓ   (2) ⓖ   (3) ⓐ   (4) ⓒ

     (5) ⓔ   (6) ⓕ   (7) ⓗ   (8) ⓑ

Activity 2

     (1) ⓔ   (2) ⓒ   (3) ⓓ   (4) ⓑ

     (5) ⓖ   (6) ⓗ   (7) ⓕ   (8) ⓐ

Unit 03 Reading Prices

Vocabulary

2   (1) ⓑ   (2) ⓔ   (3) ⓓ   (4) ⓐ

     (5) ⓒ   (6) ⓕ

Activity 2

     (1) ⓗ   (2) ⓕ   (3) ⓓ   (4) ⓔ

     (5) ⓒ   (6) ⓐ   (7) ⓑ   (8) ⓖ

Unit 04 Counting Items

Vocabulary

2   (1) ⓑ   (2) ⓓ   (3) ⓒ   (4) ⓔ

     (5) ⓕ   (6) ⓐ

Activity 1

     (1) ⓒ   (2) ⓓ   (3) ⓓ   (4) ⓐ

     (5) ⓒ   (6) ⓓ   (7) ⓐ   (8) ⓑ

Activity 2

     (1) ⓔ   (2) ⓒ   (3) ⓓ   (4) ⓖ

     (5) ⓑ   (6) ⓘ   (7) ⓐ   (8) ⓙ

     (9) ⓕ   (10) ⓗ

Unit 05 Months and Dates

Vocabulary

2   (1) ⓐ   (2) ⓑ   (3) ⓑ   (4) ⓐ

Activity 2

     (1) ⓐ   (2) ⓑ   (3) ⓐ   (4) ⓑ

Unit 06 Holidays

Vocabulary

     (1) ⓒ   (2) ⓑ   (3) ⓐ   (4) ⓖ

     (5) ⓘ   (6) ⓕ   (7) ⓗ   (8) ⓓ

     (9) ⓔ

Activity 1

     (1) ⓒ   (2) ⓑ   (3) ⓓ   (4) ⓐ

Activity 2

     (1) ⓒ   (2) ⓐ   (3) ⓑ   (4) ⓓ

Unit 07 Days of the Week

Vocabulary

1   (1) ⓔ   (2) ⓒ   (3) ⓖ   (4) ⓐ

     (5) ⓓ   (6) ⓕ   (7) ⓑ

2   (1) ⓑ   (2) ⓐ   (3) ⓐ   (4) ⓑ

     (5) ⓐ, ⓓ   (6) ⓑ

Activity 2

     (1) ⓐ, ⓐ, ⓑ, ⓑ   (2) ⓑ, ⓐ, ⓐ

     (3) ⓑ, ⓑ, ⓑ

Unit 08 Years

Vocabulary

2   (1) ⓑ   (2) ⓔ   (3) ⓐ   (4) ⓒ

     (5) ⓓ   (6) ⓕ

Activity 2

1   (1) ⓓ   (2) ⓒ   (3) ⓐ   (4) ⓑ

2   (1) ⓒ   (2) ⓑ   (3) ⓓ   (4) ⓐ

Unit 09 Weeks and Months

Vocabulary

2 (1) ⓑ　　(2) ⓐ　　(3) ⓐ　　(4) ⓑ
  (5) ⓐ　　(6) ⓑ　　(7) ⓐ　　(8) ⓐ

Activity 2

(1) ⓑ　　(2) ⓐ　　(3) ⓑ　　(4) ⓐ
(5) ⓐ　　(6) ⓑ

Unit 10 Days and Years

Vocabulary

(1) 그제　　(2) 어제　　(3) 내일　　(4) 모레
(5) 재작년　(6) 작년　　(7) 올해　　(8) 내년
(9) 후년

Activity 1

(1) 달　　(2) 전　　(3) 어제　　(4) 매주
(5) 모레　(6) 내일　(7) 일주일　(8) 후
(9) 화요일　(10) 오늘

Activity 2

(1) 오늘 오후 2시 30분에 명동에서 약속이 있어요
(2) 지난주 금요일 밤 8시에 동료하고(동료와/동료랑) 저녁 식사를 했어요
(3) 올해 12월 마지막 주 토요일에 콘서트를 보러 가요
(4) 다음 주 월요일 아침 9시에 한국어 수업을 시작해요

Unit 11 Reading the Time

Vocabulary

2 (1) ⓓ　　(2) ⓑ　　(3) ⓔ　　(4) ⓐ
  (5) ⓒ　　(6) ⓕ

Activity 1

(1) ⓑ　　(2) ⓓ　　(3) ⓐ　　(4) ⓒ

Unit 12 Expressing Duration

Vocabulary

2 (1) ⓓ　　(2) ⓐ　　(3) ⓒ　　(4) ⓑ

Activity 1

(1) ⓔ　　(2) ⓓ　　(3) ⓖ　　(4) ⓑ
(5) ⓕ　　(6) ⓒ　　(7) ⓐ　　(8) ⓗ
(9) ⓘ

Activity 2

(1) ⓔ　　(2) ⓐ　　(3) ⓕ　　(4) ⓓ
(5) ⓑ　　(6) ⓒ

Unit 13 Countries

Vocabulary

(1) ⑦ 한국 ⑥ 중국 ⑧ 일본 ⑨ 호주 ① 인도 ② 태국
    ⑤ 필리핀 ③ 베트남 ④ 싱가포르

(2) ② 미국 ① 캐나다 ④ 브라질 ③ 멕시코 ⑤ 아르헨티나

(3) ① 영국 ④ 독일 ⑦ 이란 ⑧ 케냐 ② 스페인 ⑥ 이집트
    ③ 프랑스 ⑤ 러시아

Activity 1

(1) ⓗ　　(2) ⓒ　　(3) ⓖ　　(4) ⓕ
(5) ⓑ　　(6) ⓔ　　(7) ⓐ　　(8) ⓓ

Activity 2

(1) ⓓ　　(2) ⓖ　　(3) ⓐ　　(4) ⓔ
(5) ⓒ　　(6) ⓑ　　(7) ⓗ　　(8) ⓕ

Unit 14 Nationalities and Languages

Vocabulary

(1) 일본어　(2) 중국인　(3) 프랑스　(4) 아랍어
(5) 미국 사람　(6) 영어　　(7) 외국

Activity 1

(1) ⓐ　　(2) ⓑ　　(3) ⓑ　　(4) ⓐ
(5) ⓑ　　(6) ⓑ

Activity 2

(1) O　　(2) X　　(3) O　　(4) X
(5) O　　(6) X

Unit 15 Occupations

Vocabulary

(1) ⓔ　　(2) ⓐ　　(3) ⓕ　　(4) ⓒ
(5) ⓚ　　(6) ⓗ　　(7) ⓑ　　(8) ⓙ
(9) ⓘ　　(10) ⓛ　　(11) ⓓ　　(12) ⓖ

Activity 1

(1) ⓑ　　(2) ⓐ　　(3) ⓔ　　(4) ⓒ
(5) ⓓ

Activity 2

(1) ⓒ　　(2) ⓔ　　(3) ⓐ　　(4) ⓑ
(5) ⓓ　　(6) ⓕ

Unit 16 Age

Vocabulary

1 (1) ⓑ (2) ⓐ (3) ⓓ (4) ⓔ
   (5) ⓒ
2 (1) ⓐ (2) ⓙ (3) ⓖ (4) ⓓ
   (5) ⓒ (6) ⓘ (7) ⓕ (8) ⓗ
   (9) ⓔ (10) ⓑ

Activity 1

2 (1) ⓑ (2) ⓕ (3) ⓓ (4) ⓐ
   (5) ⓒ (6) ⓔ

Activity 2

   (1) ⓕ (2) ⓓ (3) ⓐ (4) ⓒ
   (5) ⓔ (6) ⓑ

Unit 17 Family

Vocabulary

   (1) ⓘ (2) ⓒ (3) ⓚ (4) ⓕ
   (5) ⓖ (6) ⓑ (7) ⓛ (8) ⓔ
   (9) ⓗ (10) ⓐ (11) ⓙ (12) ⓓ

Activity 1

   (1) ⓑ (2) ⓐ (3) ⓑ (4) ⓑ

Activity 2

   (1) ⓑ (2) ⓑ (3) ⓐ (4) ⓐ

Unit 18 Places 1

Vocabulary

   (1) ⓒ (2) ⓔ (3) ⓖ (4) ⓓ
   (5) ⓘ (6) ⓕ (7) ⓗ (8) ⓑ
   (9) ⓐ (10) ⓙ

Activity 1

   (1) ⓑ (2) ⓓ (3) ⓐ (4) ⓔ
   (5) ⓕ (6) ⓒ

Activity 2

   (1) ⓕ (2) ⓒ (3) ⓑ (4) ⓓ
   (5) ⓐ (6) ⓔ

Unit 19 Places 2

Vocabulary

2 (1) ⓕ (2) ⓖ (3) ⓗ (4) ⓙ
   (5) ⓔ (6) ⓑ (7) ⓚ (8) ⓐ
   (9) ⓛ (10) ⓓ (11) ⓘ (12) ⓒ

Activity 1

   (1) ⓕ (2) ⓑ (3) ⓐ (4) ⓔ
   (5) ⓒ (6) ⓓ

Activity 2

   (1) ⓑ (2) ⓒ (3) ⓕ (4) ⓓ
   (5) ⓐ (6) ⓔ

Unit 20 On the Street

Vocabulary

   (1) ⓓ (2) ⓐ (3) ⓜ (4) ⓔ
   (5) ⓚ (6) ⓑ (7) ⓝ (8) ⓒ
   (9) ⓘ (10) ⓕ (11) ⓛ (12) ⓞ
   (13) ⓙ (14) ⓖ (15) ⓗ

Activity 1

   (1) ⓑ (2) ⓐ (3) ⓐ (4) ⓐ
   (5) ⓑ (6) ⓐ

Activity 2

   (1) ⓑ (2) ⓐ (3) ⓑ (4) ⓐ
   (5) ⓐ

Unit 21 Location and Direction

Vocabulary

   (1) ⓖ (2) ⓑ (3) ⓐ (4) ⓒ
   (5) ⓘ (6) ⓓ (7) ⓕ (8) ⓔ
   (9) ⓙ (10) ⓗ

Activity 1

   (1) ⓔ (2) ⓓ (3) ⓑ (4) ⓐ
   (5) ⓒ

Activity 2

   (1) ⓑ (2) ⓔ (3) ⓕ (4) ⓐ
   (5) ⓓ (6) ⓒ

Unit 22 Asking Directions

Vocabulary

   (1) ⓕ (2) ⓖ (3) ⓓ (4) ⓐ
   (5) ⓚ (6) ⓒ (7) ⓘ (8) ⓔ
   (9) ⓙ (10) ⓗ (11) ⓑ

Activity

   (1) 수영장 (2) 영화관 (3) 동물원 (4) 교회
   (5) 은행

Unit 23 Possessions

Vocabulary

(1) ⓑ	(2) ⓟ	(3) ⓐ	(4) ⓜ
(5) ⓝ	(6) ⓒ	(7) ⓓ	(8) ⓙ
(9) ⓕ	(10) ⓘ	(11) ⓞ	(12) ⓗ
(13) ⓔ	(14) ⓛ	(15) ⓖ	(16) ⓚ

Activity 1

(1) 열쇠, 서류, 안경, 지갑, 핸드폰, 사진
(2) 우산, 수첩, 휴지, 빗, 화장품
(3) 책, 공책, 펜, 필통

Activity 2

(1) ⓐ	(2) ⓑ	(3) ⓐ	(4) ⓑ
(5) ⓐ	(6) ⓑ		

Unit 24 Describing Your Room

Vocabulary

(1) ⓑ	(2) ⓗ	(3) ⓔ	(4) ⓙ
(5) ⓘ	(6) ⓞ	(7) ⓕ	(8) ⓒ
(9) ⓜ	(10) ⓟ	(11) ⓓ	(12) ⓖ
(13) ⓚ	(14) ⓛ	(15) ⓝ	(16) ⓐ

Activity 1

(1) ⓑ	(2) ⓑ	(3) ⓐ	(4) ⓑ
(5) ⓑ	(6) ⓐ	(7) ⓐ	(8) ⓐ
(9) ⓑ	(10) ⓑ		

Activity 2

(1) ⓐ	(2) ⓐ	(3) ⓑ	(4) ⓐ
(5) ⓑ	(6) ⓑ	(7) ⓐ	(8) ⓑ
(9) ⓐ	(10) ⓑ		

Unit 25 Describing Your Home

Vocabulary

(1) ⓑ	(2) ⓔ	(3) ⓖ	(4) ⓗ
(5) ⓕ	(6) ⓓ	(7) ⓐ	(8) ⓘ
(9) ⓒ			

Activity 1

(1) ⓑ	(2) ⓕ	(3) ⓔ	(4) ⓐ
(5) ⓓ	(6) ⓒ		

Activity 2

(1) ⓘ	(2) ⓔ	(3) ⓑ	(4) ⓖ
(5) ⓐ	(6) ⓓ	(7) ⓕ	(8) ⓚ
(9) ⓒ	(10) ⓗ	(11) ⓙ	(12) ⓛ

Unit 26 Furniture and Household Items

Vocabulary

(1) ⓛ	(2) ⓒ	(3) ⓐ	(4) ⓡ
(5) ⓖ	(6) ⓔ	(7) ⓓ	(8) ⓘ
(9) ⓑ	(10) ⓙ	(11) ⓠ	(12) ⓜ
(13) ⓝ	(14) ⓞ	(15) ⓚ	(16) ⓕ
(17) ⓗ	(18) ⓣ	(19) ⓟ	(20) ⓢ

Activity 1

(1) ⓐ	(2) ⓐ	(3) ⓑ	(4) ⓐ
(5) ⓐ	(6) ⓑ	(7) ⓐ	(8) ⓐ

Activity 2

(1) ⓐ	(2) ⓑ	(3) ⓐ	(4) ⓐ
(5) ⓐ	(6) ⓑ		

Unit 27 Daily Routine

Vocabulary

(1) ⓒ	(2) ⓔ	(3) ⓓ	(4) ⓑ
(5) ⓗ	(6) ⓕ	(7) ⓘ	(8) ⓖ
(9) ⓐ			

Activity 1

(1) ⓔ	(2) ⓑ	(3) ⓐ	(4) ⓓ
(5) ⓒ	(6) ⓕ		

Activity 2

(1) ⓑ	(2) ⓐ, ⓒ	(3) ⓑ	(4) ⓓ

Unit 28 Household Activities

Vocabulary

(1) ⓔ	(2) ⓓ	(3) ⓚ	(4) ⓖ
(5) ⓘ	(6) ⓒ	(7) ⓐ	(8) ⓕ
(9) ⓛ	(10) ⓑ	(11) ⓙ	(12) ⓗ

Activity 1

(1) ⓑ	(2) ⓐ	(3) ⓒ	(4) ⓑ
(5) ⓒ	(6) ⓒ	(7) ⓐ	(8) ⓒ
(9) ⓑ	(10) ⓐ	(11) ⓐ	(12) ⓑ

Activity 2

(1) ⓗ	(2) ⓒ	(3) ⓓ	(4) ⓖ
(5) ⓐ	(6) ⓘ	(7) ⓕ	(8) ⓚ
(9) ⓙ	(10) ⓛ	(11) ⓔ	(12) ⓑ

Unit 29 — Daily Activities

Vocabulary

(1) 1   (2) 3   (3) 5   (4) 3
(5) 3   (6) 4   (7) 1   (8) 0
(9) 1~2   (10) 3~4   (11) 1   (12) 1~2
(13) 0   (14) 1   (15) 2~3   (16) 2

Activity 1

(1) ⓑ   (2) ⓒ   (3) ⓓ   (4) ⓔ
(5) ⓐ

Activity 2

(1) ⓑ   (2) ⓕ   (3) ⓔ   (4) ⓐ
(5) ⓑ   (6) ⓓ   (7) ⓒ   (8) ⓕ

Unit 30 — Housework

Vocabulary

(1) ⓖ   (2) ⓔ   (3) ⓙ   (4) ⓑ
(5) ⓓ   (6) ⓘ   (7) ⓒ   (8) ⓕ
(9) ⓗ   (10) ⓐ   (11) ⓚ   (12) ⓛ

Activity 1

(1) ⓓ   (2) ⓔ   (3) ⓑ   (4) ⓕ
(5) ⓗ   (6) ⓐ   (7) ⓖ   (8) ⓒ

Activity 2

(1) ⓖ   (2) ⓒ   (3) ⓔ   (4) ⓗ
(5) ⓐ   (6) ⓑ   (7) ⓓ   (8) ⓕ

Unit 31 — Weekend Activities

Vocabulary

(1) ⓓ   (2) ⓕ   (3) ⓘ   (4) ⓒ
(5) ⓐ   (6) ⓑ   (7) ⓔ   (8) ⓗ
(9) ⓙ   (10) ⓛ   (11) ⓖ   (12) ⓚ

Activity 1

(1) ⓐ   (2) ⓑ   (3) ⓐ   (4) ⓑ
(5) ⓑ   (6) ⓐ

Activity 2

(1) ⓕ   (2) ⓒ   (3) ⓑ   (4) ⓓ
(5) ⓔ   (6) ⓐ

Unit 32 — Common Verbs

Vocabulary

(1) ⓓ   (2) ⓐ   (3) ⓒ   (4) ⓜ

(5) ⓕ   (6) ⓔ   (7) ⓝ   (8) ⓗ
(9) ⓑ   (10) ⓖ   (11) ⓙ   (12) ⓘ
(13) ⓚ   (14) ⓛ

Activity 1

(1) ⓐ   (2) ⓑ   (3) ⓑ   (4) ⓐ
(5) ⓐ   (6) ⓐ   (7) ⓑ   (8) ⓐ

Activity 2

(1) ③, ⓔ   (2) ④, ⓒ   (3) ②, ⓐ   (4) ①, ⓓ
(5) ⑥, ⓕ   (6) ⑤, ⓑ

Unit 33 — Common Adjectives

Vocabulary

(1) ⓗ   (2) ⓑ   (3) ⓕ   (4) ⓒ
(5) ⓖ   (6) ⓘ   (7) ⓔ   (8) ⓓ
(9) ⓐ   (10) ⓙ

Activity 1

(1) 필요 없다   (2) 쉽다   (3) 안전하다
(4) 재미없다   (5) 맛없다   (6) 한가하다
(7) 안 중요하다   (8) 인기가 없다

Activity 2

(1) ⓑ   (2) ⓓ   (3) ⓐ   (4) ⓔ
(5) ⓕ   (6) ⓗ   (7) ⓒ   (8) ⓖ

Unit 34 — Common Expressions 1

Vocabulary

(1) ⓓ   (2) ⓗ   (3) ⓚ   (4) ⓖ
(5) ⓑ   (6) ⓕ   (7) ⓔ   (8) ⓛ
(9) ⓙ   (10) ⓐ   (11) ⓒ   (12) ⓘ

Activity 1

(1) ⓓ   (2) ⓒ   (3) ⓐ   (4) ⓕ
(5) ⓔ   (6) ⓑ

Activity 2

(1) ⓒ   (2) ⓓ   (3) ⓐ   (4) ⓑ

Unit 35 — Common Expressions 2

Vocabulary

(1) ⓕ   (2) ⓚ   (3) ⓖ   (4) ⓗ
(5) ⓓ   (6) ⓛ   (7) ⓘ   (8) ⓑ
(9) ⓒ   (10) ⓐ   (11) ⓔ   (12) ⓙ

Activity 1

(1) ⓒ   (2) ⓔ   (3) ①   (4) ⓑ

(5) ①   (6) ⑨   (7) ⓐ   (8) ⓓ

(9) ⓗ   (10) ⨍

Activity 2

(1) ⓒ   (2) ⓑ   (3) ⓔ   (4) ⓓ

(5) ⨍   (6) ⓐ

Unit 36   Fruits

Vocabulary

(1) ⓑ   (2) ⓐ   (3) ⓔ   (4) ①

(5) ⓗ   (6) ⓚ   (7) ①   (8) ⓓ

(9) ⑨   (10) ⨍   (11) ⓒ   (12) ①

Activity 2

(1) ④, ⓐ   (2) ①, ⓓ   (3) ②, ⓒ   (4) ③, ⓑ

Unit 37   Vegetables

Vocabulary

(1) ①   (2) ⓔ   (3) ⨍   (4) ⓑ

(5) ⓗ   (6) ①   (7) ⓒ   (8) ⓐ

(9) ⓓ   (10) ⑨   (11) ⓢ   (12) ⓜ

(13) ⓣ   (14) ⓝ   (15) ⓡ   (16) ⓠ

(17) ①   (18) ⓚ   (19) ⓟ   (20) ⓞ

Activity 1

(1) O, X   (2) O. O   (3) X, X   (4) X, O

Activity 2

(1) X   (2) O   (3) X   (4) X

(5) X   (6) X   (7) O   (8) X

Unit 38   Meat and Seafood

Vocabulary

2   (1) ⨍   (2) ①   (3) ⓑ   (4) ⓗ

   (5) ①   (6) ⓐ   (7) ⓔ   (8) ⑨

   (9) ⓓ   (10) ⓒ   (11) ⓜ   (12) ⓚ

   (13) ⓝ   (14) ①   (15) ⓞ   (16) ⓟ

Activity 2

(1) ⓒ, ⓔ   (2) ⓐ, ⓑ   (3) ⓔ, ⓓ   (4) ⓐ, ⓔ

(5) ⓔ, ⓒ   (6) ⓑ, ⓒ

Unit 39   Common Foods and Ingredients

Vocabulary

1   (1) ⓒ   (2) ⓓ   (3) ⓐ   (4) ⓑ

   (5) ⓔ   (6) ⨍

2   (1) ⓑ   (2) ⓑ   (3) ⓐ   (4) ⓐ

   (5) ⓐ   (6) ⓑ

Activity 1

(1) ⓓ   (2) ⓐ   (3) ⓔ   (4) ⓒ

(5) ⨍   (6) ⓑ

Activity 2

(1) ⨍   (2) ⑨   (3) ⓐ   (4) ⓒ

(5) ⓔ   (6) ⓗ   (7) ⓑ   (8) ①

(9) ①   (10) ⓓ

Unit 40   Beverages

Vocabulary

(1) ⨍   (2) ⓒ   (3) ⓔ   (4) ⓑ

(5) ⓓ   (6) ⓗ   (7) ⓐ   (8) ⑨

(9) ①   (10) ①   (11) ⓚ   (12) ⓜ

(13) ①

Activity 2

(1) ⨍   (2) ⓔ   (3) ⓑ   (4) ⓐ

(5) ⓒ   (6) ⓓ

Unit 41   Snacks and Desserts

Vocabulary

1   (1) ⓓ   (2) ⓒ   (3) ⓐ   (4) ⓗ

   (5) ⓑ   (6) ⨍   (7) ⑨   (8) ⓔ

Activity 1

(1) ⓑ   (2) ⓐ   (3) ⓔ   (4) ⑨

(5) ⨍   (6) ⓗ   (7) ⓓ   (8) ⓒ

Activity 2

(1) ⓑ   (2) ⓒ   (3) ⓐ   (4) ⓓ

Unit 42   The Dining Table

Vocabulary

1   (1) ⓐ   (2) ⓓ   (3) ⨍   (4) ①

   (5) ⑨   (6) ⓗ   (7) ⓑ   (8) ⓔ

   (9) ⓒ

2   (1) ⨍   (2) ⓐ   (3) ⓓ   (4) ⓒ

   (5) ⓑ   (6) ⓔ

Activity 1

(1) X	(2) O	(3) X	(4) X
(5) O	(6) O	(7) O	(8) O
(9) O	(10) X		

Activity 2

(1) ⓐ	(2) ⓑ	(3) ⓑ	(4) ⓐ
(5) ⓐ	(6) ⓐ		

Unit 43 Meals

Vocabulary

(1) ⓓ	(2) ⓒ	(3) ⓑ	(4) ⓐ
(5) ⓔ	(6) ⓕ		

Activity 1

(1) ⓔ	(2) ⓛ	(3) ⓚ	(4) ⓗ
(5) ⓓ	(6) ⓐ	(7) ⓘ	(8) ⓒ
(9) ⓕ	(10) ⓖ	(11) ⓑ	(12) ⓙ

Activity 2

(1) ⓖ	(2) ⓐ	(3) ⓗ	(4) ⓒ
(5) ⓔ	(6) ⓓ	(7) ⓕ	(8) ⓑ

Unit 44 Cooking Methods

Vocabulary

2

(1) ⓑ, ⓐ	(2) ⓐ, ⓑ	(3) ⓑ, ⓐ	(4) ⓑ, ⓐ
(5) ⓐ, ⓑ	(6) ⓑ, ⓐ		

Activity 1

(1) ⓓ	(2) ⓒ	(3) ⓒ	(4) ⓐ
(5) ⓒ	(6) ⓒ		

Activity 2

ⓒ → ⓔ → ⓐ → ⓓ → ⓕ → ⓑ

Unit 45 Hobbies

Vocabulary

(1) ⓒ	(2) ⓘ	(3) ⓑ	(4) ⓕ
(5) ⓓ	(6) ⓗ	(7) ⓝ	(8) ⓙ
(9) ⓜ	(10) ⓐ	(11) ⓛ	(12) ⓞ
(13) ⓟ	(14) ⓖ	(15) ⓔ	(16) ⓚ

Activity 2

(1) O, X	(2) X, X	(3) X, O	(4) X, X
(5) O, X, X	(6) X, O, X		

Unit 46 Sports

Vocabulary

(1) ⓛ	(2) ⓔ	(3) ⓖ	(4) ⓚ
(5) ⓑ	(6) ⓞ	(7) ⓘ	(8) ⓕ
(9) ⓗ	(10) ⓓ	(11) ⓐ	(12) ⓙ
(13) ⓜ	(14) ⓒ	(15) ⓝ	

Activity 2

(1) X	(2) O	(3) X	(4) △
(5) X	(6) O	(7) X	(8) △
(9) O	(10) △	(11) △	(12) X

Unit 47 Travel 1

Vocabulary

(1) ⓐ	(2) ⓕ	(3) ⓒ	(4) ⓞ
(5) ⓟ	(6) ⓡ	(7) ⓙ	(8) ⓝ
(9) ⓑ	(10) ⓠ	(11) ⓜ	(12) ⓗ
(13) ⓔ	(14) ⓘ	(15) ⓚ	(16) ⓓ
(17) ⓖ	(18) ⓛ		

Activity 1

(1) ⓓ	(2) ⓐ	(3) ⓒ	(4) ⓑ
(5) ⓗ	(6) ⓖ	(7) ⓔ	(8) ⓕ

Activity 2

2

(1) ⓓ	(2) ⓒ	(3) ⓐ	(4) ⓕ
(5) ⓒ	(6) ⓔ		

Unit 48 Travel 2

Vocabulary

(1) ⓓ	(2) ⓐ	(3) ⓑ	(4) ⓚ
(5) ⓔ	(6) ⓒ	(7) ⓘ	(8) ⓕ
(9) ⓛ	(10) ⓙ	(11) ⓖ	(12) ⓗ

Activity 1

(1) ⓔ	(2) ⓘ	(3) ⓐ	(4) ⓓ
(5) ⓗ	(6) ⓑ	(7) ⓕ	(8) ⓙ
(9) ⓒ	(10) ⓖ		

Activity 2

(1) ⓓ	(2) ⓔ	(3) ⓐ	(4) ⓕ
(5) ⓑ	(6) ⓖ	(7) ⓗ	(8) ⓒ

Unit 49 Communication

Vocabulary

1 (1) ⓒ (2) ⓕ (3) ⓐ (4) ①
(5) ⓔ (6) ⓗ (7) ① (8) ⓖ
(9) ⓓ (10) ⓑ

2 (1) ⓓ (2) ⓑ (3) ⓒ (4) ⓐ

Activity 1
(1) ⓓ (2) ⓑ (3) ⓒ (4) ⓐ

Activity 2
(1) ⓐ, ⓑ (2) ⓐ, ⓑ (3) ⓑ, ⓐ (4) ⓒ, ⓑ, ⓐ

Unit 50 Purchasing Goods

Vocabulary
(1) ⓖ (2) ⓒ (3) ⓔ (4) ①
(5) ⓓ (6) ⓕ (7) ⓐ (8) ⓑ
(9) ⓗ

Activity 1
(1) ⓑ (2) ⓐ (3) ⓕ (4) ⓔ
(5) ⓓ (6) ⓒ

Activity 2
(1) 3, 0, 1 (2) 15, 0, 2 (3) 3, 4, 0 (4) 6, 2, 0
(5) 6, 0, 4 (6) 9, 4, 0

Unit 51 Physical States and Sensations

Vocabulary
(1) ⓖ (2) ⓓ (3) ⓐ (4) ①
(5) ⓕ (6) ⓔ (7) ⓒ (8) ⓗ
(9) ⓑ

Activity 1
(1) ⓓ (2) ⓒ (3) ⓑ (4) ⓐ
(5) ⓕ (6) ⓔ

Activity 2
(1) ⓓ (2) ⓔ (3) ⓐ (4) ⓒ
(5) ⓑ

Unit 52 Emotions

Vocabulary
(1) ① (2) ⓚ (3) ⓐ (4) ⓒ
(5) ① (6) ⓔ (7) ⓗ (8) ⓑ
(9) ① (10) ⓕ (11) ⓓ (12) ⓖ

Activity 1
(1) ⓑ (2) ⓐ (3) ⓑ (4) ⓑ
(5) ⓐ

Activity 2
(1) ⓒ (2) ⓐ (3) ⓕ (4) ⓔ
(5) ⓑ (6) ⓓ

Unit 53 Describing People

Vocabulary
(1) ⓑ (2) ⓐ (3) ⓑ (4) ⓐ
(5) ⓐ (6) ⓑ (7) ⓐ (8) ⓑ
(9) ⓑ (10) ⓐ (11) ⓐ (12) ⓑ
(13) ⓑ (14) ⓒ (15) ⓐ

Activity 1
(1) ⓔ (2) ⓓ (3) ⓒ (4) ⓐ
(5) ⓑ (6) ⓕ

Activity 2
(1) ⓑ (2) ⓒ (3) ⓓ (4) ⓐ

Unit 54 Body Parts and Illnesses

Vocabulary
(1) ⓗ (2) ⓖ (3) ⓒ (4) ⓕ
(5) ① (6) ⓔ (7) ⓐ (8) ⓓ
(9) ⓑ (10) ① (11) ⓝ (12) ⓜ
(13) ① (14) ⓚ (15) ⓠ (16) ⓞ
(17) ⓟ (18) ⓡ (19) ① (20) ⓢ

Activity 1
(1) ⓓ (2) ⓑ (3) ⓐ (4) ⓕ
(5) ⓔ (6) ⓒ

Activity 2
(1) ⓒ (2) ⓑ (3) ⓕ (4) ⓔ
(5) ⓐ (6) ⓓ (7) ⓗ (8) ⓖ
(9) ①

Unit 55 Body Parts

Vocabulary
A (1) ⓑ (2) ⓔ (3) ⓐ (4) ⓓ
(5) ⓕ (6) ⓒ
B (1) ⓔ (2) ⓒ (3) ⓓ (4) ⓑ
(5) ⓕ (6) ⓐ
C (1) ⓑ (2) ⓓ (3) ⓔ (4) ⓒ
(5) ⓐ (6) ⓕ

D (1) ⓒ (2) ⓔ (3) ⓑ (4) ⓐ
(5) ⓕ (6) ⓓ

Activity 1
(1) ⓐ, ⓑ, ⓒ, ⓔ, ⓗ, ⓘ, ⓞ, ⓟ, ⓡ
(2) ⓕ, ⓛ, ⓜ, ⓤ
(3) ⓖ, ⓝ, ⓢ, ⓣ
(4) ⓓ, ⓙ, ⓚ, ⓠ

Activity 2
(1) ⓑ (2) ⓕ (3) ⓓ (4) ⓒ
(5) ⓔ (6) ⓐ

Unit 56 Clothing

Vocabulary

A (1) ⓔ (2) ⓚ (3) ⓞ (4) ⓐ
(5) ⓘ (6) ⓗ (7) ⓓ (8) ⓜ
(9) ⓛ (10) ⓙ (11) ⓑ (12) ⓕ
(13) ⓒ (14) ⓖ (15) ⓝ
B (1) ⓑ (2) ⓐ (3) ⓒ (4) ⓔ
(5) ⓓ (6) ⓖ (7) ⓕ
C (1) ⓒ (2) ⓓ (3) ⓐ (4) ⓑ
(5) ⓔ
D (1) ⓓ (2) ⓑ (3) ⓕ (4) ⓒ
(5) ⓔ (6) ⓐ
E (1) ⓒ (2) ⓐ (3) ⓑ
F (1) ⓑ (2) ⓐ

Activity
(1) ⓐ (2) ⓐ (3) ⓑ (4) ⓐ
(5) ⓑ (6) ⓐ

Unit 57 Seasons

Vocabulary
1 (1) ⓒ (2) ⓑ (3) ⓓ (4) ⓐ

Activity 1
(1) ⓒ (2) ⓐ (3) ⓓ (4) ⓑ

Activity 2
(1) ⓑ (2) ⓑ (3) ⓑ (4) ⓐ
(5) ⓑ

Unit 58 Weather

Vocabulary
1 (1) ⓑ (2) ⓔ (3) ⓒ (4) ⓐ
(5) ⓗ (6) ⓓ (7) ⓕ (8) ⓖ

2 (1) ⓒ (2) ⓐ (3) ⓓ (4) ⓑ
(5) ⓔ (6) ⓕ

Activity 1
(1) ⓐ (2) ⓒ (3) ⓓ (4) ⓔ
(5) ⓑ

Activity 2
(1) ⓐ, ⓓ, ⓗ (2) ⓕ, ⓘ
(3) ⓑ, ⓔ, ⓖ (4) ⓒ, ⓙ

Unit 59 Animals

Vocabulary
1 (1) ⓔ (2) ⓐ (3) ⓓ (4) ⓕ
(5) ⓗ (6) ⓖ (7) ⓑ (8) ⓒ
(9) ⓛ (10) ⓚ (11) ⓙ (12) ⓘ
2 **A** (1) ⓓ (2) ⓔ (3) ⓕ (4) ⓑ
(5) ⓒ (6) ⓐ
B (1) ⓑ (2) ⓒ (3) ⓓ (4) ⓐ
C (1) ⓐ (2) ⓒ (3) ⓑ (4) ⓓ

Activity 1
(1) ⓓ (2) ⓕ (3) ⓐ (4) ⓒ
(5) ⓔ (6) ⓑ

Activity 2
(1) ⓑ (2) ⓒ (3) ⓐ (4) ⓑ
(5) ⓐ (6) ⓒ (7) ⓑ (8) ⓐ
(9) ⓒ (10) ⓑ (11) ⓒ (12) ⓐ

Unit 60 The Countryside

Vocabulary
(1) ⓣ (2) ⓗ (3) ⓜ (4) ⓢ
(5) ⓡ (6) ⓑ (7) ⓙ (8) ⓐ
(9) ⓒ (10) ⓘ (11) ⓓ (12) ⓞ
(13) ⓖ (14) ⓕ (15) ⓝ (16) ⓟ
(17) ⓔ (18) ⓠ (19) ⓚ (20) ⓛ

Activity 1
(1) O (2) X (3) X (4) O
(5) O (6) X

Activity 2
(1) ⓒ (2) ⓗ (3) ⓔ (4) ⓐ
(5) ⓕ (6) ⓙ (7) ⓘ (8) ⓓ
(9) ⓖ (10) ⓑ

Part ❷

Unit 61 Appearance

Quiz Yourself!

1 (1) ⓓ (2) ⓐ (3) ⓕ (4) ⓒ
   (5) ⓑ (6) ⓔ
2 (1) 키가 작아요 (2) 뚱뚱해요
   (3) 머리가 짧아요 (4) 잘생겼어요
3 (1) 눈이 커요 (2) 말랐어요
   (3) 커요 (4) 잘생겼어요
   (5) 20대 초반이에요 (6) 검은색 머리예요
4 (1) ⓔ (2) ⓒ (3) ⓑ (4) ⓐ
   (5) ⓕ (6) ⓓ

Unit 62 Personality

Quiz Yourself!

1 (1) ⓒ (2) ⓓ (3) ⓐ (4) ⓑ
2 (1) ⓑ (2) ⓐ (3) ⓑ (4) ⓑ
   (5) ⓐ (6) ⓐ (7) ⓑ (8) ⓑ
3 (1) 착한 (2) 인내심이 없어요
   (3) 게을러 (4) 성실한
   (5) 이기적이에요 (6) 활발하
4 (1) ⓓ (2) ⓒ (3) ⓑ (4) ⓐ
   (5) ⓕ (6) ⓔ

Unit 63 Feelings

Quiz Yourself!

1 (1) ⓑ (2) ⓐ (3) ⓑ (4) ⓐ
2 (1) ⓒ, 그리워요 (2) ⓑ, 대단해요
   (3) ⓕ, 불쌍해요 (4) ⓓ, 신기해요
   (5) ⓔ, 아쉬워요 (6) ⓐ, 싫어요

Unit 64 Interpersonal Relationships

Quiz Yourself!

1 (1) ① 할아버지, 아저씨, 사위, 삼촌, 아들, 형, 손자, 아빠, 남편
      ② 딸, 아내, 엄마, 이모, 장모, 며느리, 손녀, 고모, 할머니, 누나
      ③ 조카, 동생
   (2) ① 할아버지, 아저씨, 엄마, 이모, 장모, 삼촌, 고모, 할머니, 형, 아빠, 누나
      ② 딸, 아내, 조카, 사위, 며느리, 손녀, 아들, 동생, 손자, 남편

2 (1) ⓑ (2) ⓔ (3) ⓕ (4) ⓐ
   (5) ⓒ (6) ⓓ
3 (1) 부모님 (2) 부부 (3) 형제 (4) 동료
4 (1) ⓒ (2) ⓒ (3) ⓓ (4) ⓒ
   (5) ⓐ (6) ⓑ
5 (1) 이모 (2) 부모님
   (3) 사위 (4) 조카
   (5) 시어머니 (6) 엄마
   (7) 손자 (8) 큰아버지
   (9) 며느리 (10) 사촌

Unit 65 Life

Quiz Yourself!

1 (1) 퇴근 (2) 퇴직 (3) 졸업 (4) 이혼
2 (1) ⓑ (2) ⓒ (3) ⓐ (4) ⓑ
3 (1) ⓑ (2) ⓑ (3) ⓐ (4) ⓑ
   (5) ⓑ (6) ⓐ

Unit 66 Injuries

Quiz Yourself!

1 (1) ⓐ (2) ⓑ (3) ⓑ (4) ⓐ
2 (1) ②, ⓐ (2) ③, ⓒ (3) ④, ⓑ (4) ①, ⓓ
3 (1) ⓑ (2) ⓑ (3) ⓐ (4) ⓐ

Unit 67 Medical Treatment

Quiz Yourself!

1 (1) ⓑ (2) ⓐ (3) ⓑ (4) ⓑ
2 (1) ⓓ (2) ⓐ (3) ⓕ (4) ⓒ
   (5) ⓔ (6) ⓑ
3 (1) 피부과 (2) 안과 (3) 치과 (4) 소아과
   (5) 내과 (6) 정형외과

Unit 68 Household Problems

Quiz Yourself!

1 (1) ⓐ (2) ⓐ (3) ⓑ (4) ⓐ
2 (1) ⓑ (2) ⓐ (3) ⓑ (4) ⓐ
   (5) ⓑ (6) ⓐ
3 (1) ⓔ (2) ⓒ (3) ⓓ (4) ⓐ
   (5) ⓑ

Unit 69 Everyday Problems

Quiz Yourself!

1 (1) ⓑ (2) ⓒ (3) ⓐ (4) ⓑ
 (5) ⓓ (6) ⓐ
2 (1) ⓑ (2) ⓐ (3) ⓑ (4) ⓑ
 (5) ⓐ

Unit 70 Problematic Situations

Quiz Yourself!

1 (1) ⓐ (2) ⓑ (3) ⓓ (4) ⓑ
2 (1) ⓒ (2) ⓑ (3) ⓑ (4) ⓒ
 (5) ⓐ (6) ⓑ
3 (1) ⓔ (2) ⓐ (3) ⓓ (4) ⓒ
 (5) ⓑ (6) ⓕ
4 (1) ⓓ (2) ⓒ (3) ⓕ (4) ⓔ
 (5) ⓑ (6) ⓐ

Unit 71 Opposite Adverbs 1

Quiz Yourself!

1 (1) ⓒ (2) ⓑ (3) ⓐ (4) ⓕ
 (5) ⓓ (6) ⓔ
2 (1) 혼자 (2) 잘
 (3) 오래 (4) 빨리
 (5) 많이 (6) 일찍
3 (1) 일찍 (2) 조금
 (3) 혼자 (4) 천천히

Unit 72 Opposite Adverbs 2

Quiz Yourself!

1 (1) ⓔ (2) ⓐ (3) ⓓ (4) ⓑ
 (5) ⓒ
2 (1) ⓓ, 다 (2) ⓕ, 더
 (3) ⓔ, 같이 (4) ⓑ, 자세히
 (5) ⓒ, 먼저 (6) ⓐ, 대충
3 (1) 하나 더 (2) 전혀 안 해요
 (3) 먼저

Unit 73 Opposite Adjectives 1

Quiz Yourself!

1 (1) ⓑ (2) ⓐ (3) ⓐ (4) ⓐ
2 (1) ⓒ (2) ⓓ (3) ⓔ (4) ⓕ
 (5) ⓑ (6) ⓐ
3 (1) ⓑ (2) ⓐ (3) ⓑ (4) ⓑ

Unit 74 Opposite Adjectives 2

Quiz Yourself!

1 (1) 낮아요 (2) 많아요
 (3) 불편해요 (4) 빨라요
2 (1) ⓒ (2) ⓐ (3) ⓑ (4) ⓓ
3 (1) ⓐ (2) ⓑ (3) ⓐ (4) ⓑ
 (5) ⓐ (6) ⓑ (7) ⓐ (8) ⓐ
4 (1) ⓕ (2) ⓗ (3) ⓒ (4) ⓑ
 (5) ⓔ (6) ⓐ (7) ⓖ (8) ⓓ
5 (1) 달라요 (2) 느려서
 (3) 좁아서 (4) 안 불편해요
 (5) 적어서

Unit 75 Opposite Verbs 1

Quiz Yourself!

1 (1) 등, 얼굴, 다리 (2) 피아노, 외국어, 태권도
 (3) 스트레스, 월급, 선물
2 (1) ⓐ (2) ⓐ (3) ⓑ
3 (1) ⑤, ⓑ (2) ①, ⓐ (3) ③, ⓑ (4) ②, ⓑ
 (5) ⑥, ⓐ (6) ④, ⓑ

Unit 76 Opposite Verbs 2

Quiz Yourself!

1 (1) ⓐ (2) ⓑ (3) ⓐ (4) ⓑ
 (5) ⓑ (6) ⓑ
2 (1) ⓒ (2) ⓑ (3) ⓐ (4) ⓓ
3 (1) ⓐ (2) ⓐ (3) ⓐ (4) ⓑ
 (5) ⓑ (6) ⓐ (7) ⓑ (8) ⓑ
4 (1) 에 (2) 에서 (3) 을 (4) 에
 (5) 을 (6) 에 (7) 에서 (8) 가
5 (1) 놓으세요 (2) 주웠어요
 (3) 덮으세요

Unit 77　Opposite Verbs 3

Quiz Yourself!

1　(1) ⓐ　　(2) ⓑ　　(3) ⓐ　　(4) ⓐ

2　(1) ⓑ　　(2) ⓐ　　(3) ⓓ　　(4) ⓒ

3　(1) 올랐어요　　(2) 몰라요

　　(3) 줄여요

Unit 78　Movement Verbs

Quiz Yourself!

1　(1) ⓐ　　(2) ⓑ　　(3) ⓑ　　(4) ⓐ

　　(5) ⓑ　　(6) ⓐ

2　(1) ⓒ　　(2) ⓑ　　(3) ⓑ　　(4) ⓐ

　　(5) ⓑ　　(6) ⓐ

Unit 79　Body-Related Verbs

Quiz Yourself!

1　(1) ⓑ　　(2) ⓐ　　(3) ⓓ　　(4) ⓒ

　　(5) ⓒ　　(6) ⓑ

2　(1) ⓑ　　(2) ⓐ　　(3) ⓑ　　(4) ⓐ

　　(5) ⓑ　　(6) ⓑ　　(7) ⓑ　　(8) ⓐ

3　(1) ⓑ　　(2) ⓐ　　(3) ⓑ　　(4) ⓑ

　　(5) ⓑ　　(6) ⓑ

4　(1) ⓐ　　(2) ⓑ　　(3) ⓑ　　(4) ⓐ

Unit 80　Common Verb Pairs

Quiz Yourself!

1　(1) ⓑ　　(2) ⓑ　　(3) ⓐ　　(4) ⓐ

　　(5) ⓑ　　(6) ⓐ

2　(1) ⓔ　　(2) ⓒ　　(3) ⓓ　　(4) ⓕ

　　(5) ⓑ　　(6) ⓐ

3　(1) ⓑ　　(2) ⓐ　　(3) ⓑ　　(4) ⓑ

　　(5) ⓐ　　(6) ⓑ

4　(1) ⓔ　　(2) ⓓ　　(3) ⓑ　　(4) ⓐ

　　(5) ⓕ　　(6) ⓒ

Part ③

Unit 81　The Verbs 가다 & 오다

A `Pop Quiz!`

(1) 선아　　(2) 영호　　(3) 동현　　(4) 지수

(5) 소연　　(6) 준기

B `Pop Quiz!`

(1) ⓑ　　(2) ⓐ　　(3) ⓑ　　(4) ⓑ

(5) ⓐ　　(6) ⓑ

C `Pop Quiz!`

(1) ⓒ　　(2) ⓑ　　(3) ⓓ　　(4) ⓓ

(5) ⓒ　　(6) ⓓ　　(7) ⓐ　　(8) ⓑ

D `Pop Quiz!`

(1) ⓑ　　(2) ⓐ　　(3) ⓐ　　(4) ⓐ

E `Pop Quiz!`

(1) 가지고 다니　　　(2) 다니

(3) 돌아다녔어요　　(4) 데리고 다녔

F `Pop Quiz!`

(1) 다니고　　　　　(2) 가지고 다녀요

(3) 돌아다녔어요　　(4) 찾아다녔어요

(5) 다녀갔어요　　　(6) 따라다녔지만

(7) 마중 나갔지만　　(8) 다녀왔습니다

Unit 82　The Verb 나다

A, B `Pop Quiz!`

(1) ⓐ　　(2) ⓑ　　(3) ⓐ　　(4) ⓑ

C, D `Pop Quiz!`

(1) ⓓ　　(2) ⓑ　　(3) ⓐ　　(4) ⓒ

E, F `Pop Quiz!`

(1) ⓐ　　(2) ⓑ　　(3) ⓑ　　(4) ⓐ

(5) ⓑ　　(6) ⓑ

G, H `Pop Quiz!`

(1) ⓒ　　(2) ⓕ　　(3) ⓐ　　(4) ⓓ

(5) ⓑ　　(6) ⓔ

Unit 83　The Verb 하다

A `Pop Quiz!`

(1) 공부해요　　(2) 운동해요

(3) 연습해요　　(4) 청소해요

C `Pop Quiz!`

(1) ⓑ　　(2) ⓓ　　(3) ⓒ　　(4) ⓐ

D `Pop Quiz!`

(1) 했어요　　　　(2) 썼어요
(3) 썼어요　　　　(4) 했어요
(5) 했어요/찼어요　(6) 했어요/맸어요

E `Pop Quiz!`

(1) ⓑ　　(2) ⓐ　　(3) ⓑ　　(4) ⓐ

F `Pop Quiz!`

(1) X　　(2) X　　(3) O　　(4) O

G `Pop Quiz!`

(1) 없냐고 했어요　　(2) 만났다고 했어요
(3) 점심 먹자고 했어요　(4) 운동한다고 했어요

H `Pop Quiz!`

(1) ⓓ　　(2) ⓒ　　(3) ⓑ　　(4) ⓐ

I `Pop Quiz!`

(1) ⓐ　　(2) ⓑ　　(3) ⓑ　　(4) ⓑ

Unit 84　The Verb 되다

A `Pop Quiz!`

(1) 작가　(2) 경찰　(3) 의사　(4) 배우

B `Pop Quiz!`

(1) ⓑ　　(2) ⓐ　　(3) ⓓ　　(4) ⓒ

C `Pop Quiz!`

(1) 송년회　　　(2) 환갑잔치
(3) 집들이　　　(4) 환송회
(5) 돌잔치　　　(6) 환영회

D `Pop Quiz!`

(1) 거의　(2) 다　(3) 반　(4) 하나도

E `Pop Quiz!`

(1) ⓑ　　(2) ⓑ　　(3) ⓐ　　(4) ⓑ

F `Pop Quiz!`

(1) 세탁기　(2) 전화기　(3) 면도기　(4) 자판기

G `Pop Quiz!`

(1) ⓑ　　(2) ⓐ　　(3) ⓐ　　(4) ⓑ

H `Pop Quiz!`

(1) ⓒ　　(2) ⓐ　　(3) ⓓ　　(4) ⓑ

Unit 85　The Verbs 생기다, 풀다, and 걸리다

The Verb 생기다

A, B `Pop Quiz!`

(1) ⓑ　　(2) ⓐ　　(3) ⓓ　　(4) ⓒ

C `Pop Quiz! 1`

(1) ⓑ　　(2) ⓓ　　(3) ⓐ　　(4) ⓒ

`Pop Quiz! 2`

(1) ⓑ　　(2) ⓐ　　(3) ⓐ　　(4) ⓑ

The Verb 풀다

A `Pop Quiz! 1`

(1) ⓐ　　(2) ⓑ　　(3) ⓐ　　(4) ⓒ
(5) ⓑ　　(6) ⓒ

`Pop Quiz! 2`

(1) ⓐ　　(2) ⓑ　　(3) ⓑ　　(4) ⓐ
(5) ⓐ　　(6) ⓑ

B `Pop Quiz!`

(1) ⓑ　　(2) ⓒ　　(3) ⓓ　　(4) ⓐ

The Verb 걸리다

A `Pop Quiz!`

(1) O　　(2) X　　(3) X　　(4) O
(5) X

B `Pop Quiz!`

(1) ⓑ　　(2) ⓓ　　(3) ⓒ　　(4) ⓐ

C, D, E `Pop Quiz!`

(1) ⓓ　　(2) ⓐ　　(3) ⓒ　　(4) ⓑ

Unit 86　Action and the Result of the Action

A `Pop Quiz! 1`

(1) ⓓ　　(2) ⓒ　　(3) ⓐ　　(4) ⓕ
(5) ⓔ　　(6) ⓑ

`Pop Quiz! 2`

(1) ⓑ, ⓐ　(2) ⓑ, ⓐ　(3) ⓑ, ⓐ　(4) ⓑ, ⓐ
(5) ⓑ, ⓐ　(6) ⓐ, ⓑ　(7) ⓐ, ⓑ　(8) ⓑ, ⓐ

B `Pop Quiz!`

(1) 깨져　　　　(2) 부러뜨려
(3) 빠졌어요　　(4) 떨어뜨려

C `Pop Quiz!`

(1) ⓐ　　(2) ⓑ　　(3) ⓐ　　(4) ⓑ
(5) ⓐ　　(6) ⓐ　　(7) ⓑ　　(8) ⓑ

D Pop Quiz!

(1) ⓑ　　(2) ⓐ　　(3) ⓐ　　(4) ⓑ

(5) ⓐ　　(6) ⓐ

Unit 87　Money-Related Verbs

A Pop Quiz!

(1) ⓑ, ⓐ　(2) ⓐ　　(3) ⓑ　　(4) ⓑ

(5) ⓑ　　(6) ⓐ

B Pop Quiz!

(1) ⓓ　　(2) ⓐ　　(3) ⓑ　　(4) ⓒ

C, D Pop Quiz!

(1) 썼어요　　　　(2) 내

(3) 모이　　　　　(4) 떨어졌어요

(5) 들어요　　　　(6) 모으

E Pop Quiz!

(1) ⓐ　　(2) ⓑ　　(3) ⓑ　　(4) ⓐ

(5) ⓐ　　(6) ⓑ

F Pop Quiz!

(1) ⓒ　　(2) ⓐ　　(3) ⓑ　　(4) ⓓ

Unit 88　Verbs by Category

A Pop Quiz!

(1) 미루　　　　　(2) 고민하

(3) 정했어요　　　(4) 세우

(5) 믿을　　　　　(6) 바라

B Pop Quiz!

(1) 그만뒀어요　　(2) 고생했어요

(3) 참으　　　　　(4) 포기하

(5) 계속하

C, D Pop Quiz!

(1) ⓐ　　(2) ⓑ　　(3) ⓐ　　(4) ⓑ

E Pop Quiz!

(1) ⓒ　　(2) ⓔ　　(3) ⓓ　　(4) ⓐ

(5) ⓑ

F Pop Quiz!

(1) ⓓ　　(2) ⓑ　　(3) ⓐ　　(4) ⓔ

(5) ⓒ

G Pop Quiz!

(1) 태워　　　　　(2) 갈아타

(3) 탈　　　　　　(4) 내려

H Pop Quiz!

(1) 알아볼게요　　(2) 알아두세요

(3) 알아듣기　　　(4) 알아차리지

I, J Pop Quiz!

(1) ⓐ　　(2) ⓐ　　(3) ⓑ　　(4) ⓑ

Unit 89　Emotion Expressions

A Pop Quiz!

(1) ⓑ　　(2) ⓔ　　(3) ⓕ　　(4) ⓐ

(5) ⓒ　　(6) ⓓ

B Pop Quiz!

(1) 만족하　　　　(2) 질투해요

(3) 마음에 들　　　(4) 사랑하

(5) 당황했　　　　(6) 실망했어요

C Pop Quiz! 1

(1) ⓐ　　(2) ⓒ　　(3) ⓐ　　(4) ⓒ

Pop Quiz! 2

(1) ⓐ　　(2) ⓑ　　(3) ⓐ　　(4) ⓑ

D Pop Quiz!

(1) ⓐ　　(2) ⓑ　　(3) ⓑ　　(4) ⓐ

E Pop Quiz!

(1) ⓐ　　(2) ⓐ　　(3) ⓑ　　(4) ⓐ

F Pop Quiz!

(1) ⓓ　　(2) ⓐ　　(3) ⓑ　　(4) ⓒ

Unit 90　Shopping Expressions

A Pop Quiz! 1

(1) ⓓ　　(2) ⓔ　　(3) ⓒ　　(4) ⓑ

(5) ⓐ

Pop Quiz! 2

(1) ⓑ　　(2) ⓐ　　(3) ⓐ　　(4) ⓑ

B Pop Quiz!

(1) ⓐ　　(2) ⓐ　　(3) ⓑ　　(4) ⓑ

C Pop Quiz!

(1) ⓐ　　(2) ⓑ　　(3) ⓐ　　(4) ⓑ

D Pop Quiz!

(1) ⓐ　　(2) ⓐ　　(3) ⓐ　　(4) ⓑ

Unit 91 Clothing Expressions

A Pop Quiz! 1
(1) ⓓ (2) ⓓ (3) ⓒ (4) ⓑ

Pop Quiz! 2
(1) ⓐ (2) ⓑ (3) ⓐ (4) ⓑ

B Pop Quiz!
(1) ⓑ (2) ⓐ (3) ⓐ (4) ⓑ
(5) ⓑ (6) ⓑ

C Pop Quiz!
(1) 잠옷 (2) 수영복 (3) 운동복 (4) 비옷
(5) 반팔 옷 (6) 속옷 (7) 양복 (8) 교복

D Pop Quiz!
(1) 입다, 벗다 (2) 차다, 풀다
(3) 신다, 벗다 (4) 끼다, 벗다
(5) 쓰다, 벗다 (6) 하다, 빼다
(7) 하다, 풀다 (8) 하다, 풀다/벗다
(9) 끼다, 빼다 (10) 쓰다/끼다, 벗다
(11) 차다, 풀다 (12) 신다, 벗다

E Pop Quiz!
(1) ⓐ (2) ⓑ (3) ⓐ

F Pop Quiz!
(1) 가죽 (2) 유리 (3) 금 (4) 모
(5) 은 (6) 고무 (7) 털 (8) 면

G Pop Quiz!
(1) 단추 (2) 끈/줄 (3) 거울

H Pop Quiz!
(1) ⓑ (2) ⓑ (3) ⓐ

Unit 92 Time Expressions

A Pop Quiz! 1
(1) ⓐ (2) ⓑ (3) ⓐ (4) ⓑ
(5) ⓑ (6) ⓐ

Pop Quiz! 2
(1) ⓑ (2) ⓑ (3) ⓐ (4) ⓐ
(5) ⓑ (6) ⓐ

Pop Quiz! 3
(1) ⓐ (2) ⓐ (3) ⓑ (4) ⓐ

Pop Quiz! 4
(1) ⓐ (2) ⓑ (3) ⓐ (4) ⓑ

B Pop Quiz!
(1) ⓑ (2) ⓐ (3) ⓑ (4) ⓑ

C Pop Quiz!
(1) ⓐ (2) ⓐ (3) ⓐ (4) ⓑ

D Pop Quiz! 1
(1) ⓑ (2) ⓑ (3) ⓐ (4) ⓑ
(5) ⓐ (6) ⓑ

Pop Quiz! 2
(1) 보냈어요 (2) 지내요
(3) 지냈어요 (4) 보내요

Pop Quiz! 3
(1) ⓑ (2) ⓓ (3) ⓐ (4) ⓒ

Unit 93 Quantity Expressions

A Pop Quiz!
(1) 삼 대 영 (2) 영 점 오
(3) 이백십 (4) 이 대 이

B Pop Quiz!
(1) ⓐ (2) ⓑ (3) ⓐ (4) ⓑ
(5) ⓑ

C, D, E, F Pop Quiz! 1
(1) ⓑ (2) ⓒ

Pop Quiz! 2
(1) ⓐ (2) ⓑ

Pop Quiz! 3
(1) ⓒ (2) ⓐ (3) ⓓ (4) ⓑ
(5) ⓔ

Unit 94 Location Expressions

A Pop Quiz! 1
(1) 작은아버지 (2) 아버지
(3) 작은형 (4) 어머니
(5) 큰형 (6) 고모
(7) 큰아버지 (8) 큰어머니
(9) 작은어머니 (10) 할아버지
(11) 할머니 (12) 막내 삼촌

Pop Quiz! 2
(1) 아버지 (2) 고모
(3) 큰형 (4) 작은어머니

B Pop Quiz!
(1) ⓑ (2) ⓐ (3) ⓐ (4) ⓑ

C `Pop Quiz! 1`

(1) 남쪽   (2) 서쪽   (3) 중앙/가운데   (4) 북쪽

`Pop Quiz! 2`

(1) X   (2) X   (3) O   (4) X

(5) X   (6) O

Unit 95 Markers

A, B, C `Pop Quiz! 1`

(1) ⓑ   (2) ⓑ   (3) ⓐ   (4) ⓐ

`Pop Quiz! 2`

(1) X   (2) O   (3) X   (4) X

(5) X   (6) O

D, E `Pop Quiz! 1`

(1) 보통 아침 8시에 회사에 가요.

(2) 밤 11시에 길에 사람이 없어요.

(3) 올해 6월에 박물관에서 일했어요.

(4) 다음 달 15일에 고향에 돌아갈 거예요.

(5) 오늘 오후 2시에 친구를 만나요.

(6) 토요일 저녁 6시에 공원 입구에서 봐요.

`Pop Quiz! 2`

(1) 시장에   (2) 사무실에

(3) 다음 주 금요일에   (4) 부산에

(5) 내일 오후 3시에   (6) 일본에

F `Pop Quiz!`

(1) ⓐ   (2) ⓑ   (3) ⓐ   (4) ⓑ

(5) ⓐ   (6) ⓑ   (7) ⓑ   (8) ⓐ

(9) ⓑ   (10) ⓐ

G `Pop Quiz! 1`

(1) 부터, 까지   (2) 에서, 까지

(3) 부터, 까지   (4) 에서, 까지

`Pop Quiz! 2`

(1) 부터   (2) 까지

(3) 에서   (4) 까지

(5) 에서   (6) 부터

(7) 까지   (8) 부터

(9) 까지   (10) 까지

H, I `Pop Quiz!`

(1) ⓑ   (2) ⓑ   (3) ⓐ   (4) ⓑ

(5) ⓑ   (6) ⓑ   (7) ⓑ

J `Pop Quiz!`

(1) O   (2) O   (3) X   (4) O

(5) O   (6) X   (7) X   (8) X

K `Pop Quiz!`

(1) ⓐ   (2) ⓑ   (3) ⓐ   (4) ⓑ

(5) ⓐ

L `Pop Quiz! 1`

(1) ⓑ   (2) ⓐ   (3) ⓐ   (4) ⓐ

(5) ⓑ   (6) ⓐ   (7) ⓑ   (8) ⓐ

`Pop Quiz! 2`

(1) 께서는   (2) 께서

(3) 께   (4) 께서

(5) 께

M, N `Pop Quiz!`

(1) 처럼   (2) 에

(3) 마다   (4) 보다

(5) 씩   (6) 나

Unit 96 Interrogatives

A `Pop Quiz!`

(1) 누구하고   (2) 누구

(3) 누구한테   (4) 누가

(5) 누구를   (6) 누구한테서

B `Pop Quiz!`

(1) ⓑ   (2) ⓐ   (3) ⓐ   (4) ⓑ

(5) ⓐ   (6) ⓐ

C, D `Pop Quiz!`

(1) ⓐ   (2) ⓑ   (3) ⓑ   (4) ⓐ

(5) ⓐ   (6) ⓐ

E `Pop Quiz! 1`

(1) ⓔ   (2) ⓓ   (3) ⓐ   (4) ⓒ

(5) ⓑ

`Pop Quiz! 2`

(1) 몇 개   (2) 몇 명

(3) 몇 잔   (4) 몇 장

(5) 몇 층   (6) 몇 호

F `Pop Quiz!`

(1) ⓐ   (2) ⓑ   (3) ⓑ   (4) ⓐ

G `Pop Quiz! 1`

(1) ⓒ   (2) ⓑ   (3) ⓐ

`Pop Quiz! 2`

(1) 어디예요   (2) 누구예요

(3) 언제예요   (4) 얼마예요

Unit 97 Adverbs

A, B, C, D Pop Quiz! 1

(1) ⓐ   (2) ⓐ   (3) ⓑ   (4) ⓐ

(5) ⓑ   (6) ⓐ

Pop Quiz! 2

(1) 두껍게   (2) 사이좋게

(3) 편하게   (4) 시끄럽게

Pop Quiz! 3

(1) ⓔ, 우연히   (2) ⓑ, 새로

(3) ⓒ, 겨우   (4) ⓕ, 억지로

(5) ⓓ, 갑자기   (6) ⓐ, 그만

E Pop Quiz!

(1) ⓑ   (2) ⓑ   (3) ⓐ   (4) ⓑ

F Pop Quiz!

(1) 가끔   (2) 자주   (3) 보통   (4) 항상

G Pop Quiz!

(1) ⓐ   (2) ⓑ   (3) ⓐ   (4) ⓑ

H Pop Quiz!

(1) ⓑ   (2) ⓑ   (3) ⓐ

I Pop Quiz!

(1) ⓓ   (2) ⓒ   (3) ⓐ   (4) ⓑ

J Pop Quiz!

(1) 마지막으로   (2) 가운데

(3) 첫째   (4) 다른 하나는

K Pop Quiz! 1

(1) ⓐ   (2) ⓑ   (3) ⓐ   (4) ⓑ

(5) ⓑ   (6) ⓐ

Pop Quiz! 2

(1) ⓐ   (2) ⓑ   (3) ⓑ   (4) ⓑ

(5) ⓑ   (6) ⓐ   (7) ⓐ   (8) ⓑ

Unit 98 Conjunctive Adverbs

A Pop Quiz! 1

(1) 그래서   (2) 그러면

(3) 왜냐하면   (4) 그리고

(5) 그렇지 않으면   (6) 그래도

Pop Quiz! 2

(1) ⓔ   (2) ⓐ   (3) ⓓ   (4) ⓑ

(5) ⓕ   (6) ⓒ

B, C Pop Quiz!

(1) ⓐ   (2) ⓑ   (3) ⓐ   (4) ⓑ

(5) ⓐ   (6) ⓑ

D Pop Quiz! 1

(1) ⓑ   (2) ⓑ   (3) ⓐ   (4) ⓑ

Pop Quiz! 2

(1) ⓑ   (2) ⓑ   (3) ⓑ   (4) ⓑ

E Pop Quiz! 1

(1) 커피하고 주스   (2) 쉬거나

(3) 통화하고   (4) 소설이나 잡지

Pop Quiz! 2

(1) 예를 들면   (2) 왜냐하면

(3) 그래서   (4) 하지만

(5) 그래서   (6) 그리고

(7) 그런데   (8) 그래도

Unit 99 Adjectives

A Pop Quiz!

(1) ⓑ   (2) ⓐ   (3) ⓑ   (4) ⓐ

B, C, D Pop Quiz!

(1) ⓐ   (2) ⓐ   (3) ⓑ   (4) ⓐ

(5) ⓑ   (6) ⓐ

E Pop Quiz!

(1) 게을러   (2) 아름다웠어요

(3) 필요한   (4) 힘든

(5) 이상하   (6) 젊은

Unit 100 Nouns

A Pop Quiz!

(1) 걱정   (2) 사랑

(3) 준비   (4) 기억

B Pop Quiz!

(1) ⓑ   (2) ⓐ   (3) ⓐ   (4) ⓐ

C Pop Quiz!

(1) 아픔   (2) 배고픔

(3) 고마움   (4) 슬픔

D Pop Quiz!

(1) 춤   (2) 꿈

(3) 모임   (4) 싸움

(5) 죽음   (6) 웃음

E `Pop Quiz!`

(1) ③, ⓑ   (2) ①, ⓐ   (3) ②, ⓒ

F `Pop Quiz!`

(1) ②, ⓒ   (2) ③, ⓐ   (3) ①, ⓑ

G `Pop Quiz!`

(1) ⓒ   (2) ⓑ   (3) ⓑ   (4) ⓐ

H `Pop Quiz! 1`

(1) ⓓ   (2) ⓔ   (3) ⓐ   (4) ⓑ

(5) ⓕ   (6) ⓒ

`Pop Quiz! 2`

(1) 성함   (2) 진지

(3) 생신   (4) 연세

(5) 말씀   (6) 댁

I `Pop Quiz!`

(1) 저는   (2) 제가

(3) 저희   (4) 말씀해

Listening Scripts

Part ①

---------- **Unit 01** ----------

Vocabulary ▶ Track **003**

(1) A 전화번호가 몇 번이에요?
　　B 3371–2420이에요.
(2) A 핸드폰 번호가 몇 번이에요?
　　B 010–9523–8614예요.
(3) A 비밀번호가 몇 번이에요?
　　B 72030이에요.
(4) A 우편 번호가 몇 번이에요?
　　B 03139예요.
(5) A 자동차 번호가 몇 번이에요?
　　B 3152예요.
(6) A 외국인 등록 번호가 몇 번이에요?
　　B 495230이에요.
(7) A 카드 번호가 몇 번이에요?
　　B 9428 7780 3631 27680이에요.

Activity 2 ▶ Track **005**

(1) 영화관 전화번호가 1544–15700이에요.
(2) 공항 전화번호가 1577–26000이에요.
(3) 교회 전화번호가 398–12870이에요.
(4) 리에 전화번호가 010–5690–0235예요.
(5) 민호 전화번호가 010–3467–32300이에요.
(6) 제인 전화번호가 010–2924–35730이에요.
(7) 병원 전화번호가 507–7584예요.
(8) 미용실 전화번호가 6334–10100이에요.
(9) 경찰서 전화번호가 2438–96700이에요.

---------- **Unit 02** ----------

Vocabulary ▶ Track **008**

(1) A 몇 쪽이에요?
　　B 27쪽이에요.
(2) A 책이 몇 쪽으로 되어 있어요?
　　B 84쪽으로 되어 있어요.
(3) A 몇 층이에요?
　　B 15층이에요.

(4) A 몇 층이에요?
　　B 32층이에요.
(5) A 몇 퍼센트예요?
　　B 41퍼센트예요.
(6) A 몇 퍼센트예요?
　　B 29퍼센트예요.
(7) A 몸무게가 몇 킬로그램이에요?
　　B 74킬로그램이에요.
(8) A 몸무게가 몇 킬로그램이에요?
　　B 16킬로그램이에요.

---------- **Unit 03** ----------

Activity 2 ▶ Track **014**

(1) A 노트북이 얼마예요?
　　B 1,120,000원 (백십이만 원)이에요.
(2) A 그림이 얼마예요?
　　B 56,300,000원 (오천육백삼십만) 원이에요.
(3) A 한복이 얼마예요?
　　B 830,000원 (팔십삼만 원)이에요.
(4) A 코트가 얼마예요?
　　B 610,000원 (육십일만 원)이에요.
(5) A 자동차가 얼마예요?
　　B 47,400,000원 (사천칠백사십만 원)이에요.
(6) A 가방이 얼마예요?
　　B 380,000원 (삼십팔만 원)이에요.
(7) A 비행기표가 얼마예요?
　　B 2,173,000원 (이백십칠만 삼천 원)이에요.
(8) A 냉장고가 얼마예요?
　　B 2,837,000원 (이백팔십삼만 칠천 원)이에요.

---------- **Unit 05** ----------

Vocabulary ▶ Track **019**

(1) A 몇 월이에요?　　B 1(일)월이에요.
(2) A 몇 월이에요?　　B 2(이)월이에요.
(3) A 몇 월이에요?　　B 3(삼)월이에요.
(4) A 몇 월이에요?　　B 4(사)월이에요.
(5) A 몇 월이에요?　　B 5(오)월이에요.

(6)	A 몇 월이에요?	B 6(유)월이에요.
(7)	A 몇 월이에요?	B 7(칠)월이에요.
(8)	A 몇 월이에요?	B 8(팔)월이에요.
(9)	A 몇 월이에요?	B 9(구)월이에요.
(10)	A 몇 월이에요?	B 10(시)월이에요.
(11)	A 몇 월이에요?	B 11(십일)월이에요.
(12)	A 몇 월이에요?	B 12(십이)월이에요.

▶ Track 020

(1) 시험을 1월에 봐요.
(2) 출장을 10월에 가요.
(3) 휴가를 8월에 가요.
(4) 축제를 6월에 해요.

Activity 1 ▶ Track 022

(1)	A 며칠이에요?	B 1(일)일이에요.
(2)	A 며칠이에요?	B 2(이)일이에요.
(3)	A 며칠이에요?	B 3(삼)일이에요.
(4)	A 며칠이에요?	B 4(사)일이에요.
(5)	A 며칠이에요?	B 5(오)일이에요.
(6)	A 며칠이에요?	B 6(육)일이에요.
(7)	A 며칠이에요?	B 7(칠)일이에요.
(8)	A 며칠이에요?	B 8(팔)일이에요.
(9)	A 며칠이에요?	B 9(구)일이에요.
(10)	A 며칠이에요?	B 10(십)일이에요.
(11)	A 며칠이에요?	B 11(십일)일이에요.
(12)	A 며칠이에요?	B 12(십이)일이에요.
(13)	A 며칠이에요?	B 13(십삼)일이에요.
(14)	A 며칠이에요?	B 14(십사)일이에요.
(15)	A 며칠이에요?	B 15(십오)일이에요.
(16)	A 며칠이에요?	B 16(십육)일이에요.
(17)	A 며칠이에요?	B 17(십칠)일이에요.
(18)	A 며칠이에요?	B 18(십팔)일이에요.
(19)	A 며칠이에요?	B 19(십구)일이에요.
(20)	A 며칠이에요?	B 20(이십)일이에요.
(21)	A 며칠이에요?	B 21(이십일)일이에요.
(22)	A 며칠이에요?	B 22(이십이)일이에요.
(23)	A 며칠이에요?	B 23(이십삼)일이에요.
(24)	A 며칠이에요?	B 24(이십사)일이에요.
(25)	A 며칠이에요?	B 25(이십오)일이에요.
(26)	A 며칠이에요?	B 26(이십육)일이에요.
(27)	A 며칠이에요?	B 27(이십칠)일이에요.
(28)	A 며칠이에요?	B 28(이십팔)일이에요.
(29)	A 며칠이에요?	B 29(이십구)일이에요.
(30)	A 며칠이에요?	B 30(삼십)일이에요.
(31)	A 며칠이에요?	B 31(삼십일)일이에요.

Activity 2 ▶ Track 023

(1) 오늘이 13일이에요.
(2) 졸업이 27일이에요.
(3) 발표가 11일이에요.
(4) 생일이 31일이에요.

- - - - - - - - - **Unit 06** - - - - - - - - -

Vocabulary ▶ Track 025

(1) A 설날이 며칠이에요?
　　B 음력 1월 1일이에요.
(2) A 개천절이 며칠이에요?
　　B 10월 3일이에요.
(3) A 어린이날이 며칠이에요?
　　B 5월 5일이에요.
(4) A 광복절이 며칠이에요?
　　B 8월 15일이에요.
(5) A 추석이 며칠이에요?
　　B 음력 8월 15일이에요.
(6) A 부처님 오신 날이 며칠이에요?
　　B 음력 4월 8일이에요.
(7) A 성탄절이 며칠이에요?
　　B 12월 25일이에요.
(8) A 현충일이 며칠이에요?
　　B 6월 6일이에요.
(9) A 한글날이 며칠이에요?
　　B 10월 9일이에요.

Activity 1 ▶ Track 026

(1) A 설날 때 뭐 해요?
　　B 세배해요.
(2) A 돌 때 뭐 해요?
　　B 잔치를 해요.
(3) A 어버이날 때 뭐 해요?
　　B 부모님께 꽃을 드려요.
(4) A 추석 때 뭐 해요?
　　B 성묘 가요.

- - - - - - - - - **Unit 07** - - - - - - - - -

Activity 1 ▶ Track 031

(1) A 언제 휴가 가요?　　B 9월 초에 가요.
(2) A 언제 여행 가요?　　B 9월 중순에 가요.
(3) A 언제 출장 가요?　　B 9월 말에 가요.

Unit 11

Activity 1 ▶ Track **048**

(1) A 몇 시에 지하철을 타요?
    B 아침 8시 반에 지하철을 타요.
(2) A 몇 시에 퇴근해요?
    B 저녁 8시 반에 퇴근해요.
(3) A 몇 시에 이메일을 써요?
    B 새벽 1시 30분에 이메일을 써요.
(4) A 몇 시에 회의해요?
    B 오후 1시 30분에 회의해요.

Unit 12

Activity 1 ▶ Track **053**

(1) A 어떻게 가요?   B 자동차로 가요.
(2) A 어떻게 가요?   B 버스로 가요.
(3) A 어떻게 가요?   B 지하철로 가요.
(4) A 어떻게 가요?   B 택시로 가요.
(5) A 어떻게 가요?   B 비행기로 가요.
(6) A 어떻게 가요?   B 기차로 가요.
(7) A 어떻게 가요?   B 배로 가요.
(8) A 어떻게 가요?   B 자전거로 가요.
(9) A 어떻게 가요?   B 오토바이로 가요.
(10) A 어떻게 가요?   B 걸어서 가요.
(11) A 어떻게 가요?   B 뛰어서 가요.

Activity 2 ▶ Track **055**

(1) A 서울에서 뉴욕까지 어떻게 가요?
    B 비행기로 가요.
    A 시간이 얼마나 걸려요?
    B 14시간 걸려요.
(2) A 집에서 공항까지 어떻게 가요?
    B 택시로 가요.
    A 시간이 얼마나 걸려요?
    B 40분 걸려요.
(3) A 서울에서 부산까지 어떻게 가요?
    B 기차로 가요.
    A 시간이 얼마나 걸려요?
    B 3시간 30분 걸려요.
(4) A 부산에서 오사카까지 어떻게 가요?
    B 배로 가요.
    A 시간이 얼마나 걸려요?
    B 18시간 걸려요.

(5) A 집에서 회사까지 어떻게 가요?
    B 지하철로 가요.
    A 시간이 얼마나 걸려요?
    B 50분 걸려요.
(6) A 집에서 지하철역까지 어떻게 가요?
    B 걸어서 가요.
    A 시간이 얼마나 걸려요?
    B 10분 걸려요.

Unit 13

Activity 1 ▶ Track **057**

(1) A 에펠탑이 어디에 있어요?
    B 프랑스에 있어요.
(2) A 만리장성이 어디에 있어요?
    B 중국에 있어요.
(3) A 피라미드가 어디에 있어요?
    B 이집트에 있어요.
(4) A 오페라하우스가 어디에 있어요?
    B 호주에 있어요.
(5) A 할리우드가 어디에 있어요?
    B 미국에 있어요.
(6) A 타지마할이 어디에 있어요?
    B 인도에 있어요.
(7) A 한강이 어디에 있어요?
    B 한국에 있어요.
(8) A 타워브리지가 어디에 있어요?
    B 영국에 있어요.

Activity 2 ▶ Track **058**

(1) A 한국은 뭐가 유명해요?
    B 태권도가 유명해요.
(2) A 일본은 뭐가 유명해요?
    B 초밥이 유명해요.
(3) A 독일은 뭐가 유명해요?
    B 맥주가 유명해요.
(4) A 미국은 뭐가 유명해요?
    B 카우보이가 유명해요.
(5) A 영국은 뭐가 유명해요?
    B 여왕이 유명해요.
(6) A 호주는 뭐가 유명해요?
    B 캥거루가 유명해요.
(7) A 인도는 뭐가 유명해요?
    B 카레가 유명해요.

(8) A 스페인은 뭐가 유명해요?
   B 투우가 유명해요.

(5) A 수리 기사가 무슨 일을 해요?
   B 수리 기사가 기계를 고쳐요.

Unit 14

Activity 2 ▶ Track 061

(1) A 한국어 할 수 있어요?
   B 네, 할 수 있어요.
(2) A 일본어 할 수 있어요?
   B 아니요, 못해요.
(3) A 영어 할 수 있어요?
   B 그럼요, 잘해요.
(4) A 중국어로 말할 수 있어요?
   B 아니요, 말할 수 없어요.
(5) A 스페인어로 말이 통해요?
   B 네, 말이 통해요.
(6) A 아랍어 할 수 있어요?
   B 아니요, 할 수 없어요.

Unit 15

Vocabulary ▶ Track 063

(1) A 직업이 뭐예요?   B 교사예요.
(2) A 직업이 뭐예요?   B 의사예요.
(3) A 직업이 뭐예요?   B 간호사예요.
(4) A 직업이 뭐예요?   B 회사원이에요.
(5) A 직업이 뭐예요?   B 변호사예요.
(6) A 직업이 뭐예요?   B 주부예요.
(7) A 직업이 어떻게 되세요?   B 작가예요.
(8) A 직업이 어떻게 되세요?   B 가수예요.
(9) A 직업이 어떻게 되세요?   B 요리사예요.
(10) A 직업이 어떻게 되세요?   B 운동선수예요.
(11) A 직업이 어떻게 되세요?   B 배우예요.
(12) A 직업이 어떻게 되세요?   B 군인이에요.

Activity 1 ▶ Track 064

(1) A 기자가 무슨 일을 해요?
   B 기자가 기사를 써요.
(2) A 미용사가 무슨 일을 해요?
   B 미용사가 머리를 잘라요.
(3) A 경찰이 무슨 일을 해요?
   B 경찰이 도둑을 잡아요.
(4) A 영화감독이 무슨 일을 해요?
   B 영화감독이 영화를 만들어요.

Unit 18

Vocabulary ▶ Track 074

(1) A 어디에서 책을 사요?
   B 서점에서 책을 사요.
(2) A 어디에서 약을 사요?
   B 약국에서 약을 사요.
(3) A 어디에서 빵을 사요?
   B 빵집에서 빵을 사요.
(4) A 어디에서 꽃을 사요?
   B 꽃집에서 꽃을 사요.
(5) A 어디에서 옷을 사요?
   B 옷 가게에서 옷을 사요.
(6) A 어디에서 우유를 사요?
   B 편의점에서 우유를 사요.
(7) A 어디에서 커피를 사요?
   B 카페에서 커피를 사요.
(8) A 어디에서 표를 사요?
   B 여행사에서 표를 사요.
(9) A 어디에서 구두를 사요?
   B 백화점에서 구두를 사요.
(10) A 어디에서 채소를 사요?
   B 시장에서 채소를 사요.

Activity 1 ▶ Track 075

(1) A 어디에 가요?
   B 돈을 찾으러 은행에 가요.
(2) A 어디에 가요?
   B 산책하러 공원에 가요.
(3) A 어디에 가요?
   B 일하러 회사에 가요.
(4) A 어디에 가요?
   B 기도하러 성당에 가요.
(5) A 어디에 가요?
   B 머리를 자르러 미용실에 가요.
(6) A 어디에 가요?
   B 소포를 보내러 우체국에 가요.

Activity 2 ▶ Track 076

(1) A 집에서 뭐 해요?   B 집에서 쉬어요.
(2) A 공항에서 뭐 해요?   B 공항에서 비행기를 타요.
(3) A 식당에서 뭐 해요?   B 식당에서 밥을 먹어요.

(4) A 학원에서 뭐 해요? B 학원에서 요리를 배워요.

(5) A 영화관에서 뭐 해요? B 영화관에서 영화를 봐요.

(6) A 피시방에서 뭐 해요? B 피시방에서 게임해요.

Unit 19

Vocabulary ▶ Track 077

(1) A 여기가 어디예요? B 노래방이에요.

(2) A 여기가 어디예요? B 대학교예요.

(3) A 여기가 어디예요? B 도서관이에요.

(4) A 여기가 어디예요? B 헬스장이에요.

(5) A 여기가 어디예요? B 대사관이에요.

(6) A 여기가 어디예요? B 박물관이에요.

(7) A 여기가 어디예요? B 사진관이에요.

(8) A 여기가 어디예요? B 교회예요.

(9) A 여기가 어디예요? B 지하철역이에요.

(10) A 여기가 어디예요? B 술집이에요.

(11) A 여기가 어디예요? B 경찰서예요.

(12) A 여기가 어디예요? B 주차장이에요.

Activity 1 ▶ Track 078

(1) A 경찰이 어디에 있어요?
    B 경찰이 경찰서에 있어요.

(2) A 신부가 어디에 있어요?
    B 신부가 성당에 있어요.

(3) A 요리사가 어디에 있어요?
    B 요리사가 식당에 있어요.

(4) A 교수가 어디에 있어요?
    B 교수가 대학교에 있어요.

(5) A 의사가 어디에 있어요?
    B 의사가 병원에 있어요.

(6) A 소방관이 어디에 있어요?
    B 소방관이 소방서에 있어요.

Activity 2 ▶ Track 079

(1) 옷이 더러워요. 그러면 세탁소에 가요.

(2) 교통사고가 났어요. 그러면 병원에 가요.

(3) 살을 빼고 싶어요. 그러면 헬스장에 가요.

(4) 스피커가 고장 났어요. 그러면 서비스 센터에 가요.

(5) 여권을 잃어버렸어요. 그러면 대사관에 가요.

(6) 기름이 떨어졌어요. 그러면 주유소에 가요.

Unit 21

Vocabulary ▶ Track 084

(1) A 은행이 어디에 있어요?
    B 모퉁이에 있어요.

(2) A 우체국이 어디에 있어요?
    B 길 건너편에 있어요.

(3) A 세탁소가 어디에 있어요?
    B 병원 오른쪽에 있어요.

(4) A 약국이 어디에 있어요?
    B 병원 왼쪽에 있어요.

(5) A 경찰서가 어디에 있어요?
    B 병원 앞에 있어요.

(6) A 교회가 어니에 있어요?
    B 병원 바로 뒤에 있어요.

(7) A 꽃집이 어디에 있어요?
    B 약국하고 병원 사이에 있어요.

(8) A 빵집이 어디에 있어요?
    B 병원 근처에 있어요.

(9) A 대사관이 어디에 있어요?
    B 횡단보도 지나기 전에 오른쪽에 있어요.

(10) A 박물관이 어디에 있어요?
    B 횡단보도 지나서 오른쪽에 있어요.

Unit 23

Activity 1 ▶ Track 090

(1) 아빠가 열쇠하고 서류하고 안경하고 지갑을 갖고 있어요. 핸드폰하고 사진도 있어요.

(2) 엄마가 우산하고 수첩하고 휴지하고 빗하고 화장품을 갖고 있어요.

(3) 아이가 책하고 공책하고 펜하고 필통이 있어요. 그런데 핸드폰을 갖고 있지 않아요.

Unit 24

Activity 1 ▶ Track 093

(1) A 공책이 어디에 있어요?
    B 공책이 휴지 옆에 있어요.

(2) A 나무가 어디에 있어요?
    B 나무가 창문 밖에 있어요.

(3) A 핸드폰이 어디에 있어요?
    B 핸드폰이 액자 앞에 있어요.

(4) A 가방이 어디에 있어요?

B 가방이 책상 아래에 있어요.

(5) A 책꽂이가 어디에 있어요?

B 책꽂이가 휴지 뒤에 있어요.

(6) A 옷이 어디에 있어요?

B 옷이 침대 위에 있어요.

(7) A 시계가 어디에 있어요?

B 시계가 안경 앞에 있어요.

(8) A 모자가 어디에 있어요?

B 모자가 책상 서랍 안에 있어요.

(9) A 그림이 어디에 있어요?

B 그림이 창문 오른쪽에 있어요.

(10) A 노트북이 어디에 있어요?

B 노트북이 핸드폰과 선풍기 사이에 있어요.

Activity 2 ▶ Track 094

(1) A 안경이 누구 거예요?   B 안경이 지수 거예요.

(2) A 치마가 누구 거예요?   B 치마가 지수 거예요.

(3) A 노트북이 누구 거예요?   B 노트북이 승민 거예요.

(4) A 시계가 누구 거예요?   B 시계가 지수 거예요.

(5) A 핸드폰이 누구 거예요?   B 핸드폰이 승민 거예요.

(6) A 모자가 누구 거예요?   B 모자가 승민 거예요.

(7) A 공책이 누구 거예요?   B 공책이 지수 거예요.

(8) A 가방이 누구 거예요?   B 가방이 승민 거예요.

(9) A 연필이 누구 거예요?   B 연필이 지수 거예요.

(10) A 바지가 누구 거예요?   B 바지가 승민 거예요.

Unit 25

Vocabulary ▶ Track 096

(1) A 방이 어디에 있어요?

B 방이 2층 왼쪽에 있어요.

(2) A 창고가 어디에 있어요?

B 창고가 2층 계단 바로 왼쪽 옆에 있어요.

(3) A 계단이 어디에 있어요?

B 계단이 2층 중앙에 있어요.

(4) A 화장실이 어디에 있어요?

B 화장실이 2층 계단 오른쪽에 있어요.

(5) A 정원이 어디에 있어요?

B 정원이 1층 현관 밖에 있어요.

(6) A 현관이 어디에 있어요?

B 현관이 1층 정원과 거실 사이에 있어요.

(7) A 거실이 어디에 있어요?

B 거실이 1층 주방 옆에 있어요.

(8) A 주방이 어디에 있어요?

B 주방이 1층 거실 옆에 있어요.

(9) A 지하실이 어디에 있어요?

B 지하실이 지하에 있어요.

Activity 1 ▶ Track 097

(1) A 방에서 뭐 해요?

B 방에서 자요.

(2) A 주방에서 뭐 해요?

B 주방에서 요리해요.

(3) A 거실에서 뭐 해요?

B 거실에서 텔레비전을 봐요.

(4) A 현관에서 뭐 해요?

B 현관에서 신발을 벗어요.

(5) A 창고에서 뭐 해요?

B 창고에서 물건을 정리해요.

(6) A 지하실에서 뭐 해요?

B 지하실에서 운동해요.

Activity 2 ▶ Track 098

(1) A 식탁이 어디에 있어요?   B 식탁이 주방에 있어요.

(2) A 칫솔이 어디에 있어요?   B 칫솔이 화장실에 있어요.

(3) A 접시가 어디에 있어요?   B 접시가 주방에 있어요.

(4) A 침대가 어디에 있어요?   B 침대가 방에 있어요.

(5) A 소파가 어디에 있어요?   B 소파가 거실에 있어요.

(6) A 옷장이 어디에 있어요?   B 옷장이 방에 있어요.

(7) A 치약이 어디에 있어요?   B 치약이 화장실에 있어요.

(8) A 냄비가 어디에 있어요?   B 냄비가 주방에 있어요.

(9) A 상자가 어디에 있어요?   B 상자가 창고에 있어요.

(10) A 책상이 어디에 있어요?   B 책상이 방에 있어요.

(11) A 변기가 어디에 있어요?   B 변기가 화장실에 있어요.

(12) A 시계가 어디에 있어요?   B 시계가 거실에 있어요.

Unit 26

Vocabulary ▶ Track 100

(1) A 에어컨이 어디에 있어요?

B 에어컨이 방에 있어요.

(2) A 옷걸이가 어디에 있어요?

B 옷걸이가 방에 있어요.

(3) A 책장이 어디에 있어요?

B 책장이 방에 있어요.

(4) A 선풍기가 어디에 있어요?

B 선풍기가 방에 있어요.

(5) A 청소기가 어디에 있어요?

B 청소기가 방에 있어요.

(6) A 옷장이 어디에 있어요?

　　B 옷장이 방에 있어요.

(7) A 서랍장이 어디에 있어요?

　　B 서랍장이 방에 있어요.

(8) A 침대가 어디에 있어요?

　　B 침대가 방에 있어요.

(9) A 베개가 어디에 있어요?

　　B 베개가 방에 있어요.

(10) A 이불이 어디에 있어요?

　　B 이불이 방에 있어요.

(11) A 의자가 어디에 있어요?

　　B 의자가 방에 있어요.

(12) A 탁자가 어디에 있어요?

　　B 탁자가 방에 있어요.

(13) A 변기가 어디에 있어요?

　　B 변기가 화장실에 있어요.

(14) A 세면대가 어디에 있어요?

　　B 세면대가 화장실에 있어요.

(15) A 샤워기가 어디에 있어요?

　　B 샤워기가 화장실에 있어요.

(16) A 욕조가 어디에 있어요?

　　B 욕조가 화장실에 있어요.

(17) A 냉장고가 어디에 있어요?

　　B 냉장고가 부엌에 있어요.

(18) A 전자레인지가 어디에 있어요?

　　B 전자레인지가 부엌에 있어요.

(19) A 가스레인지가 어디에 있어요?

　　B 가스레인지가 부엌에 있어요.

(20) A 신발장이 어디에 있어요?

　　B 신발장이 현관에 있어요.

Activity 1 ▶ Track **101**

(1) A 이 집에 냉장고가 있어요?

　　B 네, 있어요.

(2) A 이 집에 청소기가 있어요?

　　B 네, 있어요.

(3) A 이 집에 의자가 있어요?

　　B 아니요, 없어요.

(4) A 이 집에 옷장이 있어요?

　　B 네, 있어요.

(5) A 이 집에 신발장이 있어요?

　　B 네, 있어요.

(6) A 이 집에 선풍기가 있어요?

　　B 아니요, 없어요.

(7) A 이 집에 침대가 있어요?

　　B 네, 있어요.

(8) A 이 집에 세탁기가 있어요?

　　B 네, 있어요.

Activity 2 ▶ Track **102**

(1) A 거울이 어디에 있어요?

　　B 거울이 벽에 있어요.

(2) A 냄비가 어디에 있어요?

　　B 냄비가 가스레인지 바로 위에 있어요.

(3) A 그림이 어디에 있어요?

　　B 그림이 창문 옆에 있어요.

(4) A 청소기가 어디에 있어요?

　　B 청소기가 옷장 옆에 있어요.

(5) A 신발이 어디에 있어요?

　　B 신발이 신발장 안에 있어요.

(6) A 방석이 어디에 있어요?

　　B 방석이 탁자 양쪽에 있어요.

Unit 27

Vocabulary ▶ Track **103**

(1) A 몇 시에 일어나요?

　　B 아침 6시 55분에 일어나요.

(2) A 몇 시에 세수해요?

　　B 아침 7시에 세수해요.

(3) A 몇 시에 이를 닦아요?

　　B 아침 7시 10분에 이를 닦아요.

(4) A 몇 시에 옷을 입어요?

　　B 아침 7시 20분에 옷을 입어요.

(5) A 몇 시에 집에서 나가요?

　　B 아침 7시 30분에 집에서 나가요.

(6) A 몇 시에 집에 돌아와요?

　　B 저녁 7시 30분에 집에 돌아와요.

(7) A 몇 시에 밥을 먹어요?

　　B 저녁 8시에 밥을 먹어요.

(8) A 몇 시에 목욕해요?

　　B 밤 9시 30분에 목욕해요.

(9) A 몇 시에 자요?

　　B 밤 11시에 자요.

Activity 2 ▶ Track **105**

(1) A 뭐 마셔요?

　　B 녹차를 마셔요.

(2) A 뭐 읽어요?

　　B 신문하고 잡지를 읽어요.

(3) A 뭐 봐요?

    B 영화만 봐요.

(4) A 뭐 해요?

    B 아무것도 안해요.

Unit 28

Vocabulary ▶ Track **106**

(1) A 아빠가 뭐 해요?   B 자동차를 닦아요.

(2) A 아이가 뭐 해요?   B 단어를 찾아요.

(3) A 아이가 뭐 해요?   B 라면을 먹어요.

(4) A 엄마가 뭐 해요?   B 손을 씻어요.

(5) A 아이가 뭐 해요?   B 이를 닦아요.

(6) A 엄마가 뭐 해요?   B 화장해요.

(7) A 아빠가 뭐 해요?   B 면도해요.

(8) A 엄마가 뭐 해요?   B 머리를 빗어요.

(9) A 아빠가 뭐 해요?   B 화분에 물을 줘요.

(10) A 아이가 뭐 해요?   B 편지를 써요.

(11) A 엄마가 뭐 해요?   B 음식을 만들어요.

(12) A 아빠가 뭐 해요?   B 집을 수리해요.

Activity 1 ▶ Track **107**

(1) A 누가 손을 씻어요?

    B 엄마가 손을 씻어요.

(2) A 누가 면도해요?

    B 아빠가 면도해요.

(3) A 누가 이를 닦아요?

    B 아이가 이를 닦아요.

(4) A 누가 화장해요?

    B 엄마가 화장해요.

(5) A 누가 라면을 먹어요?

    B 아이가 라면을 먹어요.

(6) A 누가 편지를 써요?

    B 아이가 편지를 써요.

(7) A 누가 자동차를 닦아요?

    B 아빠가 자동차를 닦아요.

(8) A 누가 단어를 찾아요?

    B 아이가 단어를 찾아요.

(9) A 누가 머리를 빗어요?

    B 엄마가 머리를 빗어요.

(10) A 누가 화분에 물을 줘요?

    B 아빠가 화분에 물을 줘요.

(11) A 누가 집을 수리해요?

    B 아빠가 집을 수리해요.

(12) A 누가 음식을 만들어요?

    B 엄마가 음식을 만들어요.

Activity 2 ▶ Track **108**

(1) A 뭘로 머리를 빗어요?

    B 빗으로 머리를 빗어요.

(2) A 뭘로 손을 씻어요?

    B 비누로 손을 씻어요.

(3) A 뭘로 이를 닦아요?

    B 칫솔로 이를 닦아요.

(4) A 뭘로 단어를 찾아요?

    B 사전으로 단어를 찾아요.

(5) A 뭘로 면도해요?

    B 면도기로 면도해요.

(6) A 뭘로 화분에 물을 줘요?

    B 물통으로 화분에 물을 줘요.

(7) A 뭘로 편지를 써요?

    B 펜으로 편지를 써요.

(8) A 뭘로 집을 수리해요?

    B 망치로 집을 수리해요.

(9) A 뭘로 음식을 만들어요?

    B 냄비로 음식을 만들어요.

(10) A 뭘로 자동차를 닦아요?

    B 수건으로 자동차를 닦아요.

(11) A 뭘로 라면을 먹어요?

    B 젓가락으로 라면을 먹어요.

(12) A 뭘로 화장해요?

    B 화장품으로 화장해요.

Unit 29

Vocabulary ▶ Track **109**

(1) 하루에 한 번 커피를 마셔요.

(2) 하루에 세 번 이를 닦아요.

(3) 하루에 다섯 번 손을 씻어요.

(4) 하루에 세 번 밥을 먹어요.

(5) 일주일에 세 번 운동해요.

(6) 일주일에 네 번 요리해요.

(7) 일주일에 한 번 택시를 타요.

(8) 신용 카드를 전혀 사용 안 해요.

(9) 한 달에 한두 번 친구를 만나요.

(10) 한 달에 서너 번 빨래해요.

(11) 한 달에 한 번 가족한테 전화해요.

(12) 한 달에 한두 번 장을 봐요.

(13) 선물을 전혀 안 사요.

(14) 일 년에 한 번 여행해요.

(15) 일 년에 두세 번 영화를 봐요.

(16) 일 년에 두 번 미용실에 가요.

(1) A 자주 외식해요?

B 아니요, 거의 외식하지 않아요.

(2) A 담배를 피워요?

B 가끔 담배를 피워요.

(3) A 가끔 거짓말해요?

B 아니요, 저는 거짓말을 전혀 안 해요.

(4) A 늦잠을 잘 때도 있어요?

B 네, 보통 늦잠을 자요.

(5) A 감기에 자주 걸려요?

B 아니요, 저는 감기에 거의 걸리지 않아요.

(6) A 보통 정장을 입어요?

B 네, 저는 항상 정장을 입어요.

(7) A 자주 술을 마셔요?

B 네, 회식이 있어서 자주 술을 마셔요.

(8) A 자주 운동해요?

B 일주일에 한 번쯤 운동해요. 가끔 해요.

(6) A 도마하고 칼로 뭐 해요?

B 요리해요.

(7) A 전자레인지로 뭐 해요?

B 음식을 데워요.

(8) A 행주로 뭐 해요?

B 상을 치워요.

Activity 2 ▶ Track **114**

(1) A 뭐가 필요해요?   B 베개가 필요해요.

(2) A 뭐가 필요해요?   B 뚜껑이 필요해요.

(3) A 뭐가 필요해요?   B 사다리가 필요해요.

(4) A 뭐가 필요해요?   B 망치가 필요해요.

(5) A 뭐가 필요해요?   B 이불이 필요해요.

(6) A 뭐가 필요해요?   B 바늘하고 실이 필요해요.

(7) A 뭐가 필요해요?   B 삽이 필요해요.

(8) A 뭐가 필요해요?   B 빗자루가 필요해요.

Unit 30

Vocabulary ▶ Track **112**

(1) A 지금 뭐 해요?   B 장을 봐요.

(2) A 지금 뭐 해요?   B 요리해요.

(3) A 지금 뭐 해요?   B 음식을 데워요.

(4) A 지금 뭐 해요?   B 상을 차려요.

(5) A 지금 뭐 해요?   B 상을 치워요.

(6) A 지금 뭐 해요?   B 설거지해요.

(7) A 지금 뭐 해요?   B 빨래해요.

(8) A 지금 뭐 해요?   B 다리미질해요.

(9) A 지금 뭐 해요?   B 옷을 정리해요.

(10) A 지금 뭐 해요?   B 청소해요.

(11) A 지금 뭐 해요?   B 바닥을 닦아요.

(12) A 지금 뭐 해요?   B 쓰레기를 버려요.

Activity 1 ▶ Track **113**

(1) A 걸레로 뭐 해요?

B 바닥을 닦아요.

(2) A 청소기로 뭐 해요?

B 청소해요.

(3) A 세탁기로 뭐 해요?

B 빨래해요.

(4) A 다리미로 뭐 해요?

B 다리미질해요.

(5) A 쓰레기봉투로 뭐 해요?

B 쓰레기를 버려요.

Unit 31

Vocabulary ▶ Track **115**

(1) A 지난 주말에 뭐 했어요?

B 시험을 봤어요.

(2) A 지난 주말에 뭐 했어요?

B 친구를 만났어요.

(3) A 지난 주말에 뭐 했어요?

B 책을 읽었어요.

(4) A 지난 주말에 뭐 했어요?

B 구경했어요.

(5) A 지난 주말에 뭐 했어요?

B 쉬었어요.

(6) A 지난 주말에 뭐 했어요?

B 데이트했어요.

(7) A 지난 주말에 뭐 했어요?

B 이사했어요.

(8) A 지난 주말에 뭐 했어요?

B 아르바이트했어요.

(9) A 지난 주말에 뭐 했어요?

B 피아노를 배웠어요.

(10) A 지난 주말에 뭐 했어요?

B 친구 집에 놀러 갔어요.

(11) A 지난 주말에 뭐 했어요?

B 산책했어요.

(12) A 지난 주말에 뭐 했어요?

B 동영상을 봤어요.

Activity 1 ▶ Track **116**

(1) 절을 구경했어요.

(2) 길을 산책했어요.

(3) 영화관에서 데이트했어요.

(4) 놀이공원에 놀러 갔어요.

(5) 술집에서 친구를 만났어요.

(6) 편의점에서 아르바이트했어요.

Activity 2 ▶ Track **117**

(1) A 데이트가 어땠어요? B 그저 그랬어요.

(2) A 생일 파티가 어땠어요? B 심심했어요.

(3) A 여행이 어땠어요? B 별로였어요.

(4) A 수업이 어땠어요? B 재미있었어요.

(5) A 영화가 어땠어요? B 재미없었어요.

(6) A 공연이 어땠어요? B 신났어요.

- - - - - - - - **Unit 32** - - - - - - - -

Vocabulary ▶ Track **118**

(1) A 정우가 뭐 하고 있어요?
    B 정우가 웃고 있어요.

(2) A 동현이 뭐 하고 있어요?
    B 동현이 울고 있어요.

(3) A 지연이 뭐 하고 있어요?
    B 지연이 나리하고 얘기하고 있어요.

(4) A 진규가 뭐 하고 있어요?
    B 진규가 유나하고 놀고 있어요.

(5) A 준기가 뭐 하고 있어요?
    B 준기가 춤을 추고 있어요.

(6) A 민수가 뭐 하고 있어요?
    B 민수가 소은을 찾고 있어요.

(7) A 윤호가 뭐 하고 있어요?
    B 윤호가 친구를 기다리고 있어요.

(8) A 동욱이 뭐 하고 있어요?
    B 동욱이 의자에 앉아 있어요.

(9) A 소은이 뭐 하고 있어요?
    B 소은이 숨어 있어요.

(10) A 정희가 뭐 하고 있어요?
     B 정희가 풍선을 사고 있어요.

(11) A 영식이 뭐 하고 있어요?
     B 영식이 풍선을 팔고 있어요.

(12) A 현철이 뭐 하고 있어요?
     B 현철이 사진을 찍고 있어요.

(13) A 혜인이 뭐 하고 있어요?
     B 혜인이 진석하고 싸우고 있어요.

(14) A 성하가 뭐 하고 있어요?
     B 성하가 음악을 듣고 있어요.

Activity 2 ▶ Track **120**

(1) A 누가 운동화를 신고 있어요?
    B 진석이 운동화를 신고 있어요.

(2) A 누가 모자를 쓰고 있어요?
    B 동현이 모자를 쓰고 있어요.

(3) A 누가 치마를 입고 있어요?
    B 소은이 치마를 입고 있어요.

(4) A 누가 목도리를 하고 있어요?
    B 성하가 목도리를 하고 있어요.

(5) A 누가 부채를 들고 있어요?
    B 동욱이 부채를 들고 있어요.

(6) A 누가 시계를 차고 있어요?
    B 윤호가 시계를 차고 있어요.

- - - - - - - - **Unit 36** - - - - - - - -

Vocabulary ▶ Track **127**

(1) A 뭐 드릴까요? B 사과 주세요.

(2) A 뭐 드릴까요? B 배 주세요.

(3) A 뭐 드릴까요? B 포도 주세요.

(4) A 뭐 드릴까요? B 딸기 주세요.

(5) A 뭐 드릴까요? B 수박 주세요.

(6) A 뭐 드릴까요? B 참외 주세요.

(7) A 뭐 드릴까요? B 복숭아 주세요.

(8) A 뭐 드릴까요? B 감 주세요.

(9) A 뭐 드릴까요? B 귤 주세요.

(10) A 뭐 드릴까요? B 레몬 주세요.

(11) A 뭐 드릴까요? B 키위 주세요.

(12) A 뭐 드릴까요? B 바나나 주세요.

Activity 2 ▶ Track **129**

(1) A 사과가 얼마예요?
    B 사과 한 개에 1,500원이에요.

(2) A 사과가 얼마예요?
    B 사과 한 상자에 25,000원이에요.

(3) A 사과가 얼마예요?
    B 사과 한 봉지에 6,000원이에요.

(4) A 사과가 얼마예요?
    B 사과 한 바구니에 10,000원이에요.

Unit 37

Activity 1 ▶Track 132

(1) 저는 양파는 좋아하는데 마늘은 안 좋아해요.
(2) 저는 옥수수도 고구마도 둘 다 좋아해요.
(3) 저는 고추하고 콩 둘 다 안 좋아해요.
(4) 저는 호박은 안 좋아하지만 버섯은 좋아해요.

Unit 38

Vocabulary ▶Track 135

(1) A 이게 한국어로 뭐예요? B 새우예요.
(2) A 이게 한국어로 뭐예요? B 조개예요.
(3) A 이게 한국어로 뭐예요? B 홍합이에요.
(4) A 이게 한국어로 뭐예요? B 게예요.
(5) A 이게 한국어로 뭐예요? B 가재예요.
(6) A 이게 한국어로 뭐예요? B 문어예요.
(7) A 이게 한국어로 뭐예요? B 낙지예요.
(8) A 이게 한국어로 뭐예요? B 오징어예요.
(9) A 이게 한국어로 뭐예요? B 굴이에요.
(10) A 이게 한국어로 뭐예요? B 미역이에요.
(11) A 이게 한국어로 뭐예요? B 고등어예요.
(12) A 이게 한국어로 뭐예요? B 장어예요.
(13) A 이게 한국어로 뭐예요? B 연어예요.
(14) A 이게 한국어로 뭐예요? B 참치예요.
(15) A 이게 한국어로 뭐예요? B 갈치예요.
(16) A 이게 한국어로 뭐예요? B 멸치예요.

Activity 2 ▶Track 137

(1) 남자 저는 소고기를 좋아하는데 좀 비싸서 가끔 먹어요.
    여자 저는 소고기를 전혀 안 먹어요.
(2) 남자 저는 돼지고기를 좋아해서 매일 먹어요.
    여자 저도 돼지고기를 자주 먹어요.
(3) 남자 저는 닭고기를 못 먹어요.
    여자 저도 닭고기를 거의 안 먹어요.
(4) 남자 저는 아침마다 새우를 먹어요.
    여자 저는 새우를 전혀 안 먹어요.
(5) 남자 저는 조개를 못 먹어요.
    여자 저는 가끔 조개를 먹어요.
(6) 남자 저는 장어를 좋아해서 자주 먹어요.
    여자 저도 장어를 좋아해서 가끔 먹어요.

Unit 39

Activity 1 ▶Track 139

(1) 고추가 매워요.
(2) 바닷물이 짜요.
(3) 초콜릿이 달아요.
(4) 레몬이 시어요.
(5) 치킨이 느끼해요.
(6) 인삼이 써요.

Unit 40

Vocabulary ▶Track 142

(1) A 뭐 드릴까요? B 커피 주세요.
(2) A 뭐 드릴까요? B 녹차 주세요.
(3) A 뭐 드릴까요? B 홍차 주세요.
(4) A 뭐 드릴까요? B 주스 주세요.
(5) A 뭐 드릴까요? B 콜라 주세요.
(6) A 뭐 드릴까요? B 사이다 주세요.
(7) A 뭐 드릴까요? B 우유 주세요.
(8) A 뭐 드릴까요? B 생수 주세요.
(9) A 뭐 드릴까요? B 맥주 주세요.
(10) A 뭐 드릴까요? B 생맥주 주세요.
(11) A 뭐 드릴까요? B 소주 주세요.
(12) A 뭐 드릴까요? B 막걸리 주세요.
(13) A 뭐 드릴까요? B 와인 주세요.

Unit 41

Activity 2 ▶Track 148

(1) 케이크 한 조각하고 커피 한 잔 주세요.
(2) 과자 두 봉지에 콜라 한 병 주세요.
(3) 떡 한 접시와 물 세 잔 주세요.
(4) 땅콩 한 접시하고 생맥주 두 잔 주세요.

Unit 42

Vocabulary ▶Track 150

(1) 개인 접시 좀 갖다주세요.
(2) 국자 좀 갖다주세요.
(3) 계산서 좀 갖다주세요.
(4) 물티슈 좀 갖다주세요.

(5) 냅킨 좀 갖다주세요.

(6) 영수증 좀 갖다주세요.

Activity 1 ▶ Track **151**

A 찌개에 뭐가 들어가요?

B 파하고 마늘, 감자가 들어가요. 고추하고 양파, 버섯도 들어가요.

A 그럼, 찌개에 뭐가 안 들어가요?

B 오이하고 당근은 안 들어가요. 옥수수하고 호박도 안 들어가요.

▶ Track **152**

(1) A 찌개에 오이가 들어가요?

   B 아니요, 안 들어가요.

(2) A 찌개에 감자가 들어가요?

   B 네, 들어가요.

(3) A 찌개에 당근이 들어가요?

   B 아니요, 안 들어가요.

(4) A 찌개에 옥수수가 들어가요?

   B 아니요, 안 들어가요.

(5) A 찌개에 파가 들어가요?

   B 네, 들어가요.

(6) A 찌개에 고추가 들어가요?

   B 네, 들어가요.

(7) A 찌개에 양파가 들어가요?

   B 네, 들어가요.

(8) A 찌개에 버섯이 들어가요?

   B 네, 들어가요.

(9) A 찌개에 마늘이 들어가요?

   B 네, 들어가요.

(10) A 찌개에 호박이 들어가요?

    B 아니요, 안 들어가요.

Unit 44

Vocabulary ▶ Track **158**

(1) 썰어요, 잘라요

(2) 넣어요, 빼요

(3) 구워요, 부쳐요

(4) 발라요, 뿌려요

(5) 섞어요, 저어요

(6) 삶아요, 데쳐요

Activity 2 ▶ Track **159**

먼저, 여러 가지 채소를 잘 씻으세요.

그다음에, 채소를 썰어 놓으세요.

그리고 그릇에 밥을 넣고 그 위에 채소를 놓으세요.

그다음에 고추장을 넣으세요.

그리고 채소와 밥을 잘 비비세요.

마지막으로 맛있게 드세요.

Unit 45

Vocabulary ▶ Track **160**

(1) A 시간이 있을 때 뭐 해요?

   B 여행해요.

(2) A 시간이 있을 때 뭐 해요?

   B 등산해요.

(3) A 시간이 있을 때 뭐 해요?

   B 책을 읽어요.

(4) A 시간이 있을 때 뭐 해요?

   B 영화를 봐요.

(5) A 시간이 있을 때 뭐 해요?

   B 사진을 찍어요.

(6) A 시간이 있을 때 뭐 해요?

   B 음악을 들어요.

(7) A 시간이 있을 때 뭐 해요?

   B 악기를 연주해요.

(8) A 시간이 있을 때 뭐 해요?

   B 그림을 그려요.

(9) A 시간이 있을 때 뭐 해요?

   B 쇼핑해요.

(10) A 시간이 있을 때 뭐 해요?

    B 운동해요.

(11) A 시간이 있을 때 뭐 해요?

    B 테니스를 쳐요.

(12) A 시간이 있을 때 뭐 해요?

    B 게임해요.

(13) A 시간이 있을 때 뭐 해요?

    B 개하고 놀아요.

(14) A 시간이 있을 때 뭐 해요?

    B 수리해요.

(15) A 시간이 있을 때 뭐 해요?

    B 요리해요.

(16) A 시간이 있을 때 뭐 해요?

    B 낚시해요.

Activity 2 ▶ Track **162**

(1) 저는 한국 음악에 관심이 있지만, 가수에는 관심이 없어요.
(2) 친구는 사진도 안 좋아하고, 사진작가에도 관심이 없어요.
(3) 저는 한국 음식을 좋아해요. 하지만 요리 방법에 관심이 없어요.
(4) 저는 운동도 안 좋아하고 운동선수에도 관심이 없어요.
(5) 제 동생은 한국 영화에 관심이 있지만 한국 배우하고 감독은 잘 몰라요.
(6) 저는 한국 역사하고 그림은 잘 모르겠어요. 하지만 서예에 관심이 있어요.

Unit 46

Vocabulary ▶ Track **165**

(1) A 수리 잘해요?　　　　B 아니요, 전혀 못해요.
(2) A 요리 잘해요?　　　　B 네, 잘해요.
(3) A 춤 잘 춰요?　　　　B 아니요, 전혀 못 춰요.
(4) A 노래 잘해요?　　　　B 아니요, 잘 못해요.
(5) A 기타 잘 쳐요?　　　　B 아니요, 전혀 못 쳐요.
(6) A 운전 잘해요?　　　　B 네, 잘해요.
(7) A 바둑 잘해요?　　　　B 아니요, 전혀 못해요.
(8) A 외국어 잘해요?　　　B 아니요, 잘 못해요.
(9) A 피아노 잘 쳐요?　　　B 네, 잘 쳐요.
(10) A 컴퓨터 잘해요?　　　B 아니요, 잘 못해요.
(11) A 농담 잘해요?　　　　B 아니요, 잘 못해요.
(12) A 한자 잘해요?　　　　B 아니요, 전혀 못해요.

Unit 47

Vocabulary ▶ Track **167**

(1) A 옷을 가져가요?　　　　B 네, 가져가요.
(2) A 속옷을 가져가요?　　　B 네, 가져가요.
(3) A 양말을 가져가요?　　　B 네, 가져가요.
(4) A 수영복을 가져가요?　　B 아니요, 안 가져가요.
(5) A 모자를 가져가요?　　　B 네, 가져가요.
(6) A 운동화를 가져가요?　　B 아니요, 안 가져가요.
(7) A 담요를 가져가요?　　　B 아니요, 안 가져가요.
(8) A 수건을 가져가요?　　　B 네, 가져가요.
(9) A 비누를 가져가요?　　　B 아니요, 안 가져가요.
(10) A 칫솔을 가져가요?　　　B 네, 가져가요.
(11) A 치약을 가져가요?　　　B 아니요, 안 가져가요.
(12) A 화장품을 가져가요?　　B 네, 가져가요.
(13) A 책을 가져가요?　　　　B 아니요, 안 가져가요.
(14) A 약을 가져가요?　　　　B 네, 가져가요.
(15) A 지도를 가져가요?　　　B 아니요, 안 가져가요.
(16) A 카메라를 가져가요?　　B 네, 가져가요.
(17) A 우산을 가져가요?　　　B 아니요, 안 가져가요.
(18) A 슬리퍼를 가져가요?　　B 아니요, 안 가져가요.

Activity 1 ▶ Track **168**

(1) A 어디로 놀러 갔어요?
　　B 산으로 놀러 갔어요.
(2) A 어디로 놀러 갔어요?
　　B 바닷가로 놀러 갔어요.
(3) A 어디로 놀러 갔어요?
　　B 강으로 놀러 갔어요.
(4) A 어디로 놀러 갔어요?
　　B 섬으로 놀러 갔어요.
(5) A 어디로 놀러 갔어요?
　　B 궁으로 놀러 갔어요.
(6) A 어디로 놀러 갔어요?
　　B 동물원으로 놀러 갔어요.
(7) A 어디로 놀러 갔어요?
　　B 관광지로 놀러 갔어요.
(8) A 어디로 놀러 갔어요?
　　B 놀이공원으로 놀러 갔어요.

Activity 2 ▶ Track **170**

(1) A 누구하고 산에 등산 갔어요?
　　B 가족이 시간이 없었어요. 그래서 이웃하고 등산 갔어요.
(2) A 누구하고 강에 놀러 갔어요?
　　B 회사에서 동료하고 강에 놀러 갔어요.
(3) A 누구하고 바다에 여행 갔어요?
　　B 지난여름에 여행을 못 갔어요. 그래서 이번에는 가족하고 바다에 여행 갔어요.
(4) A 누구하고 관광지에 구경 갔어요?
　　B 저는 산책을 좋아해요. 그래서 혼자 구경 갔어요.
(5) A 누구하고 동물원에 구경 갔어요?
　　B 원래 친구하고 동물원에 가려고 했어요. 하지만 결국 동료하고 갔어요.
(6) A 누구하고 놀이공원에 놀러 갔어요?
　　B 친구하고 놀이공원에 가고 싶었어요. 하지만 친구가 시간이 없어서 아는 사람하고 놀러 갔어요.

(1) A 지금 어때요?　　　B 아파요.
(2) A 지금 어때요?　　　B 더워요.
(3) A 지금 어때요?　　　B 추워요.
(4) A 지금 어때요?　　　B 배고파요.
(5) A 지금 어때요?　　　B 배불러요.
(6) A 지금 어때요?　　　B 목말라요.
(7) A 지금 어때요?　　　B 피곤해요.
(8) A 지금 어때요?　　　B 긴장돼요.
(9) A 지금 어때요?　　　B 졸려요.

Activity 2 ▶ Track 179

(1) 배고파요. 빵 좀 주세요.
(2) 더워요. 부채 좀 주세요.
(3) 아파요. 약 좀 주세요.
(4) 목말라요. 물 좀 주세요.
(5) 추워요. 담요 좀 주세요.

Unit 52

Vocabulary ▶ Track 180

(1) A 기분이 어때요?　　　B 기분이 좋아요.
(2) A 기분이 어때요?　　　B 걱정돼요.
(3) A 기분이 어때요?　　　B 기뻐요.
(4) A 기분이 어때요?　　　B 슬퍼요.
(5) A 기분이 어때요?　　　B 놀랐어요.
(6) A 기분이 어때요?　　　B 무서워요.
(7) A 기분이 어때요?　　　B 화가 났어요.
(8) A 기분이 어때요?　　　B 심심해요.
(9) A 기분이 어때요?　　　B 기분이 나빠요.
(10) A 기분이 어때요?　　　B 창피해요.
(11) A 기분이 어때요?　　　B 실망했어요.
(12) A 기분이 어때요?　　　B 외로워요.

Unit 58

Vocabulary ▶ Track 198

(1) A 날씨가 어때요?　　　B 비가 와요.
(2) A 날씨가 어때요?　　　B 맑아요.
(3) A 날씨가 어때요?　　　B 눈이 와요.
(4) A 날씨가 어때요?　　　B 흐려요.
(5) A 날씨가 어때요?　　　B 바람이 불어요.
(6) A 날씨가 어때요?　　　B 안개가 꼈어요.

Activity 2 ▶ Track 199

(1) 날씨가 더워요. 선풍기하고 손수건하고 부채가 필요해요.
(2) 비가 와요. 비옷하고 우산이 필요해요.
(3) 날씨가 추워요. 장갑하고 코트하고 목도리가 필요해요.
(4) 햇빛이 강해요. 선글라스하고 모자가 필요해요.

Unit 59

Activity 2 ▶ Track 202

(1) A 무슨 띠예요?　　　B 쥐띠예요.
(2) A 무슨 띠예요?　　　B 소띠예요.
(3) A 무슨 띠예요?　　　B 호랑이띠예요.
(4) A 무슨 띠예요?　　　B 토끼띠예요.
(5) A 무슨 띠예요?　　　B 용띠예요.
(6) A 무슨 띠예요?　　　B 뱀띠예요.
(7) A 무슨 띠예요?　　　B 말띠예요.
(8) A 무슨 띠예요?　　　B 양띠예요.
(9) A 무슨 띠예요?　　　B 원숭이띠예요.
(10) A 무슨 띠예요?　　　B 닭띠예요.
(11) A 무슨 띠예요?　　　B 개띠예요.
(12) A 무슨 띠예요?　　　B 돼지띠예요.

Vocabulary Index

Vocabulary

352 Appendix

Expressions